建设广东现代化产业体系研究丛书

丛书主编 胡军

硬核力

建设现代化基础设施

潘珊 张红——等 主编

SPM 南方传媒 | 广东经济出版社
·广州·

图书在版编目（CIP）数据

硬核力：建设现代化基础设施 / 潘珊等主编．
广州：广东经济出版社，2025．8．--（建设广东现代化
产业体系研究丛书）．-- ISBN 978-7-5454-9687-1

Ⅰ．F299.276.5

中国国家版本馆 CIP 数据核字第 2025NG0793号

策　　划：王成刚　刘健华　陈　晔
责任编辑：冯　颖　陈　晔　曾怀锦
责任校对：黄思健　罗玉琪
责任技编：陆俊帆
封面设计：奇文雲海 CHIVAL design

硬核力：建设现代化基础设施
YINGHELI：JIANSHE XIANDAIHUA JICHU SHESHI

出 版 人：刘卫平
出版发行：广东经济出版社（广州市水荫路 11 号 11 ～ 12 楼）
印　　刷：广州小明数码印刷有限公司
（广州市天河区高普路 83 号 B 栋 C5 号）

开　　本：730 mm×1020 mm　1/16
印　　张：18.75
版　　次：2025 年 8 月第 1 版
印　　次：2025 年 8 月第 1 次
书　　号：ISBN 978-7-5454-9687-1
字　　数：296 千字
定　　价：78.00 元

发行电话：（020）87393830
如发现印装质量问题，请与本社联系，本社负责调换

丛书编委会

总　序

当前，全球经济格局深度调整，科技革命加速演进，广东作为我国经济发展的前沿阵地，肩负着推动产业转型升级、提升国际竞争力的重任。现代化产业体系是现代化国家的物质技术基础，必须把经济发展的着力点放在实体经济上。只有打造自主可控、安全可靠、竞争力强的现代化产业体系，才能为中国式现代化建立行稳致远的关键支撑。习近平总书记明确要求广东“建设更具国际竞争力的现代化产业体系”，这不仅是对广东的深切期许，更是赋予广东在新时代的重大使命。

广东建设现代化产业体系，有着坚实的产业基础和迫切的现实需求。从基础来看，广东是全球重要的制造业基地，拥有全部31个制造业大类，2024年全省规模以上工业企业实现营业收入19.4万亿元，占全国总量的近1/7，电子信息、汽车、电气机械等15个行业规模位居全国第一，已形成基础雄厚、门类齐全、配套完善的工业体系。然而，随着全球产业链供应链加速重构，贸易保护主义抬头，广东产业发展面临着外部市场不确定性增加、关键核心技术“卡脖子”等严峻挑战，加快产业转型升级迫在眉睫。

产业体系是由相互联系的各个产业构成的有机整体。产业体系内横向或纵向关联越密切，就越能产生“1+1>2”的网络效应，其功能相应就越大，韧性就越强，效率就越高。现代化产业体系是指顺应当前科技革命、消费结构和国际格局变化新趋势，以科技创新为牵引，以实体经济为支撑，以现代金融为保障，以人力资源为基础，新质生产力持续替代传统生产力的产业体系。具有国际竞争力的现代化产业体系是指，与其他国家或地区相比，这个国家或地区的产业体系具有更大的功能、更高的效率和更强的韧性，更能适应科技革命、消费结构和国际格局的变化。

结合时代要求、国家战略和地方特色，广东建设更具国际竞争力的现代化产业体系需要满足四个方面的基本要求：一是顺应科技革命浪潮，以创新驱动“三化”转型。智能化、绿色化、融合化是现代化产业体系的三个基本特征。要紧扣新一轮科技革命和产业变革机遇，将创新作为核心驱动力，聚焦人工智能、大数据等前沿技术突破，以培育新质生产力为关键抓手，推动制造业、服务业等各领域向智能化升级、绿色化转型、融合化发展，通过技术迭代重塑产业形态，提升全要素生产率。二是对接全球分工重构，强化产业体系“三性”根基。完整性、先进性、安全性是现代化产业体系的三个基本要求。要适应全球产业链供应链深度重构趋势，以产业基础高级化、产业链现代化为主线，靶向攻关核心零部件、关键基础材料等“卡脖子”环节，补齐产业链短板。同时，巩固优势产业集群的完整性，提升技术和产品的先进性，增强关键领域自主可控能力，筑牢产业体系的安全屏障。三是立足双循环节点优势，服务国家现代化产业体系建设。依托广东产业体系高度国际化的独特优势，深度融入全球市场，既鼓励企业“走出去”参与全球竞争，又积极“引进来”集聚高端要素，强化作为国内大循环重要支点和国内国际双循环战略链接的功能，高效统筹利用国内国际两个市场、两种资源，提升在全球价值链中的位势。四是深化区域协同融合，构建大湾区产业创新生态系统。积极联动港澳地区，以粤港澳大湾区为核心载体，打破地域壁垒和体制限制，推动珠三角与粤东粤西粤北产业协同，促进创新资源、产业链环节、要素市场跨区域流动，构建“基础研究+技术攻关+成果转化+科技金融+人才支撑”的区域产业创新生态，通过一体化布局实现区域产业优势互补、融合发展，彰显现代化产业体系的地方协同特色。

结合地方特色，广东建设更具国际竞争力的现代化产业体系的主要特征可以概括为“三化三性两特色”。

“三化”是指智能化、绿色化、融合化。第一，智能化是广东现代化产业体系的基本趋势。要支持制造业人工智能链式改造，鼓励人工智能企业开发更多面向制造业的多任务智能体。开放先进技术和应用场景，“大手拉小手”带动中小企业发展。同时，培养“懂行业、懂制造、懂数字化”的复合型人才，提升产业生产效率与智能化水平。第二，绿色化是广东现代化产业体系的鲜明底色。要支持企业应用先进生产工艺和设备，在降碳减污中实现扩绿增长，形成政府引导、市场发力、企业主动的绿色转型新格局。第三，融合化是广东现代化产业体系的牵引力量。针对广东产业门类齐全、产业配套能力完善的特质，推动制造业与服务业融合、数字经济与实体经济融合，以龙头企业为牵引深化链条融合，鼓励一二三产业跨界融合，实现产业体系整体效能提升。

“三性”是指完整性、先进性、安全性。第一，产业体系的“完整性”是广东推进新型工业化的必然趋势。作为区域现代化产业体系，其完整性不仅是指产业门类要相对齐全，更强调重点产业内部即产业链层面的相对完整性，尤其要补齐广东关键中间品和核心部件的配套短板以及促进生产性服务业扩容提质。第二，产业体系的“先进性”是广东增强产业国际竞争力的迫切要求。要加快基础研究投入，强化原始创新能力，瞄准共性技术“爆破点”。依托广深科技创新走廊组建产学研联合体，攻关新材料、工业软件等“卡脖子”技术。同时，鼓励企业加强品牌建设，推动传统产业通过技术突破向产业链高端攀升，实现“价值跃迁”。第三，产业体系的“安全性”是广东应对全球产业链重构的现实需要。产业体系没有绝对安全，只有相对安全。要加大对关键核心技术的研发投入，减少对国外技术的依赖，通过在部分关键产品和核心技术层面建立非对称战略优势，来追求产业体系的自主可控和安全稳定。

“两特色”是指规模化、国际化。第一，规模化是广东建设现代化产业体系的厚重家底。大规模参与国际分工带来的低成本优势在一定时期内仍是广东制造的主要优势。在保持制造业比重基本稳定的基础上，以电子信息、智能装备等优势制造业为核心，推动产业集群横向扩容与纵向深耕，强化产业链上下游协同。支持龙头企业引领中小企业形成规模效应，利用产业园区集聚降低综合成本，将规模优势转化为技术迭代速度与市场议价能力的提升。第二，国际化是广东建设现代化产业体系的显著特色。要以品牌全球化为核心，推动家电、电子等优势产业从“产品出海”向“品牌出海”升级，通过海外展会、本土化营销强化品牌认知。企业要依托“一带一路”节点布局海外生产基地，结合当地资源禀赋实现研发、制造、销售本地化，同时通过参股、并购全球优质企业整合技术与渠道，逐步构建自主可控的全球价值链，提升产业链在全球分工体系中的主导权。

从现代化产业体系的建设内容来看，广东应构建“领头雁型”现代化产业体系，需以“四梁八柱”为框架，强化工业、农业、服务业与基础设施的结构性关联、融合性互动，形成以创新为内核、“主干+两翼+底座+尾翼”协同支撑的整体架构。一是要发挥科技创新作为“雁头”的引擎带动作用。通过科技创新突破引领新质生产力培育，推动科技创新与产业创新深度融合，既为传统产业升级注入“智改数转”动力，也为战略性新兴产业和未来产业开辟赛道，更通过技术溢出效应带动农业、服务业、基础设施向现代化跃迁。二是要把现代化工业作为现代化产业体系的“主干”与“两翼”。以战略性支柱产业为“主干”，巩固电子信息、汽车制造、智能家电等万亿级产业集群优势，通过技术改造推动传统产业高端化、智能化升级，筑牢产业根基；以战略性新兴产业和未来产业为“两翼”，聚焦新能源、生物医药、低空经济、量子科技等领域，加大研发投入和场景培育，形成新的增长引擎。工业内部通过“主干”为“两翼”提供产业链配套支撑，“两翼”反哺“主干”实现技术迭代，形成动态升级的工业生态。三是要通过现代化服务业筑牢“底座”实现协同赋能。以生产性服务业为核心“底座”，强化研发设计、现代物流、金融科技、工业互联网等对工业、农业的全链条服务，提升产业协同效率；生活性服务业聚焦品质升级，满足城乡居民需求，反哺消费对产业的拉动作用。服务业通过“黏合剂”作用，促进工农业要素流动、技术共享和市场联通，实现“产业服务化、服务产业化”。四是要通过现代化农业夯实基础与延伸价值。以科技赋能农业现代化，发展智慧农业、设施农业，稳定粮食和重要农产品供给，同时推动农业与加工、文旅、电商等产业融合，延伸产业链价值链。农业既为工业提供绿色原料，又通过消费需求牵引服务业升级，成为产业体系的基础支撑。五是要通过现代化基础设施强化“尾翼”支撑保障。构建“硬基建+软基建”双轮驱动的基础设施体系：硬基建聚焦新型基础设施（如5G、数据中心、智能交通）与传统基建升级，打通产业跨区域联通的物理通道；软基建侧重标准体系、要素市场、营商环境等制度建设，降低产业协同成本。基础设施作为“尾翼”，既为工农业、服务业提供空间和技术支撑，又通过互联互通放大“主干+两翼+底座”的协同效应。

当前及今后一个时期，广东将处于建设更具国际竞争力的现代化产业体系的关键时期。“建设广东现代化产业体系研究丛书”立足新时代广东聚力推动高质量发展的背景，聚焦广东现代化产业体系建设主题，融产业理论研究、政策分析与实地调研于一体。丛书运用理论分析、调研数据论证、比较研究及案例剖析等社会科学方法，系统梳理广东产业体系的产业链基础、发展现状、演化脉络与核心特征，明确其发展方向，并从中观与微观层面深入探讨七大关键产业的建设现状、市场规模、主体构成、实现条件及实施路径。同时，丛书凝练国内外产业发展经验，力求全面且有重点地呈现广东现代化产业体系建设的最新研究成果，针对“卡脖子”难题提出可行对策，为地方政府经济部门落实高质量发展目标、制定产业政策，以及企业投资决策提供实践指引。

本丛书以“广东现代化产业体系建设”为战略主线，围绕现代化产业体系的“四梁八柱”，形成现代服务业、战略性新兴产业、传统优势产业、现代农业、数字经济、产业链韧性、现代化基础设施等七大专题研究板块。各分册在内容上既各有侧重，又相互呼应，共同构建起从产业链、创新链到服务链、要素链的系统化研究框架。丛书整体架构力求理论研究与政策分析相结合、宏观战略与微观案例相统一，为广东建设更具国际竞争力的现代化产业体系提供系统化研究成果与实践指引。各分册主题和内容安排大体如下：

第一册《优质高效服务：构建现代服务业新体系》由暨南大学副校长顾乃华研究员主编。本册聚焦现代服务业的高质量发展路径，结合生产性服务业、消费性服务业与公共服务业发展实际，系统分析现代服务业对制造业转型的赋能机制与国际竞争力提升策略，提出服务型经济的结构优化和质量提升方案。

第二册《新增长极：推进战略性新兴产业融合集群发展》由暨南大学产业经济研究院院长陶锋研究员主编。本册聚焦战略性新兴产业融合集群发展，通过整体评估广东战略性新兴产业融合集群发展现状与问题，深入探究了制度创新、生态构建、韧性提升和创新环境优化等多维因素如何驱动融合集群演进，并通过对广东新能源汽车、人工智能、生物医药三大战略性新兴产业集群的深度案例剖析，为广东锻造新质生产力增长极提供实施路径与战略样本。

第三册《经济新生态：培育数字产业融合与集群发展》由暨南大学产业经济研究院副院长李杰研究员主编。本册聚焦数字技术驱动的新型产业生态，探讨电子信息制造、工业机器人、数字创意产业等数字经济核心领域的产业融合路径，提出数字赋能实体经济的政策建议与实践案例，描绘广东数字经济发展蓝图。

第四册《稳链：打造安全发展的产业链》由暨南大学产业经济研究院余壮雄研究员主编。本册聚焦产业链安全与自主可控发展战略，探讨全球产业链重构背景下广东关键领域“补链、延链、强链”策略，提出产业链韧性建设、供应链多元化布局和风险防控体系的优化路径，全面提升广东产业链体系的稳定性与运行效率。

第五册《创新突围：推动传统产业转型升级》由暨南大学经济学院杨亚平教授主编。本册围绕传统制造业的转型升级与创新突破，深入剖析在新一轮科技革命和产业变革背景下广东家电、纺织服装、食品饮料、建筑材料等重点产业面临的结构性挑战，提出数字化转型、绿色化改造、智能化提升、跨界融合等系统解决方案，推动广东传统产业迈向高端化、智能化、绿色化和融合化。

第六册《乡村振兴：加快农业现代化》由暨南大学产业经济研究院燕志雄副研究员主编。本册聚焦国家乡村振兴战略，详细剖析了全球农业发达国家的农业发展模式以及中国代表性地区的农业现代化发展概况。深入探究了技术创新、模式创新、渠道创新和产业链组织创新等因素如何推动农业现代化进程，并进一步解析了广东种业、渔业等产业案例的现代化实践，为广东农业高质量发展和乡村振兴提供可复制的经验与案例参考。

第七册《硬核力：建设现代化基础设施》由暨南大学产业经济研究院潘珊副研究员和张红副研究员主编。本册聚焦现代基础设施的硬核支撑作用，系统梳理了广东传统基础设施、信息基础设施、创新基础设施和融合基础设施的发展和趋势，提出进一步推动现代化基础设施同信息技术深度融合的发展路径，在融合创新中加快形成新质生产力，全面提升广东现代化产业体系的承载力与发展韧性。

本丛书的研究团队主要来自暨南大学产业经济研究院，同时整合学校经管学科优势力量。始有暨南，便有商科。根据2023软科世界一流学科排名，暨南大学经济学科中国内地排名并列第12；2023ESI全球排名，暨南大学经济学与商学稳居前1%。产业经济研究院是暨南大学国家重点学科“产业经济学”的所在单位，拥有华南地区最早的博士点，建有华南地区第一个应用经济学博士后流动站。学院秉承“顶天立地”的学术传统，坚持“学科交叉研究、产业精英培养、新型智库建设”三位一体，致力成为全国产业经济领域领先的学术单位和卓越智库。近年来，全职教师获批国家自然科学基金重点项目、教育部重大攻关项目、国家社会科学基金重大项目和重点项目等国家级项目，在国内外重要期刊发表了一批有影响力的研究成果。同时，学院积极对接国家重大战略，深度服务于粤港澳大湾区产业转型升级，在产业竞争力、产业发展规划、产业政策与企业发展战略等领域承担各类横向课题200多项。研究成果成为地方政府决策的重要依据，或被以政府文件形式发布。学院现已形成“科研课题、政策辅导、项目把关、干部培训”四位一体决策咨询服务体系，深度嵌入政府部门决策过程，在广东省及主要地市历次产业发展战略转换和产业转型升级中，发挥着不可或缺的政府政策辅导和决策顾问作用。

本丛书的顺利出版，离不开广东经济出版社的鼎力支持与精心组织。作为国内具有重要影响力的专业出版机构，广东经济出版社始终坚持“立足学术前沿、服务经济社会发展”的出版理念，在选题策划、内容统筹、质量把控等方面展现出卓越的专业能力与独到的战略眼光。在丛书的策划与出版过程中，出版社秉承严谨务实的学术态度与高水准的专业精神，从框架设计、内容整合、审稿论证到版式编排、封面设计等每一个细节，都给予了我们极具建设性的意见和全方位的支持。特别要感谢出版社编辑团队，他们以丰富的出版经验、深厚的专业素养和高效的工作作风，全程投入丛书的编辑加工之中。无论是在文本精修、逻辑校对，还是在版式细节、整体美学呈现方面，编辑团队都倾注了大量心血和智慧，对书稿进行了耐心、细致而精准的打磨与校订，确保了丛书的学术深度、政策价值和出版品质达到最佳状态。正是由于广东经济出版社的高度重视与倾力协作，才使得“建设广东现代化产业体系研究丛书”能够以更加完整、成熟与高质量的面貌呈现在广大读者和研究者面前。

由于研究时间和精力有限，本丛书仍难免存在不足与疏漏。我们深知，广东现代化产业体系建设是一个持续演进、动态优化的复杂过程，政策导向、技术变革与全球竞争格局的不断变化，都可能带来新的研究视角和问题挑战。因此，本丛书的成果更应被视为一次阶段性的探索与学术积累。编者期望，通过本丛书能够为相关研究与实践提供有益的参考与启发，推动更多深入的思考与探讨。恳请读者批评指正，以便我们在后续研究与修订中不断完善！

胡　军

暨南大学

Preface

前言

习近平总书记在中央财经委员会第十一次会议上强调，基础设施是经济社会发展的重要支撑，要统筹发展和安全，优化基础设施布局、结构、功能和发展模式，构建现代化基础设施体系，为全面建设社会主义现代化国家打下坚实基础。在现代化建设新征程上，党和国家对全面加强基础设施建设作出了新部署，为构建现代化基础设施体系指明了方向。

基础设施建设是国民经济基础性、先导性、战略性、引领性产业。构建集约高效、经济适用、智能绿色、安全可靠的现代化基础设施体系具有重大意义：一是有利于更好发挥基础设施的“乘数效应”，不断深化供给侧结构性改革，通过基础设施投资进一步扩大内需，进而带动制造业转型升级；二是有利于更好凸显基础设施的“中流砥柱”作用，不断提升我国产业链供应链的韧性、稳定性和安全性；三是有利于更好体现基础设施的“公共属性”，不断满足人民群众对城市高品质生活和幸福美丽乡村的向往。新中国成立以来，经过持续发展，我国已经成为基础设施大国，但还不是基础设施强国，在基础设施建设方面还存在不少问题，面临不少挑战。传统基础设施建设欠账还比较多，新型基础设施建设任重道远。当下，新形势新趋势新挑战凸显，对基础设施发展提出了更高要求。我国必须进入统筹存量和增量、传统和新型基础设施发展，全面推进基础设施现代化的新阶段。

作为改革开放的前沿阵地，广东一直致力打造现代化、智能化、绿色化的基础设施体系，以适应新时代的发展需求。2023年广东省政府工作报告已指出，要加快现代化基础设施体系建设，全力打造交通强省。

为抓住推进粤港澳大湾区建设和珠三角世界级城市群建设的机遇，按照构建“一核一带一区”区域发展格局的要求，顺应新一轮科技革命和产业变革的发展趋势，2020年，广东省人民政府办公厅印发《广东省推进新型基础设施建设三年实施方案（2020—2022年）》（简称《实施方案》），对广东推进新型基础设施建设进行部署。《实施方案》提出："统筹推进信息基础设施、创新基础设施和融合基础设施加快发展，以新型基础设施支撑新经济发展，进一步夯实广东经济社会高质量发展的基础。到2022年，新型基础设施发展水平领先全国，初步形成以新发展理念为引领，以科技创新为驱动，以信息网络为基础，支撑数字转型、智能升级、融合创新的新型基础设施体系。"优化并健全基础设施网络体系，让新型基础设施发挥其引领和带动作用，并与传统基础设施实现深度融合和互补发展。

现代化基础设施建设研究是一个系统工程，本书将现代化基础设施体系发展研究分为理论篇、总体篇、专题篇。理论篇主要阐述现代化基础设施的内涵，以及探究现代化基础设施建设的意义、趋势与路径。总体篇分为三章，从历史逻辑、理论逻辑、实践逻辑的演变出发，回顾改革开放以来广东省现代化基础设施建设历程，考察其发展脉络，并系统梳理影响广东省现代化基础设施建设的深层次因素与制约瓶颈。在借鉴国内外现代化基础设施建设经验的基础上，进一步明晰广东省现代化基础设施建设思路、重点领域、空间布局与对策建议。专题篇分为四章，分别论述广东省传统基础设施建设、广东省信息基础设施建设、广东省创新基础设施建设、广东省融合基础设施建设四大领域的现状、空间布局、趋势、存在的问题及对策建议。在现代化基础设施建设新征程上，要顺应数字化时代趋势，进一步推动现代化基础设施同信息技术深度融合，在融合创新中加快形成新质生产力，以"新"力量带动"新"提升。

Contents

目录

[理论篇]

[总体篇]

[专题篇]

理论篇

第一章 现代化基础设施概述*

党的十九届五中全会明确，2035年我国将基本实现社会主义现代化。须知，现代化国家同时具备强大的文化软实力和物质硬实力，而基础设施的完善程度是衡量国家硬实力的最重要标准之一。此外，习近平总书记在中央财经委员会第十一次会议上指出，基础设施是经济社会发展的重要支撑，要统筹发展和安全，优化基础设施布局、结构、功能和发展模式，构建现代化基础设施体系，为全面建设社会主义现代化国家打下坚实基础。自党的十八大以来，我国在关键技术设备研发、水资源管理、交通中心建设、数字基础设施建设和国家级战略资源储备等多个领域实现了突破性进展，从而大幅提升了基础设施的整体水平。然而，作为世界上最大的发展中国家，我国传统基础设施建设欠账较多，新型基础设施建设任重道远。而且，新形势新趋势新挑战对我国基础设施建设提出了更高要求。在此背景下，本章将从国家层面对现代化基础设施的概念及现代化基础设施建设的意义、趋势与路径等方面进行综合性的概述。

第一节 现代化基础设施的概念

一、现代化基础设施体系："老基建"和"新基建"

现代化基础设施，即为社会生产与居民生活提供公共服务的物质工程

* 本章执笔人为暨南大学产业经济研究院江冉冉。

设施，是确保国家或地区社会经济活动正常进行的公共服务系统，同时也是社会赖以生存和发展的一般物质条件。现代化基础设施体系应包含两方面内容：一是以交通、能源、水利、电力为代表的传统基础设施，二是以5G基站、数据中心、人工智能等为代表的新型基础设施。

传统基础设施建设，即“老基建”，主要指“铁公机”（铁路、公路、机场）建设，它们基本上是物理空间的实体，主要涉及列车（轨道）、汽车（公路）和飞机（航线）等硬件设施，以人员、物品为传输对象，包括以陆路、航空和水运为主的交通运输系统，传输油、水、气等资源的管道运输网络，具有防洪、灌溉等功能的水利设施和电力基础设施四种类型。

新型基础设施建设，即“新基建”，主要聚焦于科技领域的基础设施建设，这一概念在2018年中央经济工作会议上首次提出。它包括七大领域，即5G基站、特高压、城际高速铁路和城市轨道交通、新能源汽车充电桩、大数据中心、人工智能及工业互联网。2020年，国家发展改革委进一步明确了“新型基础设施”的定义和范围，将其定义为以新发展理念为引领，以技术创新为驱动，以信息网络为基础，面向高质量发展需要，提供数字转型、智能升级、融合创新等服务的基础设施体系。

具体而言，新型基础设施可以分为三大类：

（1）信息基础设施：主要指基于新一代信息技术建立的基础设施，如5G基站、物联网、工业互联网等通信网络基础设施，人工智能、区块链、云计算等新技术基础设施，以及数据中心、智能计算中心等算力基础设施。

（2）创新基础设施：主要指支撑科学研究、技术开发和产品研制的具有公益属性的基础设施，如重大科技基础设施、产业技术创新基础设施等。

（3）融合基础设施：主要指深度应用互联网、人工智能、云计算等技术，支撑传统基础设施转型升级，进而形成的基础设施，如智能交通基础设施、智慧能源基础设施等。

“新基建”不仅关注传统的物理构建，还强调技术创新和智能化应用，旨在推动社会经济高质量发展和数字经济的深度融合。

我国“新基建”内涵发展如表1–1所示。

表1-1　我国"新基建"内涵发展

时间	会议或文件	相关内容
2018年12月	中央经济工作会议	首次提出新型基础设施建设
2019年3月	政府工作报告	加大城际交通、物流、市政、灾害防治、民用和通用航空等基础设施投资力度，加强新一代信息基础设施建设
2020年1月	国务院常务会议	大力发展先进制造业，出台信息网络等新型基础设施投资支持政策，推进智能、绿色制造
2020年2月	中央全面深化改革委员会第十二次会议	统筹存量和增量、传统和新型基础设施发展，打造集约高效、经济适用、智能绿色、安全可靠的现代化基础设施体系
2020年4月	国家发展改革委新闻发布会	正式明确了新型基础设施的定义与范围，同时强调伴随着技术革命和产业变革，新型基础设施的内涵、外延不是一成不变的
2021年3月	《中华人民共和国国民经济和社会发展第十四个五年规划和2035年远景目标纲要》	明确将新型基础设施作为我国现代化基础设施体系的重要组成部分。统筹推进传统基础设施和新型基础设施建设，打造系统完备、高效实用、智能绿色、安全可靠的现代化基础设施体系
2022年10月	党的二十大报告	优化基础设施布局、结构、功能和系统集成，构建现代化基础设施体系

数据来源：赛迪智库。

正如国家发展改革委所言，"新基建"的内涵不是始终不变的，而是会在社会经济发展和技术开发与运用的过程中保持动态变化。在数字经济的发展背景下，数字化是新型基础设施的核心要素，数字基建是"新基建"的内核。"新基建"以数据作为生产要素，其七大领域包括数据要素的物质基础和应用场景。其中，5G基站、大数据中心、人工智能、工业互联网这四大领域构成数据基础设施，为数据应用提供必要的物质基础；特高压、新能源汽车充电桩、城际高速铁路和城市轨道交通这三大领域则构成数据应用的实际场景（见图1-1）。

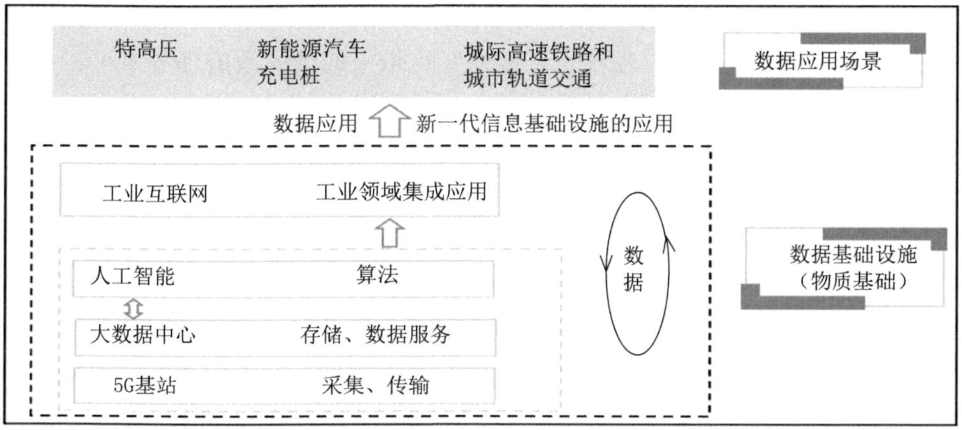

图1-1　“新基建”七大领域——数据要素的物质基础与应用场景

资料来源：《中国“新基建”发展研究报告》。

二、“新基建”与“老基建”相互补充、协同发力

1.“新基建”在经济效应层面之“新”

虽然“新基建”和“老基建”在城际高速铁路和城市轨道交通、新能源汽车充电桩领域有交叉，但是，两者的经济效应存在很大不同。

首先，两者带动的产业与劳动需求完全不同。“新基建”将促进数字产业如通信基站、服务器、大型软件系统及相关产业链的发展；而“老基建”则主要推动钢铁、水泥、建筑施工等行业的发展。就劳动需求而言，“新基建”主要吸纳高校毕业生，相比之下，“老基建”创造的就业机会更多面向农民工群体。

其次，两者的进入门槛与风险不同。“新基建”的高技术门槛意味着只有具备一定科技实力的主体才能参与，这限制了准入范围；相比之下，“老基建”由于门槛较低，可能引发重复建设等问题。同时，“新基建”的不确定技术路径可能带来较高风险，但潜在的收益和较少的公共产品更值得关注；“老基建”则在风险和回报上更为平稳，且提供更多的公共产品。

再次，两者的投资主体存在差异。在“新基建”领域，投资来源更加多样化，为私营部门提供了广阔的参与机会；由于“老基建”的低回报率，

以及政府优惠政策可能带来的潜在影响，“老基建”对私营资本的吸引力有限，主要依靠政府投资。预计“新基建”将带来较低的政府债务水平，相比之下，“老基建”可能会增加政府负债。

最后，两者的经济影响不同。“新基建”旨在通过技术创新推动产业长期发展，确保在未来科技竞争中占据优势；而“老基建”集中于满足当前市场需求，短期内刺激经济增长和就业。在资源使用和环境影响方面，“新基建”更为节约和清洁，“老基建”则相对消耗更大，对环境的影响也更显著。就经济激励而言，“新基建”在短期经济刺激方面作用有限，对就业的直接贡献不如“老基建”。此外，“新基建”主要促进供应链的升级，如5G基站、大数据中心、工业互联网、特高压和人工智能等，以提高效率；“老基建”则更多地通过扩大需求来促进经济。

2.“新基建”在建设层面之“新”

“新基建”与“老基建”的差异主要体现在三个方面。

首先，两者在建设主体、建设方式、建设重点方面存在差异。在建设主体方面，“新基建”具备多元主体共建的特征，由于高回报率，市场参与率显著上升，更倾向“企业+市场+政府”共建模式；“老基建”则由于低回报率，市场参与率较低，以政府投资为主。在建设方式方面，“新基建”的科技含量相对较高，大多属于新技术新产业，需要不同于“老基建”的财政、金融、产业等配套制度支撑，其空间布局将统筹考虑政策背景、经济环境、产业间的协同联系等；“老基建”的科技含量相对较低，只需考虑物理上的空间布局，相对单一。在建设重点方面，“新基建”更注重新一代信息技术和数据应用建设，“老基建”则以硬件设施建设为主。

其次，两者的应用方式不同。“新基建”以数据作为生产要素，具有强大的渗透效应，在推动新经济规模化发展的同时，对传统产业特别是传统制造业也进行渗透。此外，“新基建”还全面促进海量数据在不同领域的融合应用，助力打造数字孪生世界。“老基建”提供的主要是各基建项目本身的专属功能，这种公共服务发挥的作用和产生的影响是可以看得见的，并且是可以测量的，但同时也是有限的。各类“老基建”各司其职，功能相对独立。

最后，两者存在不同的价值影响。“新基建”通过加速数据、能源和人才的流动，减少了传统限制对经济增长的束缚，促进了技术和劳动力的数字化转型，为经济社会带来长期的数字化演进。以信息基础设施为例，它不仅提供网络和平台的便利，还赋能整个生态系统，催生大量新技术、新产品、新模式和新业态，产业协同效应和数据外溢效应强，应用场景广，从而带来巨大的规模效应、乘数效应。“老基建”目前在基础设施建设中占比九成，仍是稳投资、保增长、促就业、惠民生的主力军。

“老基建”与“新基建”的区别如图1–2所示。

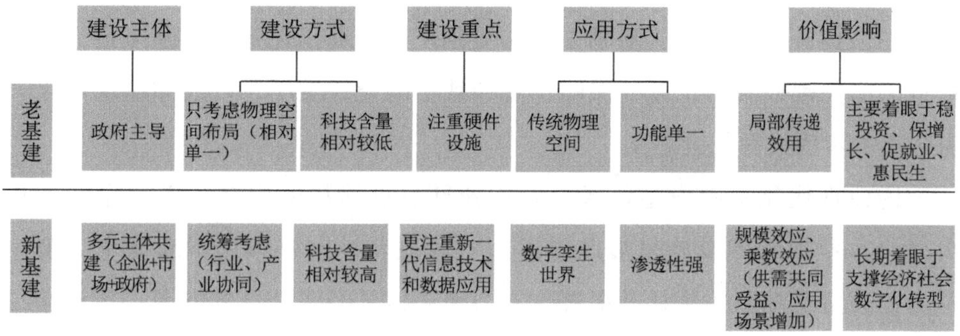

图1–2　“老基建”与“新基建”的区别

资料来源：《中国“新基建”发展研究报告》。

3.“老基建”发展新空间

总体而言，“新基建”并不否定“老基建”。近些年，我国在高速铁路和公路建设方面取得显著进展，并有效降低了物流成本。然而，与发达国家相比，我国的交通基础设施，包括铁路和公路，仍有提升的空间。例如，我国已经建设了许多机场，但与发达国家相比，无论是在总数还是人均上，都存在明显差距。机场作为消费升级的关键基础设施，需要持续扩展。城市地下管线建设始终滞后，致使许多城市遭受路基塌陷和水患带来的严重损害。此外，城市中分布的大量老旧小区居住条件差，环境卫生堪忧，这不仅不利于居民的健康安全，也对城市整体公共卫生安全造成极大负面影响。随着城市化的加速，大量人口涌入城市，但这些地区的基础设施，如水、电、气，以及教育、医疗和养老服务，并未随人口增加而相应扩展，导致服务供不应求。因此，传统基础设施的投资和建设仍然十分必要，具有广阔的发展前景。

第二节 现代化基础设施建设的意义

一、现代化国家必须拥有现代化基础设施体系

一个具备战略视角、基础支撑和引领作用的现代化基础设施体系，对于促进国家关键战略的实施、保障经济和社会的稳定发展，以及加速现代化国家建设的步伐具有关键意义。

构建现代化基础设施体系，是构建新发展格局的内在要求。党的十八大以来，我国基础设施发展取得了历史性成就，网络布局不断优化，服务能力、质量及综合效率显著提升，有力地支撑了经济社会的发展。截至2022年，全国综合交通运输网络总里程超600万千米。全国铁路营业里程达15.5万千米，其中高铁4.2万千米；公路通车里程达535万千米，其中高速公路17.7万千米；港口拥有生产性码头泊位约2.1万个，内河航道通航里程达12.8万千米；民用运输机场达254个；共有53个城市建立城市轨道交通系统，运营总里程达9584千米。2018—2022年，我国在交通运输固定资产上总投资超17万亿元，成功建成分布广泛的高速铁路网、高速公路网和世界级港口群。基础设施建设是经济循环的基础和保障。只有具备高质量的基础设施，才能有效地畅通国内大循环，使国内国际双循环相互促进，构建新发展格局。

构建现代化基础设施体系，是实施扩大内需战略的有效途径。历史经验表明，经济下行压力增大时，利用基础设施建设这一逆周期调节经济的政策工具可以实现扩大需求、保持经济稳定增长的目标。基础设施投资具有显著的乘数效应，能带动相关行业增长。每一份基础设施投资都可以创造多倍的社会生产和国民收入，助力经济维持中高速的增长态势。2023年，全国固定

资产投资同比增长3%，其中制造业投资增长6.5%，基础设施投资增长5.9%，主要集中在能源、交通、水利等行业。坚定实施扩大内需战略，增加有效基础设施投资，杜绝大水漫灌，将有助于增强经济韧性，促进可持续发展。

构建现代化基础设施体系，是推动高质量发展的长远需要。“新基建”是我国经济高质量发展的核心和坚实基础。从微观企业层面来看，“新基建”为企业提供了融合数字化、信息化、智能化等高新技术以实现创新发展的新契机，有助于提高企业的科技创新能力和管理水平，促进数字化转型，从而提高全要素生产率。从中观产业层面来看，“新基建”在数字经济的发展过程中起到基础性保障作用。一方面，“新基建”激发新经济的发展活力，为数字产业化释放更大潜力提供机遇；另一方面，“新基建”推动传统产业数字化转型，提高资源配置效率以及产业运行效率，加速传统产业的优化升级。从宏观经济层面来看，“新基建”是我国经济高质量发展的有力支撑，能够产生乘数效应并且具有正外部性特征，对其他经济主体或行为产生积极的促进作用，激发生产性服务业、新兴制造业等产业的发展动力，释放经济发展新动能。“新基建”不仅意味着大规模的投资需求，还蕴含着大量的消费需求，可以更好地培育新兴消费并为社会经济各行业的发展提供新机遇。

构建现代化基础设施体系，是统筹发展和安全的战略需要。基础设施建设是发展的要素之一，同时深刻关联着安全议题。学术界正重新将焦点集中在基础设施建设的“战略与安全”意义上。基础设施不仅因其推动公共产品发展而具有战略重要性，而且在国内安全和国际战略中发挥着多方面的作用。在国内安全层面，台风、洪涝、干旱等自然灾害，各类交通、公共卫生事件以及信息数据安全等，时刻考验着公共基础设施，强化安全基础设施建设是有效应对的重要一环。我国的基础设施尚需进一步发展和完善，以更好地适应国家发展和安全保障的需求。在国际战略层面，大型基础设施项目能引发地缘政治变化，甚至影响国际安全结构。从全球视角看，大国在基础设施援助中往往会考虑安全、政治和经济利益，比如巩固军事据点、加强与盟友的合作，以及对抗恐怖主义等。对于援助国而言，基础设施是实现战略目标的一种手段；对于受援国而言，基础设施则构成推动经济增长和国家发展的基石。

二、基础设施投资是稳增长的关键手段

基础设施是国民经济和社会发展的根基。基础设施投资在推动经济增长的同时，对经济复苏及社会稳定起着至关重要的作用。回顾历史，在1998年亚洲金融危机以及2008年国际金融危机时，增加基础设施投资都是拉动经济的关键手段。2008年末，我国政府推出的4万亿元投资计划和扩大内需政策，短期内极大地促进了中国经济的快速反弹。然而，这种政府主导的刺激方案也存在争议。当前，随着我国经济由高速增长阶段转向高质量发展阶段，叠加新冠疫情对经济社会的影响，我们需要重新审视这些政策手段。在经济下行压力加大的环境下，是否还应将大规模基础设施投资作为推动经济回升、稳定经济运行秩序的关键抓手？以下对传统基础设施投资拉动经济增长的效果进行粗略分析。

根据投资乘数定义，按照$k=\Delta GDP/\Delta I$计算2010—2022年我国固定资产投资乘数［ΔGDP、ΔI分别表示GDP（国内生产总值）、全社会固定资产投资的增量］，从中可得出，2012—2015年，固定资产投资乘数出现持续低于1的小范围波动，在2016年恢复到高于1的水平，并且在2017年达到十年以来的最高水平，为2.46。固定资产投资乘数在2012—2015年低于1，原因是2012年以后我国经济发展进入新常态，追求经济稳增长、换挡降速。与此同时，我国土地资产价格大幅上涨，这是固定资产投资过快增长的主要因素。2021年固定资产投资乘数破3，达到近十几年来的最高水平，这可能是因为新冠疫情导致经济下行压力过大，政府通过加大基础设施投资等一系列举措扩大内需、拉动经济增长，使GDP增速超过投资增速。

通过绘制我国传统基础设施投资占全社会固定资产投资比重与固定资产投资乘数的线性散点图，可以发现，存在一条拟合线，表现出向右上方倾斜的特点，如图1–3所示，可认为我国传统基础设施投资占比与固定资产投资乘数存在正相关关系。2012—2015年固定资产投资乘数在一个较低的水平呈现波动状态，可能与传统基础设施投资占比下降有关。2021年固定资产投资乘数远离拟合线，与疫情冲击相关。

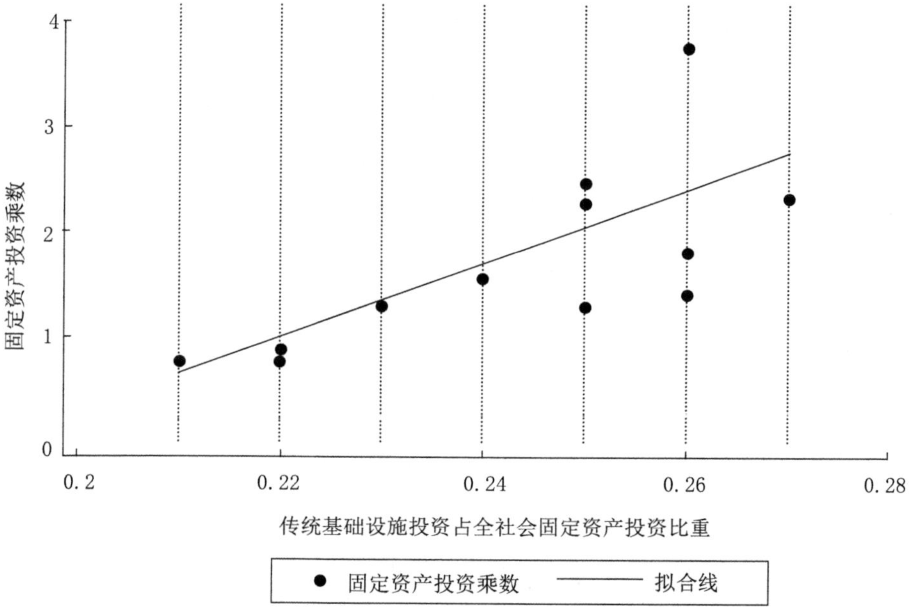

图1-3　我国传统基础设施投资占比与固定资产投资乘数的关系

数据来源：国家统计局。

通过测算固定资产投资乘数，可以发现固定资产投资乘数和GDP增长率正相关，表明投资依然是拉动我国经济增长的引擎。我国传统基础设施投资在全社会固定资产投资中的比重为20%～30%，是固定资产投资的重要构成。通过绘制传统基础设施投资占比与固定资产投资乘数的线性散点图，可以得出两者存在正相关关系的结论。这充分体现了我国传统基础设施投资的重要性。

然而，长期以来，我国传统基础设施存在重投入和建设、轻规划和管理等问题。一些地方在对本区域的经济社会发展水平、发展条件和发展需求还没有全面、客观认识的情况下，就盲目投入大量资金，兴建各种基础设施，造成投资过热与大量低水平重复建设，影响基础设施建设与发展的效率，进而影响基础设施投资对拉动经济增长的作用。因此，在当前我国需求收缩、供给冲击、预期转弱三重压力冲击下，亟须通过扩大内需来稳定经济增长，需要将传统基础设施投资占比保持在一个合适的水平，从而推动固定资产投资乘数的提高，发挥基础设施投资对推动经济回升、稳定经济运行的重要作用。

三、“新基建”发展空间大，经济带动效应显著

“新基建”未来发展空间大。有专家指出，目前“新基建”的驱动作用有限。学者刘世锦指出，中国各省份的基础设施投资中，“老基建”约占90%，仍然是稳定增长的主要力量，而“新基建”仅占10%，还无法充当主导角色。虽然当前“新基建”的投资占比不高，规模较小，但新事物的发展需要一个过程，未来“新基建”的投资占比及其对经济增长的贡献都将逐步增加。借助产业链之间的联动作用，“新基建”将加速新兴制造业和服务业的发展，拥有广阔的未来空间。相比之下，虽然当前“老基建”的投资占比较高，但增长速度较慢，未来的发展空间有限。

“新基建”带动经济高质量发展。学术界广泛研究了“老基建”和“新基建”对经济发展的影响，但这些研究多侧重于定性分析。许多学者从投资乘数、结构革新、效率优化等角度论证了“新基建”对经济高质量发展的推动作用。

下面以“新基建”部分领域为例，分析其市场规模及带动效应。

1.5G基站：连接万物，驱动未来

信息基础设施奠定智能经济和产业数字化转型的基础。5G结合云计算、大数据、物联网、人工智能等技术，构成了新一代信息基础设施的核心能力。与4G相比，5G网络在传输速度、延迟和连接范围等方面都有显著提升。5G技术因其跨领域的融合能力，能够与新一代ICT（信息与通信技术）、传统产业及新兴设备相结合，促进新产业和新业态的发展。在数字经济的背景下，5G如信息高速公路，为数据和信息的高速传输提供了通道，解决了人工智能、大数据、工业互联网在信息传递和连接上的难题。其中，人工智能作为云端的“大脑”，依托“高速公路”上的数据进行学习和优化，实现智能化；工业互联网则像一座桥梁，通过“高速公路”将人、机械设备和产品连接起来，推动制造业向智能制造转型。5G使万物互联成为可能，这将促进生产方式的全面升级和生产力的提高。

用户规模方面：截至2022年末，我国已成功建设并启用了231.2万个5G

基站，5G移动电话用户达5.61亿户（见图1-4），占全球比例逾60%。国内有110个城市达到了千兆城市的发展水平，千兆光网的服务范围覆盖5亿多户家庭。2024年，我国5G移动电话用户增至10.14亿户，市场规模达到3.3万亿元。Dell'Oro Group报告表明，中国的5G网络在未来五年内将迎来快速增长。预测到2030年，5G移动电话用户规模将扩大至13.90亿户，市场规模则有望提高到6.6万亿元。

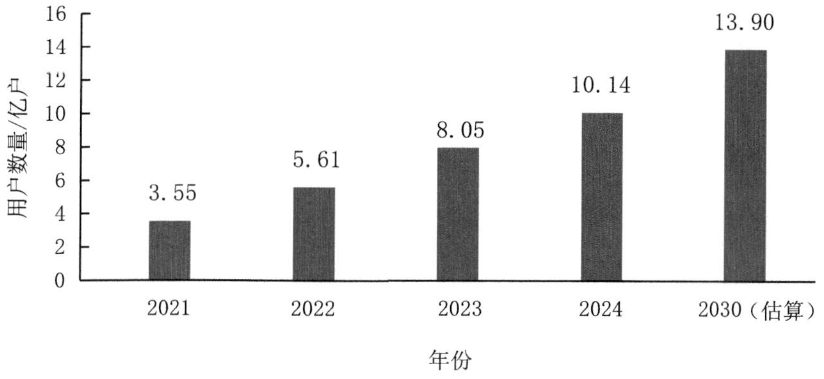

图1-4　2021—2030年中国5G移动电话用户数量

数据来源：国家统计局、Dell'Oro Group。

基站建设方面：我国已实现全国所有地级市、县城城区5G网络覆盖，年度新建5G基站数目标超额完成。据工业和信息化部数据，2022年我国移动通信基站总数达1083万个，全年新增87万个。其中，5G基站为231.2万个，全年新增88.7万个，占移动基站总数的21.3%。截至2023年10月，我国累计建设并启用的5G基站数已上升至321.5万个，占移动基站总数的28.1%。2023年1～10月，新增5G基站数达到90.3万个，超额完成60万个的年新增目标。

投资规模方面：2023年，三大基础电信企业和中国铁塔共同完成的固定资产投资达4205亿元，比上年增长0.3%。自2019年5G商用以来，通信业投资已经连续五年保持正增长，连续四年的年投资规模都超过4000亿元，其中5G累计投资已突破7300亿元。在大规模投资推动下，5G网络建设超额完成2023年的新增目标。中国信息通信研究院（简称“中国信通院”）预测，2025年

5G建设投资总额将达到1.2万亿元。同时，5G网络建设有望推动产业链各个环节以及各行业应用的投资扩大，预计到2025年累计带来的投资额将逾3.5万亿元。

带动产出方面：5G的经济带动效应显著。中国信通院预测，到2023年，5G直接带动经济产出约1.86万亿元（见图1–5），直接带动经济增长约5512亿元，相较于2022年分别提升29%和41%；间接带动经济产出约4.24万亿元，间接带动经济增长约1.55万亿元，这两项数据都比2022年增长22%。据中国信通院预测，2020—2025年，我国的5G商业化将直接带动经济产出10.6万亿元，间接带动经济产出24.8万亿元；直接带动经济增长3.3万亿元，间接带动经济增长8.4万亿元。

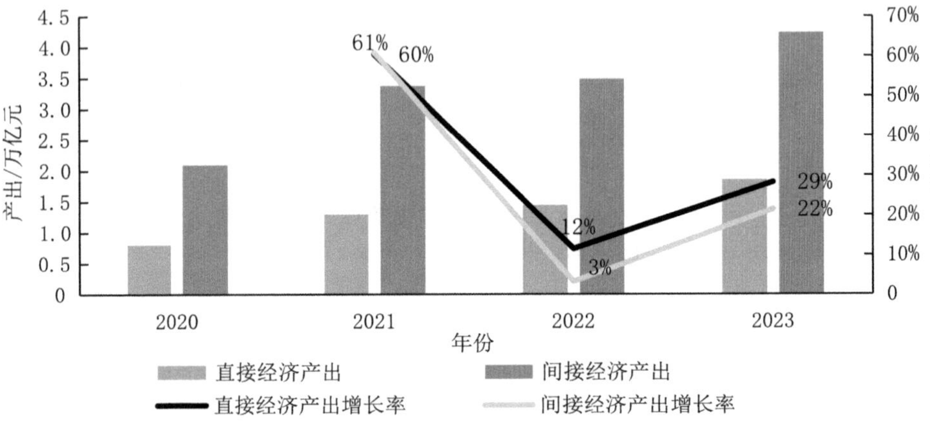

图1–5　2020—2023年中国5G直接与间接带动经济产出

数据来源：中国信通院。

2.特高压：打造能源互联网的重要纽带

特高压输电技术具有输电容量大、输电距离远、能耗低、占地少和经济性明显等特点，在我国电力资源与负荷不均的背景下显得尤为重要。我国能源资源主要集中在西部和北部地区，而大部分的电力消费则集中在东部和中部地区，供需之间距离800～3000千米。一般而言，资源丰富地区的经济相对落后，人口较少，当地无法完全消纳所产生的电力，而且电力难以储存，因此需要采用特高压输电技术来解决大规模长距离的输电问题。

为了实现碳达峰、碳中和的目标，新能源的发展必须加速。集中式新能源发电依赖于资源富集地，主要集中在西北、东北等地，但发电区域与负荷中心呈现逆向分布，需要通过跨省跨区输电通道实现电力外送。除了西北五省（区）等地，沙漠、戈壁、荒漠地区也被纳入新能源开发的重点区域。为了匹配新能源开发进度，大量电力通道等基础设施建设会提前布局实施。此外，宏观经济形势并不是特别乐观，国外形势严峻，要更注重对内投资。在此背景下，特高压建设进程开始提速。

电网投资历来是基建投资稳定增长的主力军。特高压投资快速增长的第一阶段是2014—2017年，投资额达1966亿元，之后发展较为平稳。在“十四五”期间，特高压的发展进一步加速，国网计划投资规模扩大至3800亿元。2022年开工的“10交3直”共13条特高压线路，项目投资总额创历史新高，仅新开工的特高压项目规模就达约1843亿元。加之“4交2直”项目稳步推进，涉及项目总投资额将达到2781亿元。已披露的储备规划项目包括“6交9直”，未来建设潜力巨大。2011—2022年特高压项目开工情况如图1–6所示。

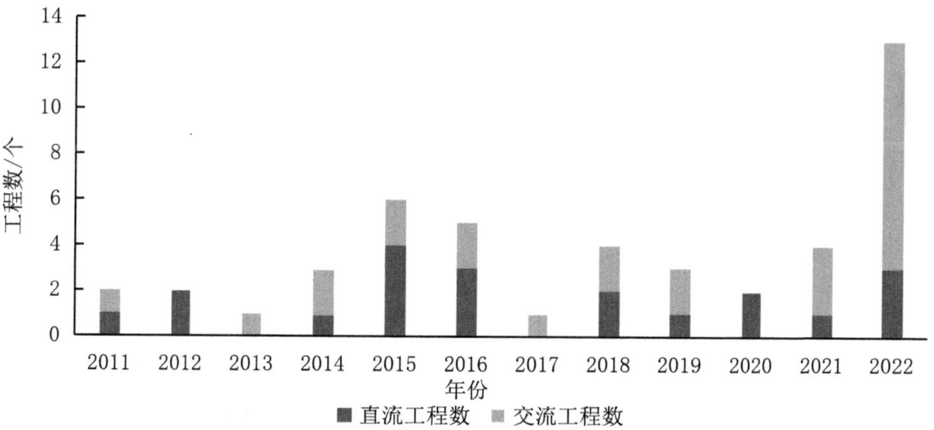

图1–6　2016—2022年特高压项目开工情况

数据来源：国家电网。

产业链方面，特高压产业链涉及原材料供应、特高压设备制造、电网建设等多个环节，链条长且各环节紧密相连，具有强大的带动作用。根据《“新基建”之特高压产业发展及投资机会白皮书》，预计到2022年，我国特高压产业及其产业链上下游相关环节所带动的总投资规模将达4140亿元。预计到2025年，随着全社会用电量的增加，新型电力系统将以新能源为主导持续构建。届时，特高压产业及其产业链上下游相关环节的总投资规模将达到5870亿元。2006—2025年特高压产业投资规模如图1-7所示。

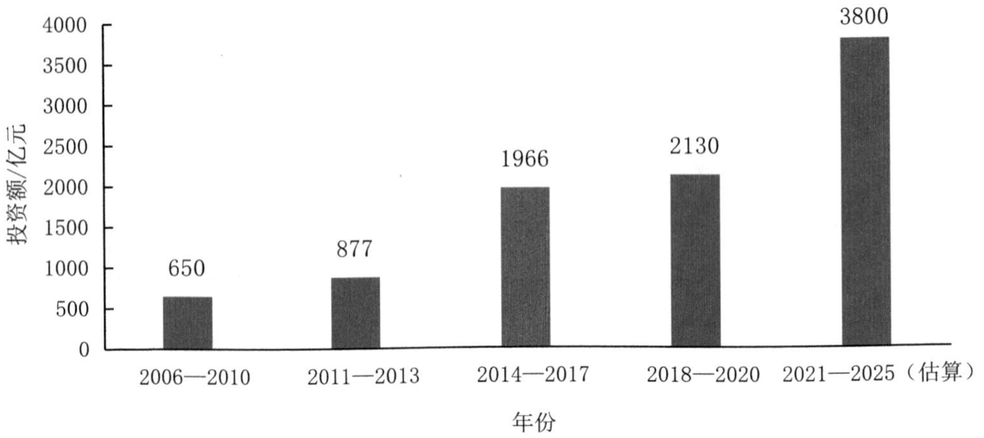

图1-7　2006—2025年特高压产业投资规模

数据来源：《“新基建”之特高压产业发展及投资机会白皮书》。

3.新能源汽车充电桩：助力新能源汽车行业，实现汽车强国梦

发展新能源汽车是我国实现汽车强国梦的必然选择，对于建设制造强国起到关键的支撑和整合作用。作为国家经济的重要支柱和国际竞争力的象征，汽车产业正逐渐向电动化、网联化、智能化和共享化发展。如今，欧洲、日本、韩国等都加快了转型步伐，这更凸显了我国十年前启动新能源汽车战略的远见卓识。经过十年的规划和发展，我国新能源汽车行业已具备明显的先发优势和规模效应。据统计，国内的新能源汽车销量持续快速增长，已经连续八年排名全球第一。得益于政策和市场的共同推动，2022年、2023年新能源汽车的销量分别达688.7万辆、949.5万辆（见图1-8），同比分别增长96%、38%。

图1-8　2015—2023年中国新能源汽车销量及其增长率

数据来源：中国汽车工业协会。

充电桩作为新能源汽车的重要基础设施，其数量不足导致的充电难问题是制约新能源汽车发展的一大因素。国家能源局等相关部门出台了众多支持政策，以促进充电基础设施的规划和建设，全国范围内充电桩总数迅速上升。据统计，截至2023年底，充电桩总数累计达到859.6万台，同比增长65%。2023年，公共充电桩增加92.9万台，与去年同期相比增长42.7%，随车配建私人充电桩增加245.8万台，同比上升26.6%。

充电桩建设不仅是推进新型基础设施建设、激发新消费的关键连接点，而且对于刺激新能源汽车的消费需求、促进经济发展具有显著的支撑作用。我国充电桩市场规模保持高速增长，2023年充电桩市场规模已破千亿元（见图1-9）。可见，充电桩市场空间大。

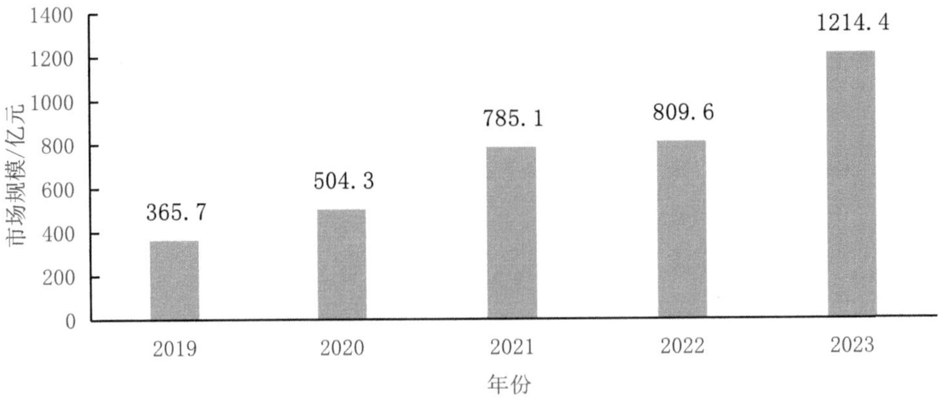

图1-9　2019—2023年中国充电桩市场规模

数据来源：中国电动汽车充电基础设施促进联盟、中商产业研究院。

加速建设充电桩不仅可以直接刺激投资，还可以间接拉动产业链上下游相关产业投资。例如，南方电网计划在四年内投资251亿元建设38万台充电桩和150座大型充电站，预计会带动约2000亿元的电网建设、元器件及设备制造等相关产业投资。展望未来十年，中国充电桩的设备与服务市场潜力巨大，预计将逾5000亿元的规模。此外，充电桩建设的加速将促进新能源汽车产业链的投资和消费，不仅带动原材料供应、元器件生产、软件开发等上游行业的投资，还刺激电池回收再利用、维修售后等下游行业的投资。

4.城际高速铁路和城市轨道交通：推动城市群融合、都市圈协同发展

2021年，国务院印发的《“十四五”现代综合交通运输体系发展规划》强调，交通运输是国民经济中具有基础性、先导性、战略性的产业，对于构建新发展格局、服务人民美好生活及促进共同富裕至关重要。“十三五”时期，我国综合交通运输体系建设取得重大突破，基础设施得到持续优化，综合交通网络总里程逾600万千米。“十纵十横”综合运输大通道基本贯通，高速铁路运营里程翻一番，覆盖全国95%的百万人口城市，高速公路几乎覆盖全部20万以上人口城市。尽管如此，我国综合交通运输发展仍面临不平衡、不充分的问题，如综合交通网络布局不均、结构不合理、衔接不畅等，特别是在重点城市群和都市圈的城际及市域（郊）铁路方面存在显著不足。因此，轨道交通仍然

有巨大的发展潜力。

城际高速铁路和城市轨道交通作为“新基建”七大领域之一，是建设智慧城市、智慧交通的核心应用。根据估计，到2025年，这一领域累计投资总额可能达到4.5万亿元（见表1-2）。

表1-2　“新基建”七大领域投资规模对比

单位：万亿元

领域	预计2025年累计投资规模	累计带动产业链上下游投资和消费规模
5G基站	2.5	5.0
特高压	0.5	1.2
城际高速铁路和城市轨道交通	4.5	5.7
新能源汽车充电桩	0.09	0.27
大数据中心	1.5	3.5
人工智能	0.22	0.4
工业互联网	0.65	1.0

数据来源：《“新基建”发展白皮书》。

高速铁路方面。参考《“十四五”现代综合交通运输体系发展规划》，铁路相关重点项目包括战略骨干通道、“八纵八横”高铁主通道、高铁区域连接线及城际铁路等。在加快规划布局综合交通运输体系的背景下，铁路投资显著增长。2023年，高铁投产新线里程2776千米，较去年提升33.3%；完成铁路固定资产投资7645亿元，较去年提升7.5%（见图1-10）。按照规划目标，预计2025年全国铁路、高铁营业里程分别达16.5万千米、5万千米，对应未来两年铁路、高铁年均投产新线里程分别为3550千米、2750千米，仍将为铁路投资提供有力支撑。

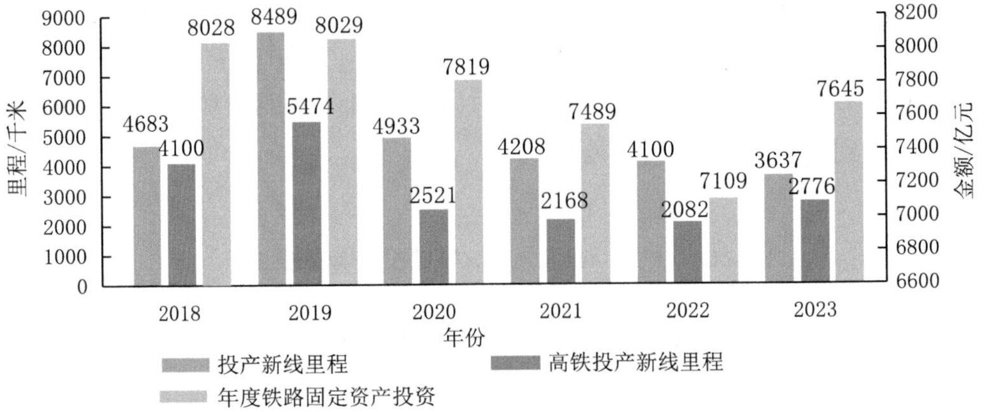

图1-10 2018—2023年铁路投产新线里程及固定资产投资

数据来源：2018—2023年铁道统计公报。

城际高速铁路方面。国家发展改革委于2021年4月印发《2021年新型城镇化和城乡融合发展重点任务》。该文件明确指出，要加快推进京津冀、长三角、粤港澳大湾区等重点城市群的城际铁路规划与建设。这些城市群和都市圈在国内极为重要，加强城际及市域（郊）铁路建设将助力三大区域协调发展，推动构建新发展格局，这也是弥补区域内综合交通运输短板的必要措施。

城市轨道交通方面。近年来，我国的城市轨道交通行业取得了快速发展。随着城市轨道交通线路的持续扩展，各城市群的城市轨道交通运营线路在全国总长度中所占比例显著增加。长三角城市群的17个城市共有87条运营线路，总长度3160.9千米，占全国总长度的30.73%，是运营城市和运营线路最密集的区域；京津冀城市群的3个城市共有39条运营线路，总长度1235.81千米，占12.01%；珠三角城市群的5个城市共有40条运营线路，总长度1350.75千米，占13.13%；成渝城市群的3个城市共有27条运营线路，总长度1148.03千米，占11.16%。随着城市群、都市圈经济的快速发展，高铁、城际铁路、地铁的融合正在逐渐推进。

未来，我国的普速铁路和高速铁路建设，以及各大城市的轨道交通建设将继续大规模推进。随着人们对轨道交通设备需求的增加，相关的智能控制和电力电子系统等产业的市场规模也将进一步扩大，促进轨道交通相关产业的快速发展。到2025年，综合交通运输基本实现一体化融合发展，智能化、绿色化取得实质性突破，综合能力、服务品质、运行效率和整体效益显著提升，交通运输发展向世界一流水平迈进。

第三节　现代化基础设施建设的趋势

一、新科技全面融入基础设施

在新一轮科技革命和产业变革的驱动下，基础设施将按照创新型、数字化、融合化的发展方向超前布局，为未来产业和城市发展提供强大支持。

1.基础设施创新型转化

基础设施作为科技革命和产业革命的基础和引领，在历史的每个关键时刻，都伴随着科技和产业的飞跃而发生根本性变革。这一变革将推动基础设施向更具突破性、革命性、前瞻性的方向发展，基础设施将转变为科技与产业转型的关键平台和主要应用场域。因此，基础设施的规划和建设必须紧跟科技革命和产业变革的最新趋势和方向。

科技革命和产业变革正加速推动基础设施的创新与发展，催生新型基础设施体系。每一轮科技革命都促进了新型基础设施的发展，这些变革主要聚焦于信息基础设施领域。如今，随着5G、人工智能、大数据等技术的蓬勃发展，新一代信息基础设施如超级计算中心、云计算平台和大数据中心等快速崛起。这些前沿大型基础设施不仅为科技和产业的持续进步提供有力支撑，还不断引领我们探索未知领域。

“十四五”规划提出，支持北京、上海、粤港澳大湾区形成国际科技创新中心，建设北京怀柔、上海张江、粤港澳大湾区、安徽合肥综合性国家科学中心，支持有条件的地方建设区域科技创新中心。此外，建设一批国家重大科技基础设施，包含战略导向型、应用支撑型、前瞻引领型、民生改善型等类型，如表1–3所示。

表1–3　国家重大科技基础设施

类型	内容
战略导向型	建设空间环境地基监测网、高精度地基授时系统、大型低速风洞、海底科学观测网、空间环境地面模拟装置、聚变堆主机关键系统综合研究设施等
应用支撑型	建设高能同步辐射光源、高效低碳燃气轮机试验装置、超重力离心模拟与试验装置、加速器驱动嬗变研究装置、未来网络试验设施等
前瞻引领型	建设硬X射线自由电子激光装置、高海拔宇宙线观测站、综合极端条件实验装置、极深地下极低辐射本底前沿物理实验设施、精密重力测量研究设施、强流重离子加速器装置等
民生改善型	建设转化医学研究设施、多模态跨尺度生物医学成像设施、模式动物表型与遗传研究设施、地震科学实验场、地球系统数值模拟器等

2.基础设施数字化转型

科技与产业的快速变革正促使基础设施发展日益趋向数字化和智能化。自20世纪90年代初以来，我国对基础设施建设领域进行了持续的投入，许多旧有设施亟须升级。如今，基础设施正步入一个转型加速和动能转换的新阶段。关键技术如互联网、大数据、人工智能的创新应用，将有力推动基础设施数字化转型，为未来的发展注入新活力，并引领生产方式和组织方式的深刻变革。

新一代信息技术如5G、工业互联网、人工智能等快速发展，引起数据量激增和算力飞速发展。数据中心作为关键基础设施，承载着这些技术所需的强大算力，对于数字化转型至关重要。在国家政策如“新基建”、“数字中国”战略以及企业降本增效需求的推动下，我国数据中心产业在2021年迎来了第三个增长转折点，产业规模接近2000亿元。随着各地区和各行业数字化转型的不断深化，预计数据中心产业的规模将持续扩大。

我国数据中心市场正处于高速发展时期。按照标准机架2.5kW计算，2021年我国使用的数据中心机架总数达到520万架，其中大型规模以上机架的数量增长尤为显著，达420万架，占总数的80%以上。截至2023年，我国在用数据中心机架数量超过810万架，位居世界前列。

基础设施数字化转型势不可挡。在政策和市场的双重保障下，我国已初步构建起具有国际竞争力的算力产业生态，相继落地一批具有示范效应的算力平台、新型数据中心以及产业基地。未来高质量发展的数据中心行业将持续提供稳定的算力保障，为全社会数字经济繁荣发展奠定基础。

3.基础设施融合化发展

科技与产业的快速革新促进万物互联，这一趋势推动基础设施向更加网络化、融合化的方向发展。随着人工智能、大数据等前沿技术的深化及其与生物科学、材料科学等多学科技术的深度融合，一系列颠覆性技术将推动科技革命和产业变革深入发展。这标志着我们步入了一个智能化、融合化的创新时代，全社会的信息化、数字化、智能化进程正不断加速。除了信息基础设施、创新基础设施外，融合基础设施领域也不断涌现新形态，如智慧交通、智慧能源、智能建造等。

交通运输领域是融合基础设施领域的典型代表，5G、北斗导航系统、人工智能、大数据中心、新能源汽车充电桩等新技术及设施，都与交通运输行业密切相关，因此，交通运输领域"新基建"逐渐成为行业和社会关注的热点。2020年以来，《交通运输部关于推动交通运输领域新型基础设施建设的指导意见》（简称《指导意见》）、《交通运输领域新型基础设施建设行动方案（2021—2025年）》（简称《行动方案》）等政策文件发布，指导交通运输领域"新基建"的发展。

交通运输领域"新基建"涉及将先进技术应用于铁路、公路、水路、民航等传统基础设施，赋予其新功能和新形态，并促进交通基础设施网、能源网、运输服务网和信息网的融合发展（见图1-11）。

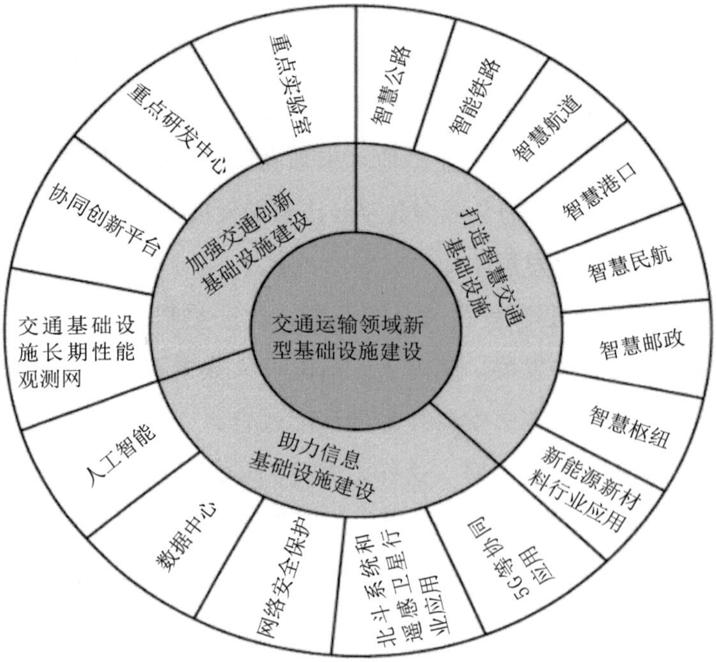

图1-11　交通运输领域“新基建”的内涵与范围

资料来源：梁晓杰、刘芳《中国交通运输领域推进新型基础设施建设的政策与现状分析》。

利用大数据、云计算等技术构建智慧交通系统，已是城市管理的大势所趋。在城市综合交通枢纽、城市道路交通、静态交通以及智慧交通系统等领域，市场需求日益增长。中商产业研究院发布的数据显示，2022年我国智慧交通行业市场规模达2133亿元（见图1-12）。其中，城市智慧交通千万级项目市场规模约为284.64亿元，共计1745个项目。

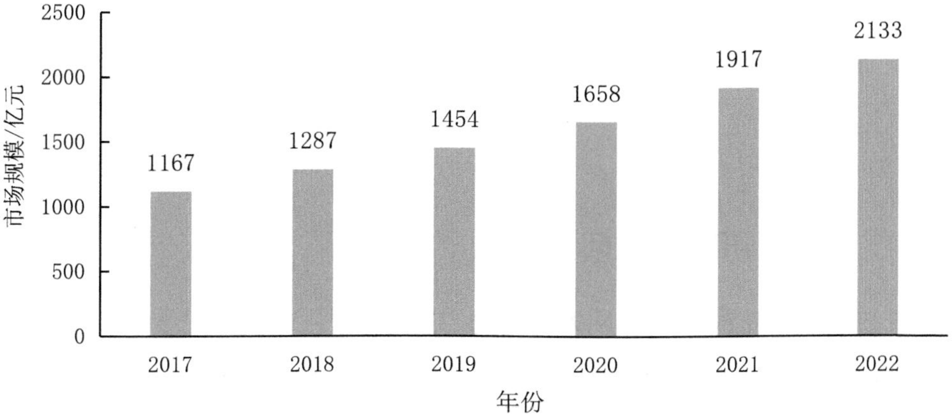

图1-12　2017—2022年我国智慧交通行业市场规模

数据来源：中商产业研究院。

近年来，人工智能技术在交通领域得到广泛应用，我国智慧交通行业市场得以快速扩张，投融资活动频繁。2022年，智慧交通行业的投资数量达24起，投资金额为30.19亿元。2023年1～10月，智慧交通行业的投资数量已有22起，投资金额已达36.71亿元（见图1-13）。

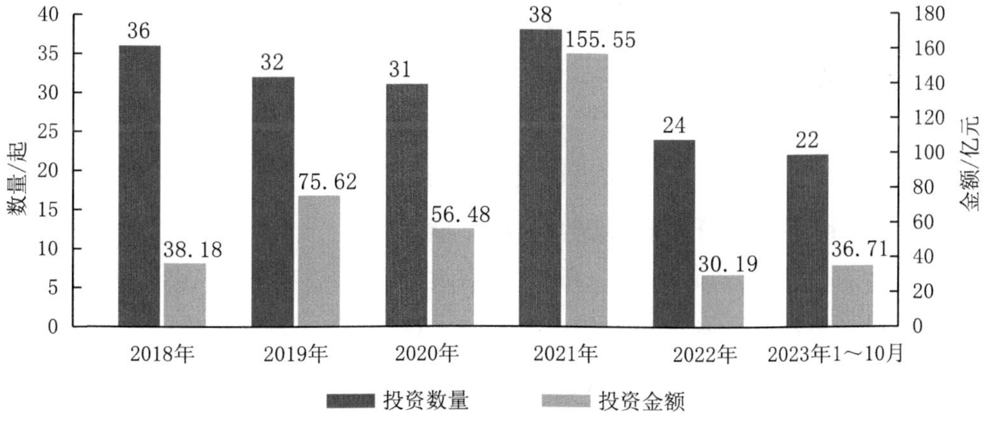

图1-13　2018年至2023年10月我国智慧交通行业投资情况

数据来源：中商情报网。

在《指导意见》和《行动方案》的指导下，“新基建”与交通运输融合发展，正在全国范围内如火如荼地推进。以智慧交通为代表的融合基础设施是“十四五”规划“新基建”的重点方向，现代化基础设施体系将沿着融合化的方向持续发展。

二、充分利用地下空间

1.城市地下空间开发利用大有可为

地下空间开发是指人类对地下空间进行建设、利用和管理的活动。随着城市化进程的不断加快，城市建设的空间越来越紧张，特别是在一些经济发达的城市，地价越来越高，住宅、商业场所不断向地下拓展。同时，城市交通的拥堵问题也越来越突出，建设地铁、地下通道、地下停车场等地下基础设施已经成为缓解交通拥堵的重要手段。因此，开发地下空间已经成为人们的必要选择。

地下空间可以应用于许多领域，如城市交通、智能储能、环保等。城市交通是地下空间最为重要的应用领域之一。利用地下空间建设地铁、地下通道、地下停车场等设施，可以有效缓解城市交通拥堵问题。智能储能也是地下空间重要的应用领域之一，利用地下空间储存电能，可以提供可靠的电力供应，实现对能源的高效利用，同时也可以缓解城市电力不足的问题。环保也是地下空间重要的应用领域之一，可以利用地下空间建设污水处理设施、垃圾处理设施等，在减少污染的同时提高资源利用率。

2.城市地下空间开发规模庞大，成就斐然

总体而言，我国城市地下空间发展需求强、开发速度快、建设规模大，总规模居世界第一，整体呈现集约化与综合化、网络化与分层化、生态化与人性化、数字化与智能化的发展趋势。

法治建设方面。截至2020年底，我国颁布了与城市地下空间相关的法律法规、规章和规范性文件共527部。统计显示，“十三五”期间颁布的与城市地下空间相关的法律法规、规章和规范性文件最多，占历年总数的73.4%。

开发利用规模方面。截至2021年，全国城市地下空间累计建筑面积27亿

平方米，新增建筑面积（含综合管廊、轨道交通等）约2.83亿平方米。我国城市地下空间的开发趋势与城市化进展呈现出明显的黏附特征，截至2021年底，我国城市地下空间仍延续“三带三心多片”的总体发展格局。

城市轨道交通方面。截至2023年末，上海、北京的轨道交通运营里程已超过800千米，广州、深圳、成都也建成了超大规模的轨道交通运营线网（见表1-4）。

表1-4　2023年我国部分城市轨道交通运营里程

运营里程/千米	城市名称及运营里程/千米
＞700	北京（836.0）、上海（825.0）
（600，700]	广州（641.5）、成都（601.7）
（500，600]	深圳（567.1）、武汉（529.6）、杭州（516.0）
（400，500]	重庆（494.6）、南京（459.4）
（300，400]	青岛（326.3）
（200，300]	天津（298.3）、西安（294.0）、郑州（277.7）、沈阳（262.2）、苏州（258.5）、大连（237.1）、长沙（209.1）
（100，200]	合肥（197.0）、宁波（186.0）、昆明（165.9）、福州（139.0）、南昌（128.5）、南宁（128.2）、佛山（127.3）、贵阳（116.9）、长春（111.2）、无锡（110.8）
（50，100]	厦门（98.4）、济南（84.1）、哈尔滨（82.1）

资料来源：《2023年城市轨道交通运营数据速报》。

城市地下道路方面。根据不完全统计，北京、上海、香港、深圳、南京、杭州、武汉、无锡、苏州、青岛等10个城市正在规划或建设大型的多点进出型城市地下道路，部分工程的建设规模和施工技术达到世界先进水平。

地下综合体方面。近年来我国地下综合体规划和建设速度不断加快，全国建成地下综合体超过200个，并且规模不断扩大，出现了如北京王府井地下综合体、杭州奥体中心地下综合体、南京新街口地下综合体等几十万平方米的大型地下综合体，甚至如广州国际金融城等“地下城”级别的超大型地下综合体。国内部分大型城市地下综合体如表1–5所示。

表1–5 国内部分大型城市地下综合体

区域名称	开发层数	所在城市
广州国际金融城	地下五层	广州
钱江新城核心区	地下四层	杭州
万博商务区	地下四层	广州
世博园区地下综合体	地下三层	上海
北京CBD核心区	地下五层	北京
光谷中心城	地下三层	武汉
中关村西区	地下三层	北京
新街口地下综合体	地下三层	南京
珠江新城核心区	地下三层	广州
太湖新城核心区	地下三层	苏州
奥体中心地下综合体	地下两层	杭州
广州南站地下综合体	地下三层	广州

资料来源：综合网络信息整理。

综合管廊方面。截至2022年6月，全国共启动了1647个管廊项目，总长5902千米，其中已完成3997千米。从地区分布看，华东地区和西南地区是建设的主要区域。2020年，华东地区建成2125千米，西南地区建成1813.8千米，分别占全国总长度的29.55%和25.22%，地区内各省区市平均长度分别为303.6千米和362.8千米，位居全国前列。其他地区的建设情况为：西北地区799.8千米，华北地区765.8千米，华中地区697.1千米，华南地区625.2千米，东北地区366.2千米。

3.建设规模逐年扩大，投资总量持续增长

中国城市地下建设始于20世纪50年代，初期主要建造防空地下室以应对战争，这一起步较欧美和日本等发达国家和地区晚。但近年来，我国地铁和综合管廊等地下设施发展迅猛，城市地下空间开发利用大规模展开，我国成为名副其实的地下空间开发利用大国。

在城镇化进程中，地下空间既要满足新增城镇人口对“增量”空间的需求，也要适应原有城镇人口对“质量”空间的需求。截至2022年末，中国城市地下空间总建筑面积达29.62亿平方米。2022年新增地下空间建筑面积约2.62亿平方米，比上年减少7.22%，约占全年城市建筑竣工总面积的23%。其中，长三角城市群和珠三角城市群的地下空间约占总数的25%。2022年各省区市新增地下空间建筑面积如图1–14所示。

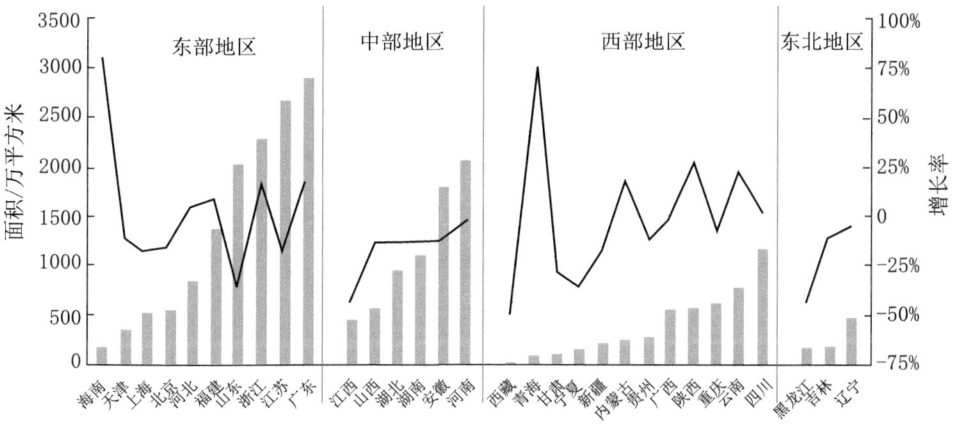

图1–14　2022年各省区市新增地下空间建筑面积比较

资料来源：各地自然资源局、发展改革委、住房和城乡建设局、国防动员办公室，部分根据国家统计局及各地2022年国民经济和社会发展统计公报的数据计算。

“十三五”期间，中国地下空间开发直接投资总额约为8万亿元，这不仅有效推动经济增长，还促进供给侧结构性改革，进一步巩固了中国在全球地下空间开发领域的领军地位。

三、现代化基础设施协调发展

在当前经济高质量发展和新技术不断涌现的背景下，合理配置资源成为关键。基础设施投资面临选择——是采取赶超策略还是利用后发优势？同时，本地基础设施如何实现规模效应和完成更新，也是重要议题。目前，基础设施较好的地区通常是经济较发达的区域，这导致资源倾向于流向这些区域，从而吸引更多优质资源，推动当地基础设施进一步发展。然而，这可能导致不同地区间基础设施差距随经济差异扩大而扩大。

区域协调发展是促进高质量发展的关键因素，也是实现共同富裕的基本要求，更是推进中国式现代化的关键举措。当前较多省份积极响应国家政策号召，发布“十四五”新型基础设施建设规划等政策文件，促进新型基础设施建设与发展。根据河南省发展改革委与清华大学互联网产业研究院联合发布的《中国新基建竞争力指数报告（2022）》，在计算全国各省区市的新型基础设施竞争力指数后，对全国东中西部新型基础设施竞争力进行横向对比。可以看出，我国东部地区新型基础设施竞争力最强，综合竞争力指数为83.67；其次是中部地区，综合竞争力指数为77.94；然后是东北地区，综合竞争力指数为72.73；最后是西部地区，综合竞争力指数为72.61。2022年我国四大地区新型基础设施竞争力指数对比如图1–15所示。

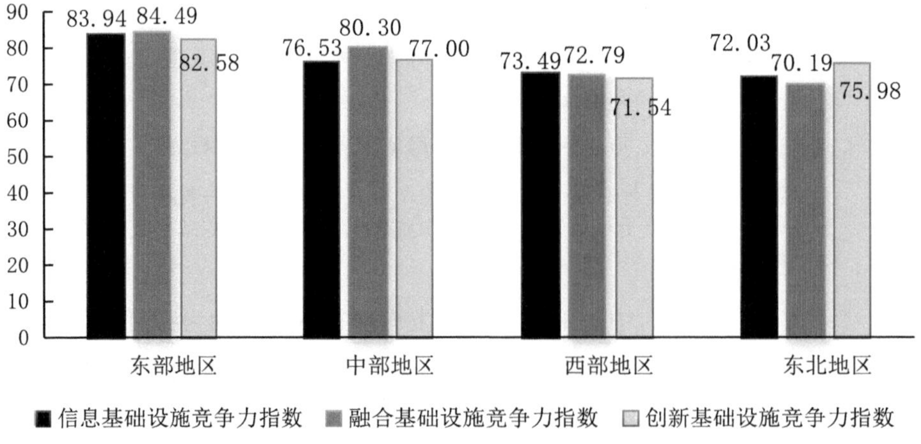

图1–15　2022年我国四大地区新型基础设施竞争力指数对比

数据来源：《中国新基建竞争力指数报告（2022）》。

自党的十八大以来，我国整体基础设施建设更加均衡。中西部地区铁路里程已达9万千米，约占全国铁路总里程的60%。东北地区铁路里程为2.3万千米，其路网密度超过全国平均水平。西部地区高速公路和国省干线已形成网络布局，许多省份均实现县城之间高速连通。航空服务覆盖全国92%的地级市和88%的人口，中西部机场容量显著增加。区域电网结构不断优化，特高压工程加速推进，跨区域输电能力提升。同时，中西部地区在信息网络和水利工程建设上也取得显著成效。尽管区域发展取得了重大成就，但不平衡不充分的问题仍然存在，面临不少挑战。党的二十大对促进区域协调发展作出重要战略部署，现代化基础设施体系将沿着协调赶超与平衡发展的方向迈进。

四、现代化基础设施绿色低碳发展

随着工业文明的演进，经济绿色低碳发展已成大势所趋。2021年，联合国环境规划署强调可持续基础设施对改善公共服务、应对气候变化和促进疫情后经济恢复方面的关键作用，敦促决策者采取更系统的方法，将可持续基础设施纳入长期规划，以实现人与自然和谐共生。在“十四五”规划中，我国既要实现“双碳”目标，也迎来“新基建”的重要机遇。利用“新基建”的节能降耗优势，通过信息基础设施的绿色赋能，推动数字化与绿色化融合，为经济社会开辟绿色低碳发展道路。

以下从碳排放视角分析“新基建”的影响。

从技术创新角度看，“新基建”将会带来明显的减排效应（见表1–6）。一是技术进步带来的能效提升。如5G技术大幅降低数据传输能耗，深度神经网络节省数据中心能源消耗，且更多云计算平台和数据中心开始使用可再生能源供电。二是带动产业链结构优化。人工智能和工业互联网等技术提高产业链的协同效率，减少能源资源消耗。三是替代传统的生产和消费模式。电动车充电桩和高速铁路等将减少燃油车使用，降低交通部门能耗；特高压直流输电技术有助于解决能源供需不平衡问题，促进可再生能源利用和煤炭减量替代。

表1-6 “新基建”减排效应案例分析

领域	案例	减排预期
5G	华为	5G新无线（NR）可将每比特数据传输能耗降至2020年4G的10%，毫米波技术预计可将能耗降至2%以下；2030年前，快速推广5G网络将减少全球二氧化碳排放量近50亿吨，其中中国将比无5G网络时减排5.22亿吨
	维谛技术（Vertiv）	若5G技术在2025年全面覆盖，带来的碳减排将达到29.77亿吨
大数据中心	阿里巴巴	张北云计算基地数据中心完全基于绿色能源运转，建筑外表覆盖太阳能电板，同时采用自然风冷和自然水冷系统，制冷能耗降低45%
人工智能	谷歌DeepMind	引入人工智能节省能源开支，DeepMind帮助公司节省了40%的能源，将谷歌整体能效提升15%
特高压	南方电网	南方电网西电东送三大特高压直流工程累计送电量达4036亿千瓦时，相当于为广东省减少标煤消耗1.2亿吨
城际高速铁路和城市轨道交通	中国	高铁每百人千米能耗是飞机能耗的18%
新能源汽车充电桩	中国	新能源公交车相较于传统燃油公交车可节能1/3，新能源小汽车可节能2/3

资料来源：柴麒敏、李墨宇《新型基础设施投资的碳排放影响分析及绿色低碳化政策建议》。

从需求角度看，“新基建”也会带来显著的增耗效应（见表1-7）。首先，建设阶段将产生大量能耗与碳排放。以城际高速铁路和城市轨道交通、特高压线路为例，这些工程对钢铁和水泥的需求巨大，仅京沪高铁每千米就会产生285吨的二氧化碳排放。其次，日常运营也会带来显著的能耗和碳排放。例如，2018年中国数据中心的电力消耗高达1609亿千瓦时，占全国总用电量的2%，并导致接近1亿吨的二氧化碳排放。最后，由新消费需求引发的能耗和碳排放也不容忽视。虽然5G技术在传输数据时的单位能耗较低，但由于基站数量众多、数据传输量大，其设备总功耗却是4G的2.5～3.5倍。预计到2025年，当5G基站实现全面覆盖时，年能耗可能会达到2430亿千瓦时，伴随着1.49亿吨的二氧化碳排放。

表1–7　“新基建”增耗效应案例分析

领域	案例	增耗预期
5G	基站建设	5G基站分为宏基站、微基站两种，平均单基站消耗钢材8.5吨，只有3%～5%的5G基站需新建
	中兴 华为	5G单站功耗是4G单站的2.5～3.5倍，4G单站满载功率1045瓦，5G单站满载功率近3700瓦
大数据中心	点亮绿色云端：中国数据中心能耗与可再生能源使用潜力研究	到2023年，中国数据中心总用电量将增长66%，年均增长率10.64%，总用电量为2667.92亿千瓦时，产生二氧化碳排放量1.63亿吨
人工智能	国际计算语言学协会（ACL）	按照现有的发展速度，到2025年人工智能的用电量将占世界用电量的10%；谷歌开发的热门的语言处理深度神经网络Transformer，在使用神经架构搜索（NAS）的情况下，训练所需的时间在27万小时以上，二氧化碳排放量为284吨
特高压	国家电网	2020年开工建设“10交2直”项目，总长度约7800千米，按照每千米220吨的钢管需求，总需求为171.6万吨；一项±800千伏特高压直流输电工程共需要约56台换流变压器，合计需要使用高磁感取向电工钢约12320吨
城际高速铁路和城市轨道交通	京沪高铁	京沪高铁全生命周期中运营阶段的碳排放量最大（71%），其次是建设阶段（20%）和维护阶段（9%）
新能源汽车充电桩	工业和信息化部	充电桩设备中的立柱涉及用钢，2025年国内约需充电桩700万台，700万台充电桩约需钢材350万吨

资料来源：柴麒敏、李墨宇《新型基础设施投资的碳排放影响分析及绿色低碳化政策建议》。

总体而言，“新基建”对各行业碳排放达峰有短期和中长期影响。“新基建”可能对特定行业如能源（电力）和交通（公路、铁路）产生减排或增耗效应。短期内，“十四五”期间建设加速，但因能源结构调整有限，增耗效应可能更为显著。初步分析显示，“十四五”期间，预计每年平均将新增大约7300万吨的二氧化碳排放。长远来看，随着信息技术与能源技术的“双重革命”，“新基建”将推动各行业向着智能化与绿色化发展，这将有助于最大限度地发挥减排效应。“十四五”新型基础设施建设的碳排放影响分析如图1–16所示。

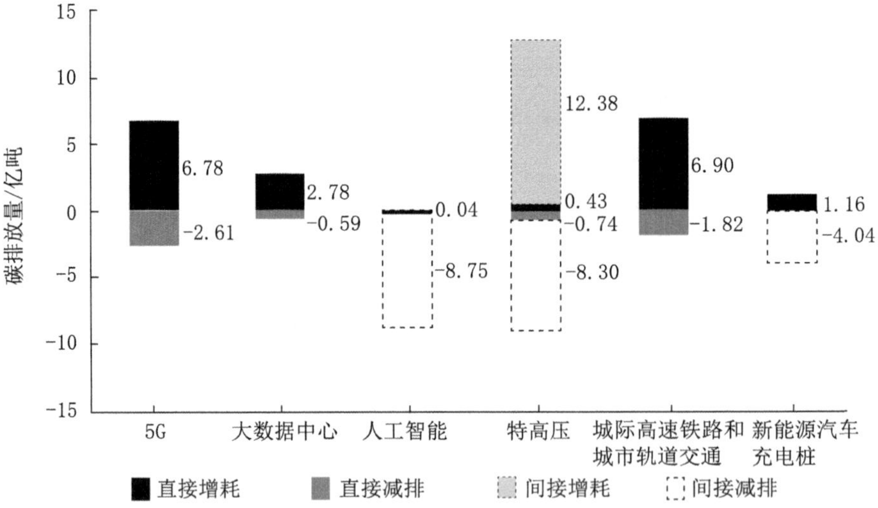

图1-16　“十四五”新型基础设施建设的碳排放影响分析

资料来源：柴麒敏、李墨宇《新型基础设施投资的碳排放影响分析及绿色低碳化政策建议》。

在构建现代化基础设施体系过程中，我们应当恪守创新、协调、绿色、开放、共享的新发展理念，推动新兴信息技术与前沿低碳技术融合，以助力绿色生产和可持续消费。在改善薄弱环节的同时，为新的增长动力提供支持，规避因高碳基础设施投资可能产生的长期制约影响及资产大幅贬值风险，以实现环境保护与经济发展的双赢。

第四节　现代化基础设施建设的路径

一、加快建设新型基础设施

“十四五”时期，全球迎来新型基础设施建设、发展的关键阶段，现代信息智能技术对传统基础设施进行快速改造与升级，着重强化对数字转型、智能升级及融合创新的支持，推动包括信息基础设施、创新基础设施及融合基础设施在内的新型基础设施建设。

为了强化新兴技术的引领作用，加速建设信息基础设施，新一代信息基础设施正从传统通信模式向以信息网络和数据为核心的全面数字能力体系转变，这涉及感知、连接、存储、计算和处理等关键功能。为适应技术进步和功能需求的变化，需构建集感知、网络、算力、数据及新技术设施于一体的新型体系。对于现有的基础设施，为满足智能社会的需求，需加速新技术的升级（如从4G升级到5G）和性能的优化（如建立多层次数据中心）。对于新兴基础设施，应聚焦于形态培育、技术研发和推广，比如探索和发展量子计算、智能计算中心及区块链基础设施。

专注经济社会转型，推动基础设施融合发展。借助新一代信息技术的力量，推动新型生产性基础设施发展，从而促进传统产业升级，并改变传统的生产和组织模式，进一步支持新兴产业和新业务形态成长。这些基础设施涉及工业互联网、智慧交通、智慧物流、智慧能源和智慧农业等领域，重点在于发展那些具有广泛影响力、强大赋能能力和显著带动效应的设施。同时，基于新一代信息技术的建设，将进一步增加公共服务供给，丰富公共服务内容，并提升服务水平。这涵盖与人民生活紧密相关的多个领域，如智慧医疗、智慧养老和智慧教育等，旨在提高公共服务的普及程度和质量，确保服务的均等化和公平化。

聚焦提升科技能力，部署前瞻性创新基础设施。“十四五”规划强调，要坚持创新在我国现代化建设全局中的核心地位，把科技自立自强作为国家发展的战略支撑。因此，发展创新基础设施显得尤为关键，它直接影响国家的科技实力、创新能力和整体竞争力。建议构建从研究与开发到产业化的全过程创新链条，打造重大科技设施，以增强原始创新能力，实现技术突破；针对国家战略需求，搭建科教设施和研究平台；针对经济需求，整合资源构建先进技术平台，积极促进产业升级，激发企业创新活力。同时，为激发社会整体创新精神，要推动建设经济高效、开放共享、专业定向的创新创业服务平台，便于中小企业及公众投身创新创业活动。

二、制度创新，形成生机有序的发展格局

新型基础设施建设尚处于初期阶段，与传统基础设施相比，其发展需要更多地依赖市场力量，但政策支持同样关键。为了加速我国新型基础设施的发展，“十四五”期间需注重深化制度创新，促进市场与政府更有效结合，共同营造一个统筹协调、创新活力的有序环境。

充分发挥体制优势，形成全国发展“一盘棋”。新型基础设施建设牵涉多个领域和不同利益主体，仅仅依赖市场驱动不足以防止无序发展，可能会造成资源过度供给和重复建设。因此，政府必须加强顶层设计和政策引导，以保障基础设施建设能够真正满足经济和社会的需求，并防止出现建设分散化的局面。要实现这一目标，需要设立一个涵盖宏观管理部门和各行业主管部门的协作机制，加强新型基础设施建设领域的技术整合、设施互联以及智能化互动，促进数字资源的自由共享及有效整合。

积极动员市场力量，构建一个全社会广泛参与的体系。新型基础设施建设在技术复杂性及商业模式上仍处于摸索阶段，其投资回报面临较大不确定性，因此高科技公司将扮演推动新型基础设施发展的核心角色。为了激发市场和私人投资的活力，可以从以下两点着手：一是通过改革、降低进入门槛和明确规则等举措，营造一个有利的市场环境，吸引企业投入建设；二是根据项目特性，发挥财政资金引导带动作用，拓展多元化融资途径，引导社会资本共同参与建设。

把握科学发展规律，创新政策支持体系。根据新型基础设施独特的技术经济属性，构建一个适应其发展的新型政策支持框架。一是加强数据治理体系建设，推动《中华人民共和国数据安全法》和《中华人民共和国个人信息保护法》等相关法律的实施，并出台相应的配套规则，以明确数据的分类和审查机制，促进数据的流通与共享。二是加强标准体系构建，制定合理的基础设施规范，以促进各类设施互联互通与资源共享。三是倡导绿色节能发展。通过制度性建设，增强基础设施间的协同合作，严格能耗管理。四是强化安全保障体系建设。确立安全评估机制、可靠性保障措施，并完善责任体系，保障基础设施安全稳定运行。

三、因地制宜优化新型基础设施集约共建

“新基建”已成为城市高质量发展的关键支撑，对提升城市能级和品质至关重要。若城市忽视“新基建”的发展，将对城市治理、数字赋能、产业数字化转型和智慧城市运营等产生不利影响，最终降低城市整体竞争力。地方政府在规划“新基建”时需注重三个方面。

强化顶层设计，统一规划“新基建”。根据建设智慧城市和发展数字经济的需求，坚持全局化、系统化、市场化、企业化思维，进行科学规划和协调部署，以促进大规模网络、数据、平台、服务以及产业发展。加速建设实体基础设施，例如将5G等信息基础设施整合到国土空间规划中，同时考虑未来城市管理和产业升级的需要，推动公共基础设施共建共治共享。此外，加强对虚拟网络空间的管理，推进人工智能算法、数字化机制模型等软基础设施的发展，提高数据治理能力。

强调需求先导，适度超前开展“新基建”。新型基础设施不仅应成为新时代设施建设的基础平台，还应成为推动产业升级、消费扩大、服务改进和经济效率提高的关键动力源。坚持需求驱动、问题驱动和目标驱动的原则，从解决当地经济和社会发展的紧迫问题出发，满足人民美好生活需要，以政府、企业和市民的需求为动力，合理进行项目需求分析和评估。避免单纯以建设或项目本身为导向，确保“新基建”能够从战略愿景到业务应用目标，再到系统建设具体目标进行科学的规划与实施。

挖掘地区特色，因地制宜发展“新基建”。鉴于我国地域广阔、资源分布不均以及发展水平差异显著的特点，“新基建”需根据实际情况有序进行。在北京、上海、广州、深圳等技术、资本和产业密集的一线城市，应重点利用高科技推动能力提升和创新场景应用，深入利用5G、人工智能等技术，加速经济和社会数字化转型。相比之下，欠发达地区则应在弥补传统基础设施不足的基础上，关注民生改善和产业升级的需要，快速推进5G、物联网等通信网络基础设施建设，推广远程惠民服务，缩小与发达地区的公共服务供给水平差距。

四、加快建设交通强国

“十四五”时期是我国交通运输业加速实现现代化的关键阶段，也是精准弥补基础设施不足、提升整体运输效能和持续增强动力的重要时期。按照建设交通强国的总体要求，推动交通运输业的全面转型升级，打造一个安全、便捷、高效、绿色、经济的现代综合交通运输体系。我国交通强国建设工程如表1-8所示。

表1-8 交通强国建设工程

序号	工程	内容
1	战略骨干通道	建设川藏铁路雅安至林芝段和伊宁至阿克苏、酒泉至额济纳、若羌至罗布泊等铁路，推进日喀则至吉隆、和田至日喀则铁路前期工作，打通沿边公路G219和G331线，提质改造川藏公路G318线
2	高速铁路	建设成都重庆至上海沿江高铁、上海经宁波至合浦沿海高铁、京沪高铁辅助通道天津至新沂段和北京经雄安新区至商丘、西安至重庆、长沙至赣州、包头至银川等高铁
3	普速铁路	建设西部陆海新通道黄桶至百色、黔桂增建二线铁路和瑞金至梅州、中卫经平凉至庆阳、柳州至广州铁路，推进玉溪至磨憨、大理至瑞丽等与周边互联互通铁路建设。提升铁路集装箱运输能力，推进中欧班列运输通道和口岸扩能改造，建设大型工矿企业、物流园区和重点港口铁路专用线，全面实现长江干线主要港口铁路进港
4	城市群和都市圈轨道交通	新增城际铁路和市域（郊）铁路运营里程3000千米，基本建成京津冀、长三角、粤港澳大湾区轨道交通网。新增城市轨道交通运营里程3000千米
5	高速公路	实施京沪、京港澳、长深、沪昆、连霍等国家高速公路主线拥挤路段扩容改造，加快建设国家高速公路主线并行线、联络线，推进京雄等雄安新区高速公路建设。规划布局建设充换电设施。新改建高速公路里程2.5万千米
6	港航设施	建设京津冀、长三角、粤港澳大湾区世界级港口群，建设洋山港区小洋山北侧、天津北疆港区C段、广州南沙港五期、深圳盐田港东区等集装箱码头。推进曹妃甸港煤炭运能扩容、舟山江海联运服务中心和北部湾国际门户港、洋浦枢纽港建设。深化三峡水运新通道前期论证，研究平陆运河等跨水系运河连通工程

续表

序号	工程	内容
7	现代化机场	建设京津冀、长三角、粤港澳大湾区、成渝世界级机场群，实施广州、深圳、昆明、西安、重庆、乌鲁木齐、哈尔滨等国际枢纽机场和杭州、合肥、济南、长沙、南宁等区域枢纽机场改扩建工程，建设厦门、大连、三亚新机场。建成鄂州专业性货运机场，建设朔州、嘉兴、瑞金、黔北、阿拉尔等支线机场，新增民用运输机场30个以上
8	综合交通和物流枢纽	推进既有客运枢纽一体化智能化升级改造和站城融合，实施枢纽机场引入轨道交通工程。推进120个左右国家物流枢纽建设。加快邮政国际寄递中心建设

资料来源：《中华人民共和国国民经济和社会发展第十四个五年规划和2035年远景目标纲要》。

五、构建现代能源体系

“十四五”时期，我国积极应对全球气候变化的挑战和国际能源供应的不稳定性，加速推动能源结构转型。我们应坚持控制煤炭使用、稳定石油消费、增加天然气利用，并大力发展非化石能源，同时提高电力系统的调节能力，以构建一个清洁低碳、安全高效的能源体系。我国现代能源体系建设工程如表1-9所示。

表1-9　现代能源体系建设工程

序号	工程	内容
1	大型清洁能源基地	建设雅鲁藏布江下游水电基地。建设金沙江上下游、雅砻江流域、黄河上游和几字湾、河西走廊、新疆、冀北、松辽等清洁能源基地，建设广东、福建、浙江、江苏、山东等海上风电基地
2	沿海核电	建成华龙一号、国和一号、高温气冷堆示范工程，积极有序推进沿海三代核电建设。推动模块式小型堆、60万千瓦级商用高温气冷堆、海上浮动式核动力平台等先进堆型示范。建设核电站中低放废物处置场，建设乏燃料后处理厂。开展山东海阳等核能综合利用示范。核电运行装机容量达到7000万千瓦

续表

序号	工程	内容
3	电力外送通道	建设白鹤滩至华东、金沙江上游外送等特高压输电通道，实施闽粤联网、川渝特高压交流工程。研究论证陇东至山东、哈密至重庆等特高压输电通道
4	电力系统调节	建设桐城、磐安、泰安二期、浑源、庄河、安化、贵阳、南宁等抽水蓄能电站，实施电化学、压缩空气、飞轮等储能示范项目。开展黄河梯级电站大型储能项目研究
5	油气储运能力	新建中俄东线境内段、川气东送二线等油气管道。建设石油储备重大工程。加快中原文23、辽河储气库群等地下储气库建设

资料来源：《中华人民共和国国民经济和社会发展第十四个五年规划和2035年远景目标纲要》。

六、实施国家水网工程

“十四五”时期，要以国家的主要河流和湖泊系统为基础，以输水和排水工程为连接通道，以关键的调蓄工程为节点，并运用智能化调控手段，加快国家水网的构建，以统筹解决水资源管理、水生态保护、水环境改善和水灾害防治的问题，从而在更高标准上确保水资源的安全。国家水网骨干工程如表1–10所示。

表1–10　国家水网骨干工程

序号	工程	内容
1	重大引调水	推动南水北调东中线后续工程建设，深化南水北调西线工程方案比选论证。建设珠三角水资源配置、渝西水资源配置、引江济淮、滇中引水、引汉济渭、新疆奎屯河引水、河北雄安干渠供水、海南琼西北水资源配置等工程。加快引黄济宁、黑龙江三江连通、环北部湾水资源配置工程前期论证
2	供水灌溉	推进新疆库尔干、黑龙江关门嘴子、贵州观音、湖南犬木塘、浙江开化、广西长塘等大型水库建设。实施黄河河套、四川都江堰、安徽淠史杭等大型灌区续建配套和现代化改造，推进四川向家坝、云南耿马、安徽怀洪新河、海南牛路岭、江西大坳等大型灌区建设
3	防洪减灾	建设雄安新区防洪工程、长江中下游崩岸治理和重要蓄滞洪区、黄河干流河道和滩区综合治理、淮河入海水道二期、海河河道治理、西江干流堤防、太湖吴淞江、海南迈湾水利枢纽等工程。加强黄河古贤水利枢纽、福建上白石水库等工程前期论证

资料来源：《中华人民共和国国民经济和社会发展第十四个五年规划和2035年远景目标纲要》。

总体篇

第二章 广东省现代化基础设施建设概况*

第一节　广东省现代化基础设施建设历程

中央财经委员会第十一次会议强调，全面加强基础设施建设，构建现代化基础设施体系。

2024年广东共安排省重点项目1508个，总投资8.1万亿元，年度计划投资1万亿元。其中，基础设施建设重点项目537个，年度计划投资额为5986亿元，占全部项目年度计划投资的59.9%。面对全球经济新形势，广东加快了现代化、智能化基础设施建设的步伐。以智慧电网和5G为代表的新型基础设施建设项目正在蓬勃兴起，成为广东经济和社会发展的强力引擎。

本节从交通基础设施建设、能源基础设施建设、水利基础设施建设和新型基础设施建设四个方面展开探讨，对其建设历程进行梳理。

一、交通基础设施建设历程

在改革开放之前，广东路网结构较为单一，以公路、铁路等为主体，并形成了一定的规模，这为广东的经济建设提供了良好的发展条件。

改革开放以来，广东的交通建设事业进入快速发展的阶段。高速公路、桥梁、隧道等交通项目不断涌现，不仅极大地提升了交通的便捷性，也为广东的经济腾飞插上了翅膀。尤其是新世纪以来，随着粤港澳经济一体化发展进程的加快，高速公路、城际轨道、港口和机场等基本构成了完整的交通运输网，广东交通网络日益完善。如今，广东的交通基础设施建设已经走在全

* 本章执笔人为暨南大学产业经济研究院杨宁。

国前列，为引领、支撑、保障广东高质量发展开拓更广阔的天地。回顾广东交通基础设施几十年的建设历程，可以将1950—1978年划分为第一个时期，1978年至今为第二个时期。

第一个时期，即1950—1978年，是广东交通事业全面恢复和初建阶段。在此期间，广东大力开展主要道路的修复工作，安排大量人力，以求尽快使主干道恢复。广东将主要资金投入符合国家经济发展和人民生活需求的重大运输基础设施项目中。这一时期，广东重点发展了湛江港、三亚港和海口港等沿海港口。同时，通过实行民工建勤政策，公路建设的速度得到了提升。截至1978年，广东公路通车总里程超过50000千米。以广州为核心，通达各区县市的公路网已初步建成，为今后的运输建设打下了良好的基础。

第二个时期，即1978年至今。随着改革开放进程的不断推进，广东积极探索、勇于创新，作为改革开放的前沿地区，在推动交通基础设施建设方面取得显著成绩。

在改革开放之前，广东的建设经费以中央拨款为主，筹资渠道较为单一。各地级市之间的公路等级较低，线路曲折，还被多条河流分割，导致通行效率低下。为了扭转这种落后的局面，广东在1981年提出了“贷款修路，收费还贷”的发展理念，同时引进外商对交通运输业进行投资。例如，广东与香港合和集团达成共识，在高速公路方面建立合作关系，这为国内交通基础设施建设领域的多样化融资开辟了新道路。

1984年，广东在107国道广深线东莞中堂大桥设立了第一个路桥收费站，以收费方式还贷，开创了“贷款修路，收费还贷”的先河。在这一理念的推动下，截至1996年，广东城市桥梁数量达2143座，到2004年，这一数据达到3712座（见图2-1）。此后这一数据整体保持上升的趋势。

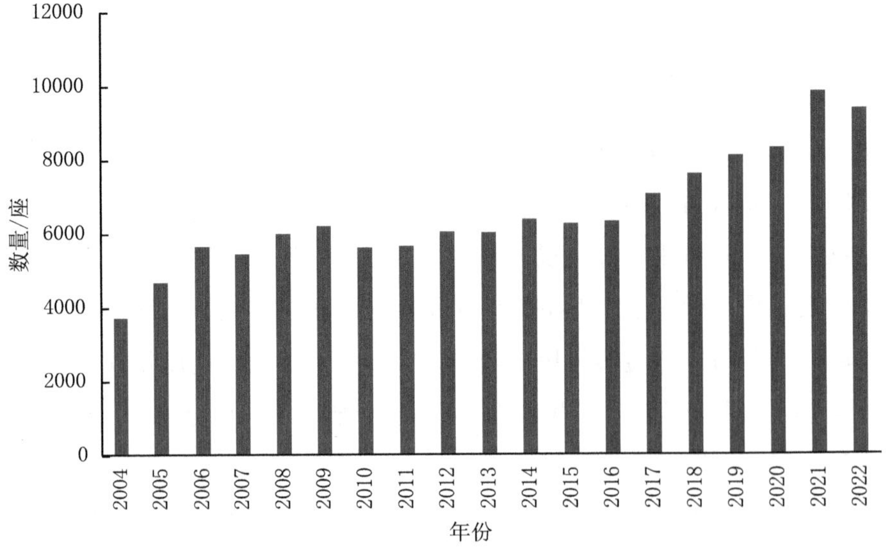

图2-1　2004—2022年广东城市桥梁数量

数据来源：国家统计局。

为了改善铁路系统的滞后状态，广东于1984年成立了广深铁路公司，这标志着铁路建设翻开新篇章。三年之后，广深铁路复线通车，只有单线通车的局面被打破。随后，广东又于1991年建成三茂铁路，填补了粤西铁路网的空白，为广东铁路的迅速发展奠定良好的基础。接着，广深铁路于1994年投入使用，中国第一条准高速铁路诞生，具有里程碑意义。从1997年起，广东铁路发展的重心由外扩转向增效，列车的运营速度实现了六次提速，极大提升了列车运营效率。截至2008年，广东铁路营业里程达2200千米（见图2-2）。

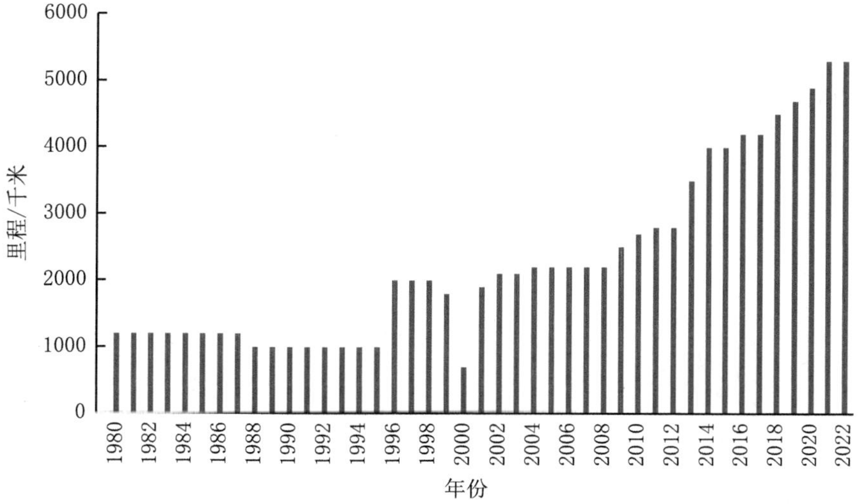

图2–2　1980—2022年广东铁路营业里程

数据来源：国家统计局。

2009年末，我国首条长途高铁武广高铁正式开通运营，其中广东段长达313千米，这是广东高铁发展的一个重要节点，意义非凡。高铁成为提升客运能力的关键载体，显著提升了居民出行的便捷性与舒适度。如今，武广、赣韶等多条高铁线路已开通运营，覆盖了全省19个地市，为广东乃至全国的交通发展注入了新活力。

“九五”期间，广东为了吸引更多的资金投入，采取了BOT（建设、运营、转让）或者BOT + EPC（建设、运营、转让 + 设计、施工、采购）的方式，极大地推动了高速公路的发展。截至2008年底，全省公路通车总里程达18.3万千米（见图2–3）。以珠三角为核心，连接港澳，向内地延伸，形成了“一天经济圈”的全省高速公路网。

2013年，广东提出了“振兴粤东西北”的建设思路，发挥粤东、粤西、粤北各自的优势，缩小广东省内经济建设差距，新的交通基础设施的建设也在这段时间逐步进行。2013—2017年，广东高速公路共投入4183亿元，粤东粤西、粤北地区新增高速公路1993千米，实现了县县通高速。到2018年底，全省公路通车里程达到21.77万千米。其中，高速公路通车里程达到9002千米，连续五年位居全国第一。

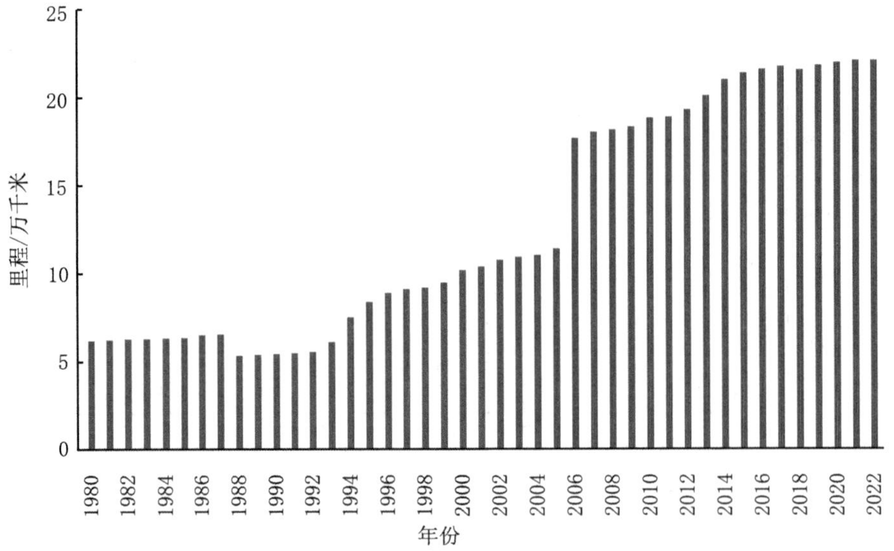

图2-3　1980—2022年广东公路通车里程

数据来源：国家统计局。

在“一带一路”倡议指导下，广东充分践行国家政策，重视港口建设与物流运输。截至2019年6月，广东各口岸已开通300余条国际航线，通往全世界的200多个口岸。其中，深圳港是广东对外贸易的关键点：对于国内，其承担着深圳重点物资调运的责任；对于国外，其连接着全球贸易航线。截至2020年，深圳港全年集装箱吞吐量超过2600万标箱，居全球第四位。此外，以南沙为核心的广州港，是华南地区和世界交流的重要门户。就南沙港而言，其集装箱运输能力逐年上升，营商环境提升，与全球400多个港口均有贸易合作。

2015年，广东提出要把新一代信息技术运用到交通运输行业当中，这在一定程度上满足了人们的出行需求，使广东公路运输业成为全国范围内开放最早、收益最大、发展最为迅速的一个行业。截至2018年，广东完成了10.52亿人次的公路旅客运输量，完成了15.47亿人次的旅客运输总量。

自改革开放以来，广东已逐步发展为国际海运的重要通道与枢纽。广东的公路、水路等多种交通方式均实现较大发展，交通基础设施逐渐完善，路网结构层次明显提升。粤港澳大湾区已成为全球最大的水陆交通枢纽。

广东已经基本建成一个比较完备的综合运输系统，在未来要以深化基础设施互联互通为目标，加强对基础设施网络化的引导与支持，以“轨道上的大湾区”为建设重点，构建“12312”出行交通圈和“123”快货物流圈。

二、能源基础设施建设历程

广东能源基础设施高速发展期间，在以下四方面有非常亮眼的表现。一是广东的能源供应能力大幅提升。具体表现在通过大力发展能源工业，显著提高了能源生产和供应能力，发电装机容量、原油加工能力、一次能源生产量均实现大幅增长，能源产量迅速增加，有效缓解了能源供需矛盾。特别是“西电东送”战略的实施，以及煤炭、原油、LNG（液化天然气）等能源进口的扩大，为广东能源供应提供了重要保障。二是广东的节能工作成效显著。仅2007年与1978年对比，单位地区生产总值能耗大幅下降，能源利用效率显著提高，且通过推广节能技术、优化产业结构、提高能源管理水平等措施，实现了以较少的能源消费支撑较快的经济增长。三是广东的能源结构不断优化，向着多元化、清洁化转变。核电、风电、太阳能、天然气等清洁能源从无到有，逐步成为能源消费的重要组成部分，广东在新能源和可再生能源的开发利用上走在全国前列，煤炭在终端消费中的比重显著下降，优质能源比重提高。四是广东的能源基础设施建设发展迅速，技术装备水平明显提高。例如，节能产品生产规模扩大，风电、核电等清洁能源技术达到国际先进水平等。

从发电量方面来看，1995—2021年，广东发电量呈现明显的增长态势（见图2–4），这反映了该地区在能源领域的快速发展。广东的发电量从1995年的821.06亿千瓦时增加至2021年的6306.23亿千瓦时。1979年，广东电网首次与香港九龙电网相连，随后在1984年和1985年，分别与澳门电网和广西电网实现联结。在20世纪70年代末至80年代初的这段时期，广东电力建设的重心集中在超高压、大容量汽轮发电机组的建设上。同时，为了弥补省网供电的不足，部分市县从国外引进柴油和燃气发电机组作为补充。

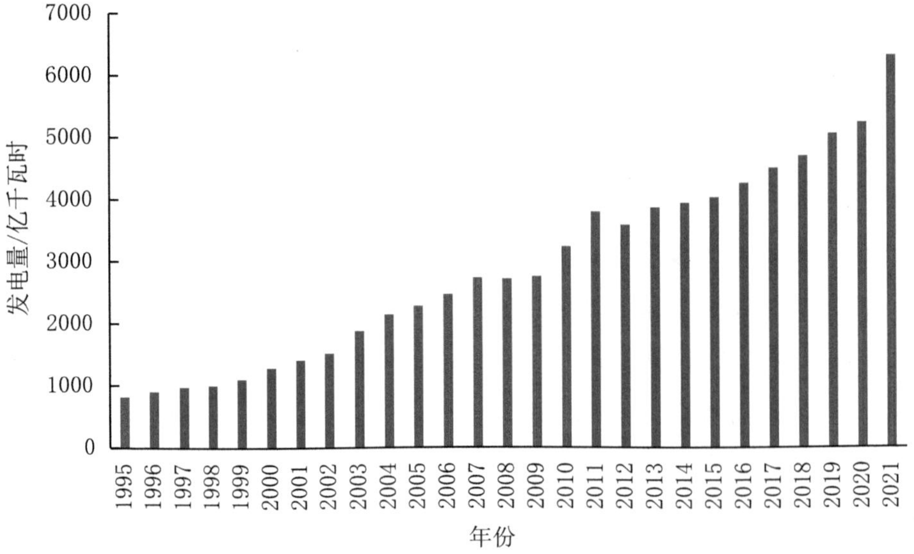

图2-4　1995—2021年广东发电量

数据来源：国家统计局。

1986年以后，广东的火电建设步伐明显加快，一系列高参数、大容量的火力发电机组相继建成投产。与此同时，风力发电的实践探索也取得了新的突破。南澳风力发电场的成功建设并发电，标志着广东开始利用风能发电。到了1990年，广东的发电装机容量和年发电量均实现显著增长，分别跃升至全国第四位和第六位。

随着国民经济的迅猛发展和人民生活用电需求的日益增长，20世纪90年代初广东电力供应形势变得严峻。尽管1993年广东各类发电装机容量已居全国首位，但全省的电力缺口仍为30%以上，导致拉闸限电现象频发。为了缓解这一局面，广东通过调整政策，加速推进大型电厂发电机组的建设，并实现电网供电能力的同步提升。1990年前后，广东建成了多个标志性的大型电力设施，包括国内首座大型商用核电站——大亚湾核电站，国内首座大型抽水蓄能电站——广州抽水蓄能电站，以及沙角、珠江、湛江等一批大型燃煤电厂。1997年底，粤东500千伏电网顺利贯通供电，广东结束了长达20多年的非计划拉闸限电历史。

进入21世纪，广东的电力基础设施建设继续保持快速发展势头。至2022年底，全省开工及并网工程达到20个，发电装机容量达到17212万千瓦（见图2–5），为广东乃至全国的电力供应提供了坚实保障。

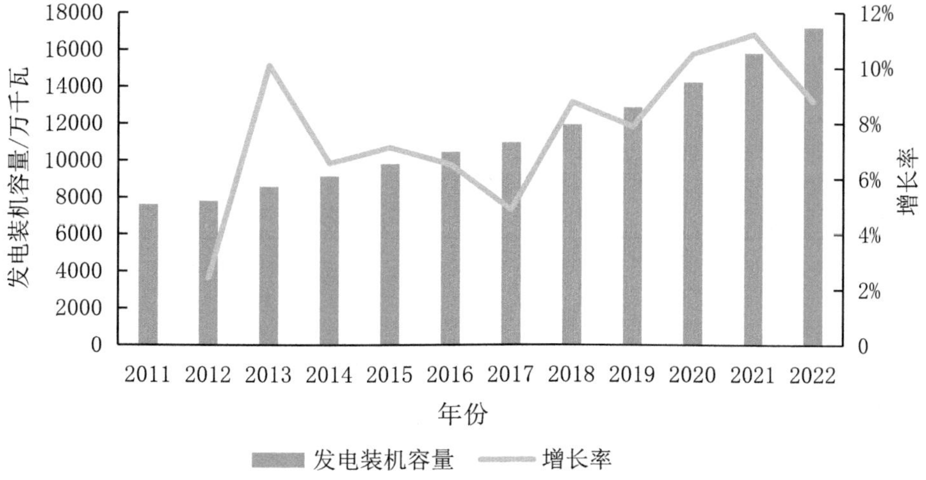

图2–5　2011—2022年广东发电装机容量及其增长率

数据来源：2012—2023年中国电力统计年鉴。

从液化天然气方面来看，广东1995—2021年的天然气生产量数据（见图2–6）反映了该地区能源产业的发展趋势。在这20余年里，广东天然气生产量得到了较大幅度的增长。生产量从20世纪90年代的不足2亿立方米到如今的破百亿立方米，凸显了广东在天然气领域的积极开发利用成效。过去几年，广东天然气生产量保持相对平稳的增长。2021年相比2020年有所增长，这可能与工业化和城市化的发展、能源需求的增加等因素密切相关。尽管2020年全球天然气产业受疫情影响，但广东天然气产业表现出了一定的韧性。

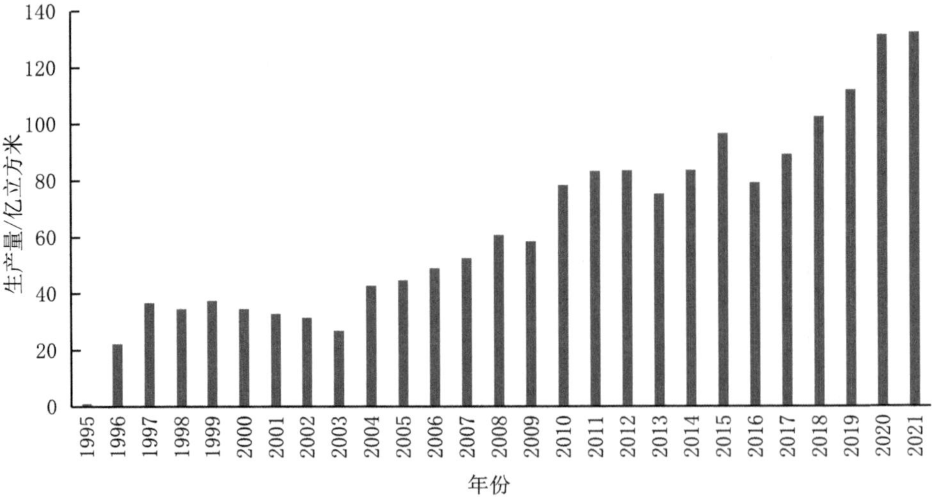

图2-6 1995—2021年广东天然气生产量

数据来源：国家统计局。

广东省天然气主干管网如表2-1所示。截至2020年，广东建成天然气主干管道3630千米，其中广州、深圳、肇庆等13个地市已具备从主干管道下载气源的能力。自2020年广东省网融入国家管网以来，广东大力建设天然气管道，增加对天然气的开发与投入，正致力规划并建设珠三角、粤东、粤北、粤西四大区域管网，以构建一套覆盖全省的天然气主干管网系统。广东管网建设完成之后，将能够整合并管理进口的液化天然气、人工煤气、液化石油气等多种气源供应，形成一套统筹规划、统一管理和调配的高效运营体系，确保广东地区天然气供应的安全、稳定与顺畅。

表2-1 广东省天然气主干管网

管道名称
珠海—中山天然气管道
大鹏LNG外输管道
西气东输二线（中卫—广州段）

续表

管道名称
中山—广州天然气管道
广东省天然气主干管网一期管道工程（鳌头—广州干线）
广东省天然气主干管网一期管道工程（广州—惠州干线）
广东省天然气主干管网一期管道工程（东莞支干线）
西气东输二线广南支干线（广州—梧州段）
广东省天然气主干管网一期管道工程（广州—肇庆干线）
广东省天然气主干管网一期管道工程（清远支干线）
广东省天然气主干管网二期管道工程
广东省天然气主干管网一期管道工程（韶关支干线）
西气东输三线闽粤支干线（广州—潮州段）
粤西支线
中科炼化专线
东兴炼化支线
深圳LNG外输管道工程
粤北天然气主干管网（韶关—广州干线）
粤北天然气主干管网（英德支干线）
粤北天然气主干管网（乐昌支干线）
粤北天然气主干管网（乳源支干线）
新疆煤制气外输管道（潜江—韶关段）
粤东LNG项目配套管线
粤东LNG项目配套管线（普宁支线）
粤东LNG项目配套管线（潮阳支线）
新气管道韶关站—中石油西气东输二线始兴站输气联络线工程
粤西天然气主干管网（茂名—阳江干线）
粤西天然气主干管网（阳江—江门干线）

资料来源：天然气智库Plus。

从广东能源工业投资方面来看，近年来广东的能源工业投资数据呈现出多方面的动态变化，这反映了广东在能源领域的发展趋势和产业结构调整方向。2000—2017年，广东能源工业投资规模整体呈上升的态势，增长幅度显著（见图2-7）。这表明，受到持续增加的经济活动和不断增长的能源需求的推动，广东对能源行业的投资力度逐渐加大。这一趋势与广东长期以来在国家经济体系中的重要地位相一致。

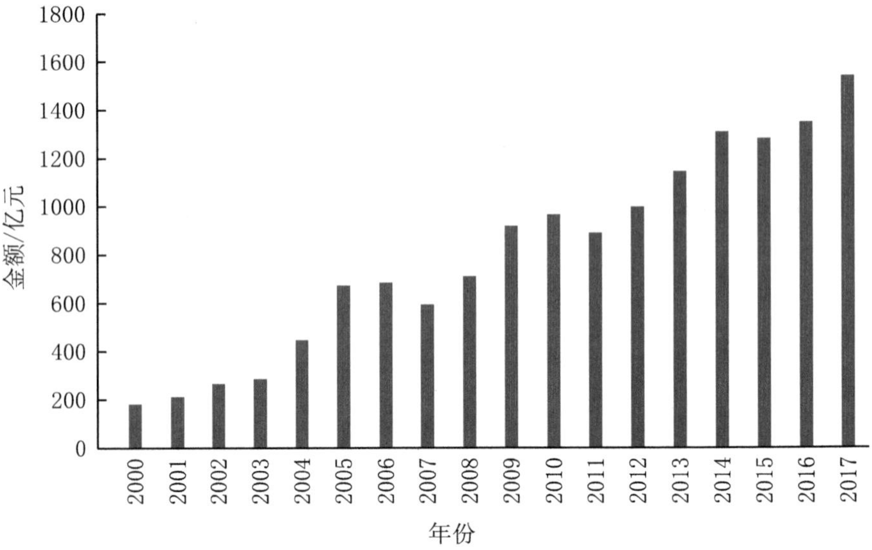

图2-7　2000—2017年广东能源工业投资规模

数据来源：国家统计局。

三、水利基础设施建设历程

1949年，广东省内仅有一座东莞怀德水库，其库容为140万立方米，江海堤围防洪能力极低；目前，广东已经建成一套防洪、排涝、灌溉等功能较为健全的水利设施体系，为广东经济和社会发展提供了可靠的水安全保障。新中国成立以来，广东水利发展大致可分为三个阶段：1949—1987年，水利基本建设阶段；1987—2018年，水利改革与发展阶段；2018年到现在，水利高速发展阶段。

第一阶段，堵口复堤围坝建闸，初步构建防洪体系。新中国成立之初，广东全境通过堵口复堤、联闸、修建水库、加强排涝等手段，加强防洪体系的防洪能力。1949—1987年，共修筑海堤3902千米，保护耕地435万亩（1亩≈666.7平方米），分别是1949年的9.2倍和6.9倍，防洪抗旱能力明显提高。与之相对应的是，广东也在规划重大水利项目，1950年广东以“民办公助”方式兴建了一批山塘水库，其中有26个规模较大的水库，数量约为全国同等规模水库的七成。

第二阶段，三次强化提升，防御力达到新高度。广东在新中国成立之初所建设的大量水利水电工程，防洪标准不高，安全隐患较多。1987—2018年，广东共进行了3个重要的洪水治理与改建项目。2003—2010年，广东共投资539亿元，用于城乡水利防灾减灾项目以及农村和城市基础设施的维修和养护。截至2010年，工程已经全部完成。广东于2010年新建及加固的堤防长度为530多千米，该项目的成功开展为广东防洪抗旱提供了有力支撑。

第三阶段，实施水利规划，加强水利建设战略支撑。2019年，珠江三角洲水资源配置工程正式开工，这一项目是港珠澳大桥之后的又一重大工程，主要服务于广州南沙区和番禺区、东莞、深圳、香港、佛山等区域。这一工程将使5000多万居民受益，支撑起9万亿元地区生产总值，为粤港澳大湾区提供80%的地区生产总值。这一工程于2024年正式通水，“西水东济”在广东得以实现。广东着眼于构建“五纵五横”水资源配置骨干网，“五纵”是东江、西江、北江、韩江、鉴江五大河流，“五横”是珠江三角洲水资源配置工程、环北部湾广东水资源配置工程、粤东水资源优化配置工程、珠中江水资源一体化配置工程、东深供水工程等。此外，广东正有序推进深汕合作区引水工程等区域性水资源调配工程，推进河道型和水库型应急备用水源建设，充实广东水系“大动脉”的“毛细血管”，从而从根源上解决广东水资源在时间和空间上的不平衡和生产力布局不协调等问题。

四、新型基础设施建设历程

广东作为国家经济的“火车头”，在“双区驱动”与“双城联动”的双重推动下，诞生了华为、中兴、腾讯等一大批IT行业的领军企业，在世界范围内发挥了重要作用。2023年，广东新型基础设施竞争力指数为88.61，仅低于北京（90.61），位列全国第二（见图2–8）。

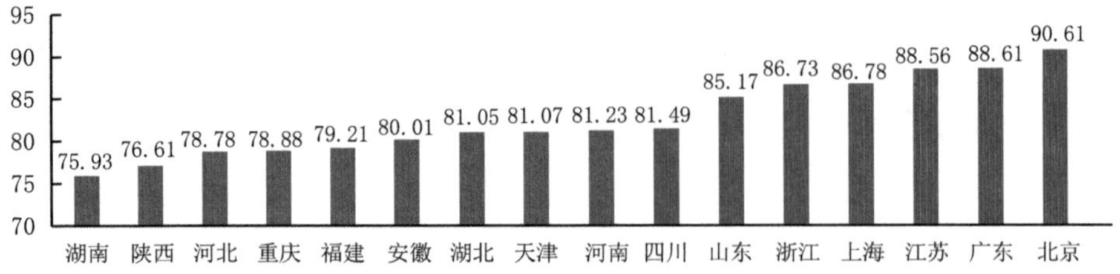

图2–8　2023年部分省级行政区新型基础设施竞争力指数

数据来源：清华大学互联网产业研究院。

5G方面，为了加快5G商用速度和推动广东5G产业的高水平发展，广东省分别于2019年、2020年印发《广东省加快5G产业发展行动计划（2019—2022年）》以及《关于加快推动5G网络建设的若干政策措施》，对广东5G产业进行全方位的规划。2020年9月，中国移动5G+赋能大湾区产业发展大会在深圳召开，同年11月，2020世界5G大会新闻发布会在广州举办。2020年，深圳实现5G独立组网全覆盖（深圳成为全国首个5G独立组网全覆盖城市），广州城区实现连续覆盖，珠三角核心区实现大范围覆盖。到2023年，全省累计建设5G基站数量超过32万座（见图2–9），5G用户数量高达8682.1万户（见图2–10），占移动电话用户数量的50.9%，已基本实现农村和城市主要地区5G网络覆盖。

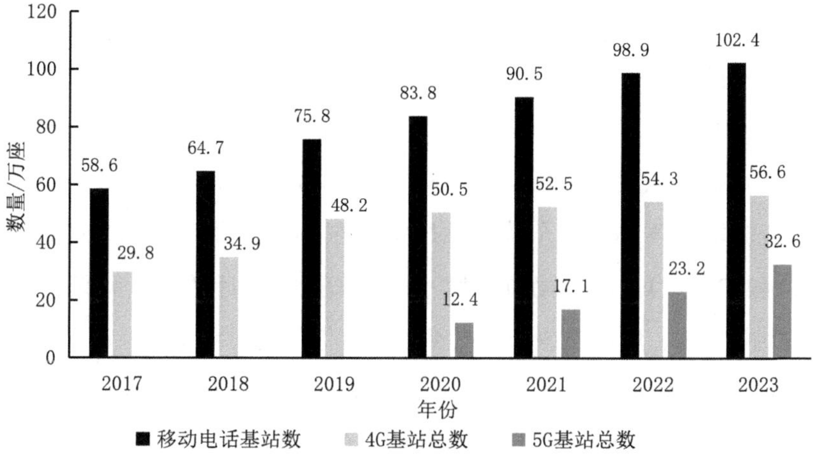

图2-9　2017—2023年广东移动电话基站发展情况

数据来源：广东省通信管理局。

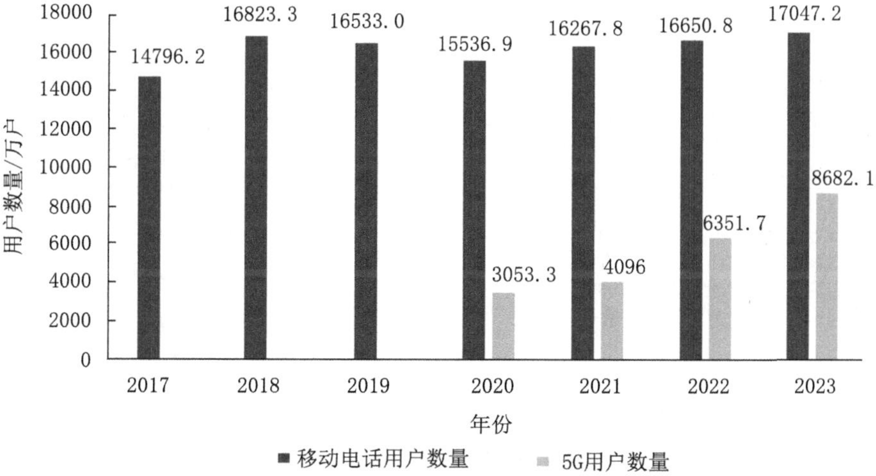

图2-10　2017—2023年广东移动电话用户发展情况

数据来源：广东省通信管理局。

特高压方面，广东特高压输电的主体是南方电网，该公司主要负责广东、广西、云南、贵州、海南等5个省区及港澳的供电保障。截至2021年，南方电网已建成并投入运行3条特高压输电线路（见表2-2），以满足“西电东送”的需要。2010年，云南—广东±800千伏特高压直流输电示范工程建成投产，使广东进入交直流混合电网的新时期。2020年，广东完成世界上首个特高压柔性直流输电工程——乌东德电站送电广东广西特高压多端柔性直流示范工程。截至2023年11月底，南方区域“西电东送”累计送电量突破3.1万亿千瓦时，其中向广东、广西送电分别达到2.73万亿千瓦时和0.36万亿千瓦时，约占两省区全社会用电总量的25%和13%，水电等清洁能源约占80%，相当于减少广东、广西标煤消耗超7.1亿吨，减排二氧化碳约19亿吨。

表2-2　南方电网旗下特高压输电线路

线路名称	简介	类型	建成时间	作用
云南—广东±800千伏特高压直流输电示范工程	从云南楚雄到广东广州，输电距离为1373千米，运行电压为±800千伏，额定输送容量为500万千瓦	直流特高压	2010年6月	极大地增强了云南到广东的电力输送容量，使西南地区的资源优势转变为经济上的有利条件
糯扎渡直流工程	该工程始于云南普洱换流站，终于广东江门换流站，总长度约1451千米，额定输送容量为500万千瓦	直流特高压	2013年6月	云广特高压项目为南方电网奠定坚实的基础，通过本项目的实施，进一步奠定其在直流特高压传输领域的领先地位
昆柳龙直流工程	昆柳龙直流输电系统由云南昆北换流站、广西柳北换流站和广东龙门换流站组成，采用的是±800千伏特高压柔性直流加常规直流的混合输电技术，总长度为1452千米，输送容量为800万千瓦	直流特高压	2020年12月	实现从一端同时向两端超远距离输电，被誉为电力的“超级高速公路”，实现关键核心技术国产化，主要设备自主化率100%

资料来源：根据公开资料整理。

城际高速铁路和城市轨道交通方面，为加速形成“轨道上的大湾区”及

"12312"出行交通圈，广东逐渐探索出城际铁路建设运营的新模式，率先创新城市轨道交通建设。2019年，广深城际轨道交通首次对地铁乘车方式进行创新，实现乘客凭"乘车码"扫码乘车和随到随走，突破了以往凭票乘车的限制；2020年，广东省首个自主建设、自主运营的铁路项目——广清城际及广州东环城际轨道交通正式通车；2021年，广东省自主投资建设管理的首条时速达350千米的高速铁路——珠肇高速铁路江门—珠三角枢纽站开工建设。截至2021年底，加上赣深高铁广东段300多千米的新增里程，广东高铁总里程高达2400千米，位居全国之首。自此，广东除拥有第一经济大省、第一财政大省、第一工业大省、第一外贸大省、第一人口大省、第一养老金大省头衔之外，又多了一个"第一"。广东已建城际铁路如表2-3所示。随着2023年广汕高铁正式开通，广湛高铁等多条在建新线不断更新进度，广东有望在全国率先实现"市市通350高铁"（表2-4），高铁运营里程将率先突破3000千米（见图2-11）。

表2-3　广东已建城际铁路（截至2025年6月）

线路名称	起点站	终点站	车站数量/个	线路长度/千米	设计时速/千米	首段通车时间
广佛肇城际铁路	番禺站	肇庆站	16	115.0	200	2016年3月30日
广惠城际铁路	番禺站	惠州北站	25	147.0	200	2016年3月30日
广清城际铁路	花都站	飞霞站	9	57.9	200	2020年11月30日
广州东环城际铁路	花都站	白云机场北站	4	21.4	160	2020年11月30日

资料来源：根据公开资料整理。

表2-4　广东已建350高速铁路

线路名称	通车时间	作用
京广高铁武广段	2009年12月26日	京广高铁的一条重要干线，“八纵八横”高速铁路网的“一纵”，是中国内地首条高标准长距离高速铁路，设计速度可达时速350千米
广深港高铁香港段	2018年9月23日	香港高铁正式融入全国2.5万千米的高铁网络，从西九龙站出发，可以直达44个城市。缩短旅行时间，架起更加便捷的沟通桥梁，带动粤港澳经济进一步发展
赣深高铁	2021年12月10日	广东河源告别了没有高铁的时代，广东也完成了“市市通高铁”的目标
广汕高铁	2023年9月26日	广东首次主导建设的高铁，是广东“五纵二横”高铁骨干网的重要组成部分，填补了广州铁路枢纽东向高铁的空白，为大湾区横向“东进”拓展了更多想象空间

资料来源：根据公开资料整理。

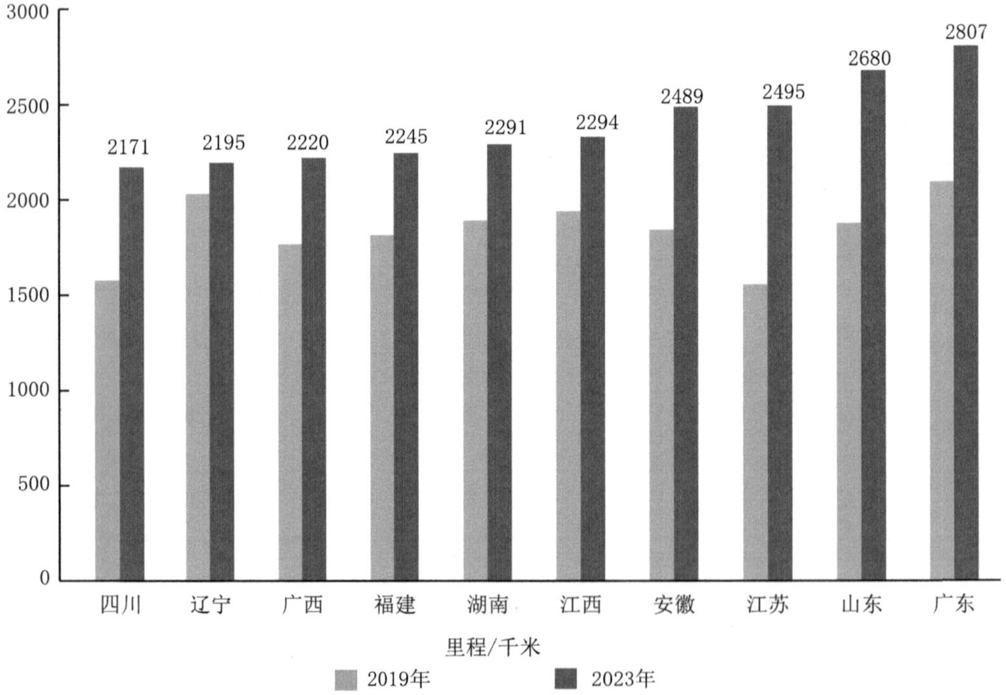

图2-11　2023年全国高铁里程排名前十省区及其2019年数据

资料来源：根据公开资料整理。

新能源汽车充电桩方面，广东作为我国新能源汽车工业发展最快、新能源汽车数量最多的区域，对充电基础设施建设有极大的需求。近年来，广东相继推出多项配套措施，促进广东充电站的发展，并加速其推广应用。数据显示，广东新增新能源汽车数量及充电设施数量双双领先，2023年广东公共充电桩数量达到56.3万台（见图2–12），相比2022年增长18万台，充电桩总量份额占全国的21%，表现突出。到2023年末，广东、海南、江苏等12个省市率先在全国范围内实现“充电站县县全覆盖，充电桩乡乡全覆盖”的建设目标。

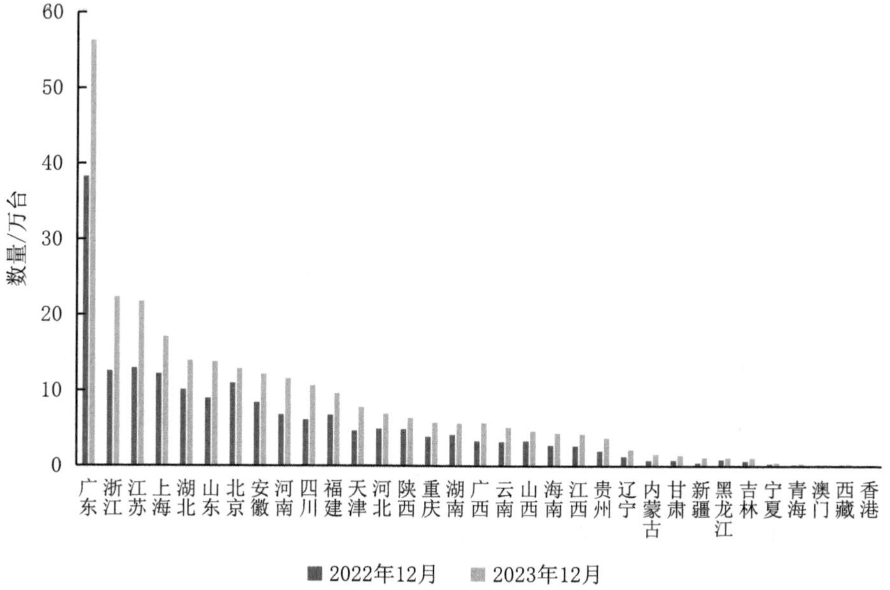

图2–12 2022年12月、2023年12月全国各省（区、市）公共充电桩数量
数据来源：根据公开数据整理。

大数据中心方面，广东于2013年聘请国内著名的大数据专家学者和企业家成立了广东省实施大数据战略专家委员会，于2014年建立了由45个省市相关机构参加的省大数据发展部门间联席会议制度，以促进大数据发展。在此基础上，广东制定了《广东省促进大数据发展行动计划（2016—2020年）》和《珠江三角洲国家大数据综合试验区建设实施方案》，对大数据发展的思路、策略、任务以及重大措施进行了详细阐述。2020年，广东省工业和信息

化厅印发《广东省5G基站和数据中心总体布局规划（2021—2025年）》，指出广东将按照“双核九中心”的总体布局，在广州、深圳建设2个低时延数据中心核心区，并在汕头、韶关、梅州等地区建设9个数据中心集聚区。根据广东省工业和信息化厅统计，截至2020年底，广东已投产使用的数据中心达228个，其中75%集中在珠三角地区；全省平均上架率约70.8%，其中珠三角为71.9%，粤东西北为61.5%。同时，全省在建的数据中心共85个，其中70%集中在珠三角地区。2021年，广东省数据中心市场规模达到164.1亿元，同比增长19.5%。在全省范围内，数据中心的业务以云服务为主，数据中心服务本省的业务量约占2/3，约1/3的业务量是服务华南地区的其他省份。

人工智能方面，2018年印发的《广东省新一代人工智能发展规划》提出，构建面向智能机器人、智能医疗等15个领域多个场景的开放协同创新平台。广东省科学技术厅在2021年公布第1、第2批共12家省级新一代人工智能开放创新平台名单，截至2024年1月已经有3批次共16家省级新一代人工智能开放创新平台。全国范围内国家新一代人工智能开放创新平台共24家，其中广东有7家，占29.2%。这些平台涉及AI应用领域，其中包括依托腾讯构建医疗影像平台、依托华为构建基础软硬件平台、依托中国平安构建普惠金融平台、依托云从科技构建视听交互平台、依托广电运通构建智能金融与服务平台、依托美的集团构建智能服务机器人平台、依托大疆创新构建智能无人系统平台（见表2–5）。人工智能的发展，最关键的就是运算能力。广东现已建立7家国家新一代人工智能开放创新平台及16家省级新一代人工智能开放创新平台。广东省智能科学与技术研究院获批建设国家新一代类脑人工智能公共算力开放创新平台，其与广州人工智能公共算力中心一同入选国家首批25家“AI+算力”平台。广州人工智能公共算力中心已为220多家企业提供服务，并获得2023世界人工智能大会颁发的“人工智能计算中心运营优秀奖”。

表2-5　广东省国家新一代人工智能开放创新平台

入选时间	依托单位	平台名称	所在位置
2017年	腾讯	医疗影像国家新一代人工智能开放创新平台	深圳
2019年	华为	基础软硬件国家新一代人工智能开放创新平台	深圳
	中国平安	普惠金融国家新一代人工智能开放创新平台	深圳
2022年	云从科技	视听交互国家新一代人工智能开放创新平台	广州
2023年	广电运通	智能金融与服务国家新一代人工智能开放创新平台	广州
	美的集团	智能服务机器人国家新一代人工智能开放创新平台	佛山
	大疆创新	智能无人系统国家新一代人工智能开放创新平台	深圳

资料来源：根据公开资料整理。

工业互联网方面，为了推动制造业向数字化、网络化、智能化方向发展，广东在2018年印发《广东省深化“互联网+先进制造业”发展工业互联网的实施方案》，并被列为我国首批2个国家级工业互联网示范区之一。2018年，广东首个工业互联网标识解析国家顶级节点（广州）正式上线，到2023年，已累计接入48个二级节点、11338个企业节点，累计标识注册量323亿个，累计标识解析量突破181亿次，二级节点数和标识注册总数位居全国第三，初步构建起辐射华南、连通港澳的发展格局。同时，广东充分利用制造业门类齐全和应用场景丰富的特点，率先建立广东省工业互联网产业生态体系。广东以华为、富士康、树根互联、腾讯等为代表的国家级跨行业跨领域工业互联网平台数量在国内名列前茅。

第二节　广东省现代化基础设施建设存在的问题

一、交通基础设施建设城乡发展差异大

1.交通流量快速增长，城市道路系统面临严峻挑战

随着人口增长和城市化进程加快，交通流量快速增长，导致交通拥堵问题日益严重。如何有效缓解交通拥堵，提高交通流畅度，是广东交通基础设施建设中亟待解决的问题之一。

2023年，广州的周末拥堵指数为1.681，同比上升19.59%，在中国主要城市中排名第一。此外，2004—2022年广东民用汽车保有量呈稳步增长的趋势，2022年为2898.36万辆（见图2-13）。这一巨大的增长反映了广东居民购车需求的显著增加。随着汽车保有量的急剧增长，交通拥堵问题日益凸显，广东城市道路系统面临严峻的挑战。交通拥堵已成为日常生活中的常见问题，特别是在城市高峰时段，道路上汽车密集、行驶缓慢，导致居民通勤时间延长，交通效率降低。

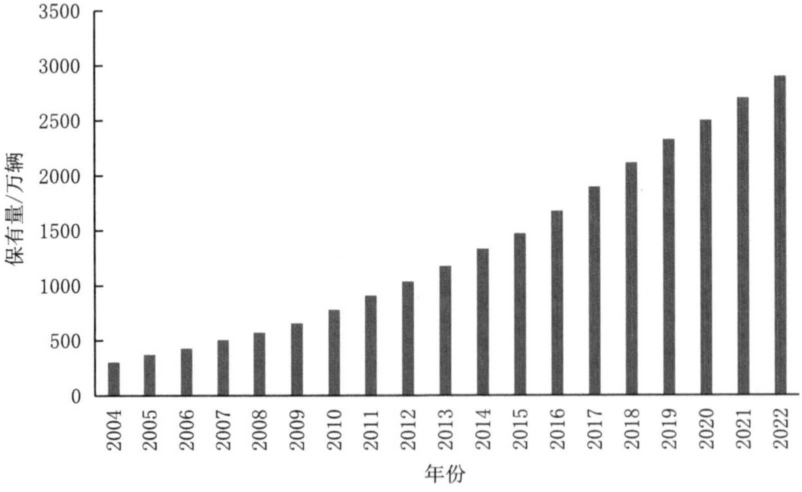

图2-13　2004—2022年广东民用汽车保有量

数据来源：国家统计局。

随着广东交通基础设施建设的不断发展，如何有效应对不断增长的汽车数量给交通系统带来的压力，是城市规划与道路建设值得重点关注的问题。

2.城乡交通基础设施建设差异较大

广东城乡发展不平衡问题突出，城乡交通基础设施建设存在较大差异。城市通常更容易获得投资，得以发展先进的交通系统，而农村地区交通设施匮乏，导致出现城乡交通发展不平衡的问题。

对比农村和城市的投递路线长度数据（见图2-14），在2015年前，农村投递路线长度几乎是城市投递路线长度的2倍，近年来二者差距不断缩小，由此可见二者在交通基础设施建设方面的明显差异。首先，从投递路线长度来看，农村投递路线长度相较城市更长，这说明城市的交通基础设施更为密集和先进，而农村的交通资源比较匮乏。其次，城乡交通基础设施建设不平衡与经济发展水平、人口分布、社会需求等多方面因素相关。城市作为经济中心和人口聚集地，其交通需求更为复杂且密集，因此需要更多的投递路线和更发达的交通网络。政府也更愿意投资交通基础设施建设，以提高居民的生活品质和经济效益。农村地区由于人口密度相对较低和居住格局较为分散，其交通需求相对较低。政府可能面临资源分配上的考虑，更倾向于投资城市地区，以满足经济发展的需要。这导致农村交通基础设施建设相对滞后，以及农村地区在快递服务获取和交通出行方面存在不足。

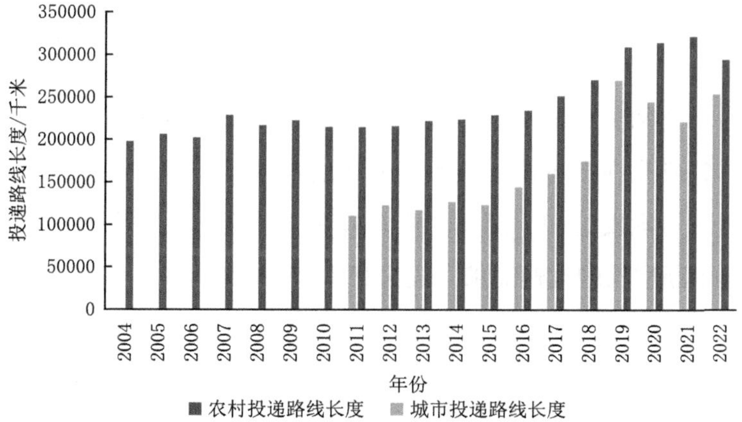

图2-14　2004—2022年广东农村与城市投递路线长度

数据来源：国家统计局。

注：2004—2010年城市数据未公布。

城乡交通基础设施建设的不平衡直接影响了居民的生活质量。城市居民因为发达的交通网络，可以更便利地获得各类服务，而农村地区的居民则面临快递服务不及时、交通不便等问题。这不仅会使城乡之间的发展差距进一步扩大，还会制约农村地区的经济增长和社会进步。解决城乡交通基础设施建设不平衡的问题，需要综合考虑城乡发展的差异，通过制定合理的政策和投资计划来促进农村地区的交通基础设施建设。这包括增加农村投递路线长度、优化农村交通网络、推动数字技术在农村物流中的应用等。通过这些措施，可以逐步缩小城乡交通基础设施建设的差距，实现更加平衡和可持续的发展。

3.可持续融资难度大，资金分配规划复杂

大规模的交通基础设施建设需要庞大的投资，因此需确保可持续的融资来源，吸引公共资金和私人资金。此外，如何进行合理的资金分配和使用，是关键问题。

2004—2022年，广东交通运输、仓储和邮政业增加值整体呈现上升趋势，从2004年的840.8亿元到2022年的4246.4亿元（见图2-15）。这反映了广东在交通基础设施和物流体系建设上不断投资和发展。交通运输、仓储和邮政业是关键的支柱产业之一，影响广东经济运行和发展。

广东是中国最重要的经济枢纽之一，其发达的制造业和对外贸易使高效的交通运输体系成为经济发展的重要保障。投资公路、铁路、港口和机场等交通基建，不仅可以提升物流效率，降低运输成本，还能促进产业链协同发展。从数据上看，广东在这方面的投资一直是持续且有力的。

随着城市化和工业化的不断推进，广东对交通运输基础设施的需求将进一步增加。特别是在全球供应链不断变化的背景下，广东对高效、可靠的物流服务的需求将愈发迫切。因此，广东有必要继续加大对交通基础设施的投资，以满足不断增长的运输需求，提升整体经济的竞争力。

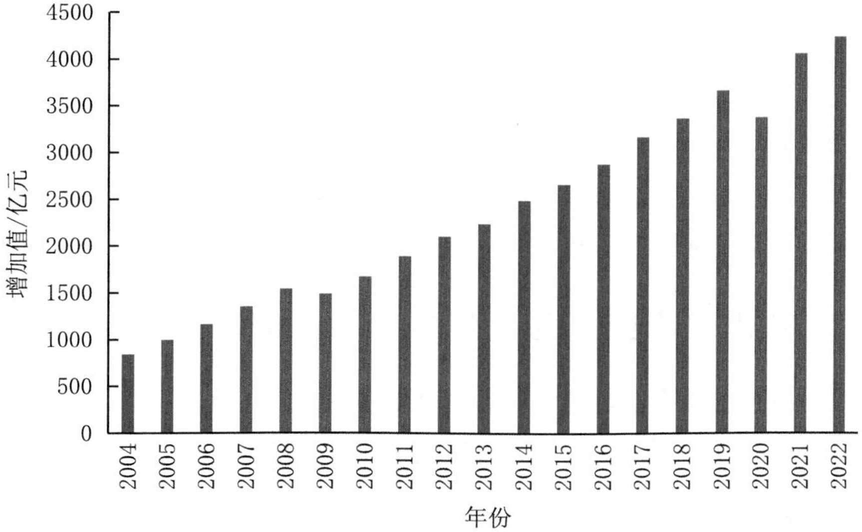

图2-15　2004—2022年广东交通运输、仓储和邮政业增加值

数据来源：国家统计局。

4.土地征用流程烦琐，不良社会影响难以避免

需警惕土地征用和社会影响问题。为了建设交通基础设施，需要大量土地，这可能引发土地征用争议。此外，工程建设对当地社区和民众的影响也需要得到妥善处理。

在广东交通基础设施建设中，土地征用一直是一个备受关注的问题，其带来的社会影响不可忽视。虽然交通基础设施建设为经济发展和城市化提供了便利，但在这一过程中，土地征用问题可能引发一系列社会矛盾和影响，需要认真对待和解决。土地征用问题直接关系农村居民的生计和土地资源的合理利用，因为农地的征用通常与城市化、工业园区建设等紧密相关。

土地征用引发房屋拆迁问题。交通基础设施的建设，往往需要拆除原有房屋以腾出空间，这直接影响居民的居住权益，一些受影响的居民可能面临失业、无家可归等困境。房屋拆迁所带来的社会负面影响成为亟须解决的问题。

解决土地征用和社会影响问题的关键在于建立公平合理的补偿机制和有

效的社会保障体系。政府在征地过程中应该更加关注农民的利益，确保他们能够享受到交通基础设施建设所带来的红利。同时，对于受到拆迁影响的居民，应该提供合适的安置和补偿方案，以减轻其生活压力。广东在推动交通基础设施建设的同时，应该更加注重土地征用和社会影响问题，通过制定科学合理的政策和加强社会参与，确保在基础设施建设与社会可持续发展之间取得平衡，从而实现经济繁荣与社会和谐共生。

二、能源基础设施建设选址不当，相关设施数量不足

1.风电、光伏装机容量建设滞后，储能技术有待加强

广东风电装机容量和光伏装机容量建设相对于其他的电力装机容量建设略微落后于其他省。广东土地资源紧张，这在一定程度上限制了风电装机容量的增长。广东的城市化进程较快，土地需求量大，土地资源相当紧张。而风电项目通常需要占用大片土地用于安装风力发电机组和相关设施，这对土地资源有限的广东来说是挑战。此外，广东的土地利用规划往往更加注重经济效益和城市发展，而风电项目需要在远离城市中心的偏远地区进行建设，增加了土地获取的难度和成本。

风电和光伏作为间歇性能源，其发电受到天气条件、时间变化等多种因素的影响，具有不稳定性和不可预测性。这一特点决定了风力发电并网对电力系统的稳定运行与调度具有重要意义。而广东的电网结构在应对大规模可再生能源接入方面还有待完善，尤其在一些偏远地区，电网的基础设施建设速度或水平未能跟上风电和光伏等可再生能源快速发展的步伐，导致电网难以有效支撑这些可再生能源的大规模接入。也有可能当风电和光伏的装机容量超过电网的消纳能力时，多余的电力无法被有效利用，甚至对电网稳定造成威胁。因此，广东在电网智能化、储能技术等方面的应用和发展有待加强，这在一定程度上制约了风电和光伏装机容量的增长。

2.充电桩建设标准未统一，布局过度偏向城市

广东在新能源充电桩领域面临充电桩建设难、充电桩标准不统一、安全隐患大、利益分配机制不完善等问题。截至2023年底，广东有公共充电桩56.3

万台，在全国占比1/5，领跑全国。广东城市化程度高，城市规划已经相当成熟，如何在现有城市规划的基础上合理布局充电桩，避免重复建设和资源浪费，是一个需要深思熟虑的问题。而在农村地区，由于电力基础设施相对薄弱，充电桩的建设可能需要更多的资金和技术支持。

3.乡村电力基础设施存在瓶颈，承载能力受制约

广东乡村电力基础设施的承载能力有限是一大瓶颈。新能源汽车的充电需求对电网的供电能力提出更高要求，但广东乡村的电力基础设施存在承载能力不足的问题，尤其在用电高峰期，大量充电站的接入将导致电网负荷过重，严重危及供电安全。如何提升电网供电能力，确保充电桩稳定运行，涉及电网的升级改造、智能化管理等多个方面，需要投入大量的人力、物力和财力。

4.LNG接收站选址单一，建设水平仍需提高

广东LNG接收站基本情况如表2-6所示。由于一些LNG接收站的选址相近，因此形成了6个集中分布的站址。两个站址的最长航行距离为330千米，最短航行距离为122千米。以12节航速的LNG船舶为基准，在LNG船舶临时中转的前提下，可以延长5.5～14.8小时的航程，所需气量比LNG接收站正常3天的控制库存量要小，能够满足应急中转的需求。广东部分地区被划定为军事管制区域，这意味着在管制区域内建设任何大型设施（包括LNG接收站）都需要经过严格的审批，并可能受到军事方面的限制，这种限制直接减少了可用于建设LNG接收站的潜在地点数量。此外，LNG接收站的选址不是随意的，它受到码头水深、地形地貌等多种自然条件的严格约束。例如，足够的水深是确保大型LNG运输船能够安全停靠和作业的必要条件，而适宜的地形则有助于LNG接收站的稳定运营和安全管理。这些要求进一步缩小了适合建设LNG接收站的地点范围。鉴于上述限制条件，应鼓励在已有的LNG接收站站址上进行增建或扩建，利用现有站址的基础设施和运营经验，降低建设和运营成本，提高整体效益，充分发挥其原有的优势。

表2-6　广东LNG接收站基本情况

LNG接收站	年接收能力/万吨	投产时间
广东大鹏LNG接收站	680	2006年
东莞九丰LNG接收站	150	2012年
珠海金湾LNG接收站	350	2013年
国家管网粤东LNG接收站	200	2017年
国家管网深圳迭福LNG接收站	400	2018年
深圳华安LNG接收站	80	2019年
潮州华丰LNG接收站	300	2022年
广州燃气LNG调峰储备项目	100	2022年
惠州LNG接收站	400	2023年
潮州华瀛LNG接收站一期	600	2024年
阳江LNG调峰储气库项目	280	2024年
国家管网深圳迭福北LNG接收站	400	2024年

数据来源：根据公开资料整理。

三、水资源生态问题突出，水利基础设施建设发展缓慢

1.水资源供给矛盾凸显，整体水利建设投入不足

广东是我国水资源大省，但人均占有量相对偏低。截至2022年，全国平均每人拥有的水资源量为1918.2立方米，广东人均水资源量为1754.9立方米，位于全国第14位，低于全国平均水平。另外，广东的水资源在时间和空间上分配不均衡，不同小流域之间的水资源分配也存在很大的差别。一些小流域缺乏规模较大的常年调蓄水库，其抗涝性较差。粤西地区、粤东潮汕平原和南澳是广东典型的资源性水资源短缺地区；粤北地区以工程性水资源短缺最为严重；珠江三角洲各个城市处于珠江下游河口区，入水量相对丰富，这导致人们节约用水的意识不强。在整个水利设施投资中，对农业生产的投资尤其少，一些小流域虽然有大量的雨水资源，但是并没有得到充分开发，因

此，广东需要加速推进雨水综合利用。

2.水资源污染问题严重，水生态问题突出

2023年，广东218个近岸海域水质监测信息显示，第四类及劣四类水质达23个，占比达11%（见图2–16）。其中珠江三角洲区域水质污染比较严重，全省劣四类水质达17个，珠三角地区占16个（见图2–17），无机氮、活性磷酸盐等含量严重超标。广州三处海域水质均为劣四类。在2023年国家地表水考核断面水环境质量变化情况排名中，广州水环境质量下降3.37%，居全国各市后30位。

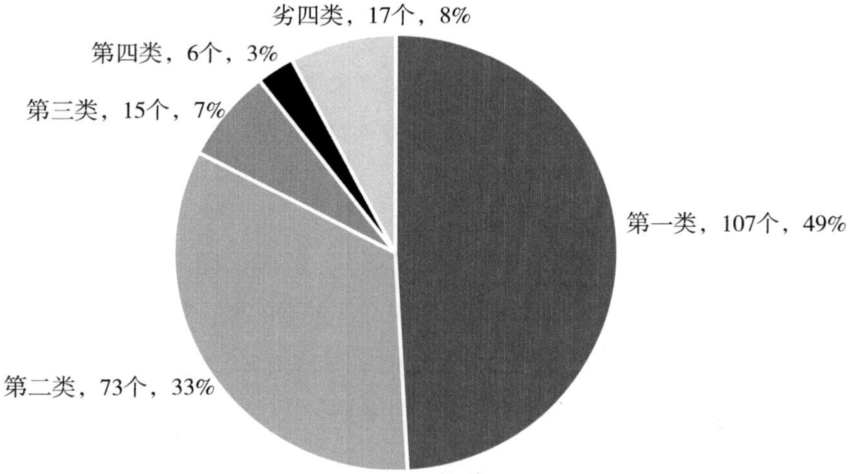

图2–16　广东近岸海域水质类别比例（2023年第三期）

数据来源：广东省生态环境厅。

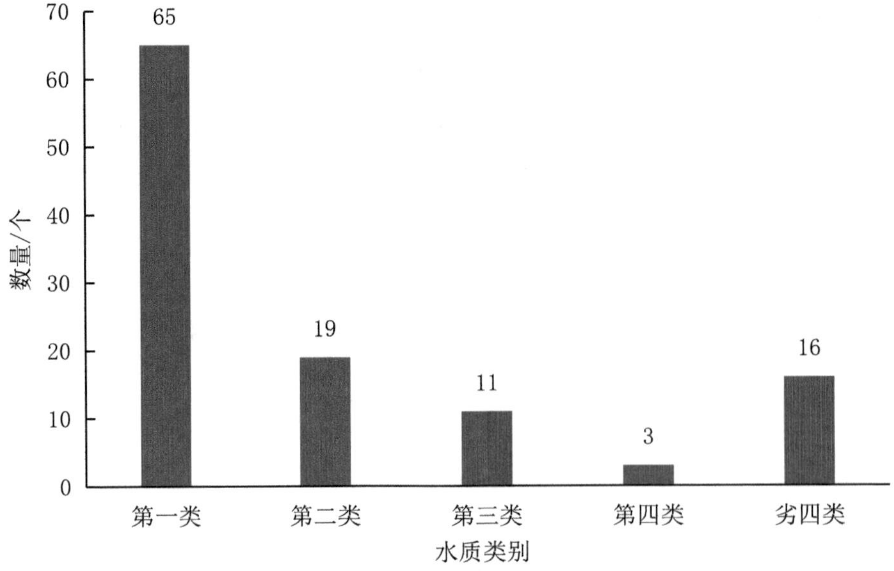

图2-17　珠三角近岸海域水质类别数量（2023年第三期）

数据来源：广东省生态环境厅。

中华人民共和国水利部表示，2024年广东水土流失面积达16587平方千米，与2023年相比，全省水土流失面积减少262平方千米。2024年，全省水土保持率达到90.71%，超过2024年全国水土保持率平均水平72.83%，但仍显著低于上海、天津、江苏等地。

3.防洪排涝设施不完善，城市内涝问题严重

西江和韩江两条主干河道以堤防为主，缺少能有效控制洪水的大型工程，使下游三角洲地区面临更大的洪水风险。中小河流治理、山洪灾害防治和小流域综合治理等方面都比较落后，城市和农村的积水问题日益严重，尤其在三角洲水系区域，迫切需要系统性治理。广州2020年特大暴雨暴露出的积水点多达443个；深圳于2016年系统推进“海绵城市”建设，但2023年的暴雨仍使深圳市龙华区地标性商圈被淹；2024年4月韶关和肇庆的暴雨造成了严重的洪涝灾害，肇庆的大桥也受到洪水的冲击。广东在城市防洪排涝方面的投资还需要加大。

4.流域和区域发展不平衡，水利设施建设进度差别较大

广东省内不同地区之间的发展差异很大，其中珠江三角洲地区由于经济实力雄厚，水资源相对丰富，水利基础设施建设具有一定的现代化水平；而云浮、汕尾和河源等粤东、粤西、粤北地区的生产总值处于全省低位，造成当地地方财政困难和大量水利项目欠账，加上地方配套资金不足和基层水管单位条件艰苦，使得水利基础设施建设比较滞后。由于省内水资源相对丰沛，部分地区秉持“丰水”的管理理念，因此灌区在节水改造、农业水价综合改革、渠道衬砌及节水灌溉等方面没有给予充分重视，部分大中型灌区有效灌溉面积呈现逐年减少的趋势，高标准农田建成后无法按设计要求对其进行灌溉。水利部、国家发展改革委先后公布2批灌区水效领跑者名单，浙江、山东、江苏等13个省市共23个具有引领和带动作用的灌区入选，而广东省无一灌区入选。

5.水利信息化建设推进缓慢，智慧水利建设遭遇瓶颈

建设智慧水利是推动水利高质量发展的重要路径，也是推进信息化建设的关键。在广东推进智慧水利建设的过程中，存在信息孤岛难以打破、专业人才缺乏、信息技术应用欠缺等问题。广东水资源管理机构因资金、技术及时间等因素，在资料收集等工作上不够关注。在重大水利项目的实施过程中，尚未形成对周边地区的典型带动效应，导致各地区之间的协调发展进程较慢。由于虚拟现实、人工智能、大数据等技术的使用价值并未体现出来，海量的监测数据没有发挥其应有的作用，且信息化装备的使用范围有待拓展。

四、新型基础设施建设布局不均衡，存在“缺芯少核”问题

1.各地区数字经济水平存在较大差异，区域建设分布不平衡

广东省21个地市的资源要素禀赋和经济基础存在较大差距，城乡和区域发展不平衡。就广东省“一核一带一区”区域数字经济创新程度而言，珠三角地区的企业总数、专利总数和综合创新水平具有绝对优势，能够产生明显集聚效应。与珠三角地区相比，沿海经济带和北部生态发展区在企业总数、

专利总数、创新水平（综合创新水平、周期创新水平、持续创新水平、价值创新水平）等方面差距明显。

从各地市数字经济综合创新水平（见图2-18）来看，珠三角地区的数字经济综合创新水平位于全省前列，沿海经济带7个城市中，只有东翼的汕头市排在全省第10位，其他城市均在第14位以后。各城市数字经济的整体创新实力和发展层次存在显著差异，导致创新的集聚效应减弱，区域发展不均衡，呈现巨大鸿沟。

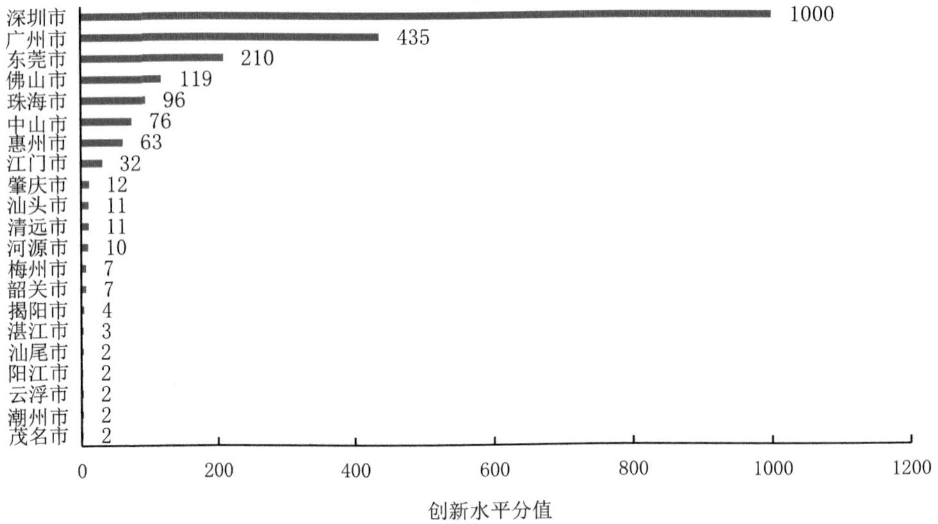

图2-18　2021年广东省各地市数字经济综合创新水平

数据来源：《广东数字经济创新发展研究报告（2022）》。

2.核心数字技术研发能力较弱，存在“卡脖子”技术风险

近年来，虽然广东在AI、大数据等领域取得长足进步，但是在软件工程和数据基础理论等方面的研究较薄弱，广东在核心算法、关键技术、关键零部件等方面的技术与产品仍然主要依赖谷歌、微软、苹果等外国公司，存在核心技术被完全控制的严重问题。在核心数字技术方面，例如在集成电路、电子元件、操作系统、数据库等领域，还无法实现完全的自主研发和制造。当前，广东除了一批具有国际竞争力的优秀芯片设计公司之外，大部分企业规模小、实力弱，主要在产业链的中低端徘徊，对重要的核心芯片的研究和

开发水平较低，而高端的芯片则严重依靠进口，可替换性较差，面临着被“断供”的危险。广东的信息化建设明显落后于产业发展对信息化建设的要求，“缺芯少核”现象仍然比较突出。

3.人才集聚环境欠佳，数字化人才结构性短缺

广东虽然是全国数字经济发展大省，但与京沪比较，大数据人才集聚环境相对欠佳。广州面临结构和规模上的问题，缺少高层次的工业和技术领先的行业；深圳虽然有腾讯和华为等公司，但缺少科研实力强、创新能力强的高校。数据显示，在信息传输、软件和信息技术服务业就业人员占比方面，广东为4.1%，排名第三，显著低于北京（13.5%）、上海（8.1%）（见图2-19）。缺乏高层次领军人才和高层次复合型技术人才，是广东数字经济发展的一大瓶颈。在中国创新人才指数2023综合排名（见图2-20）中，广东仅广州和深圳入围前十。排名第三的深圳（82.82）显著低于排名第一的北京（97.45），人才规模是广东发展的一大短板；广州（77.16）仅位于第五名，在人才环境方面明显落后于北京、上海；东莞、佛山等均在第二十名之后

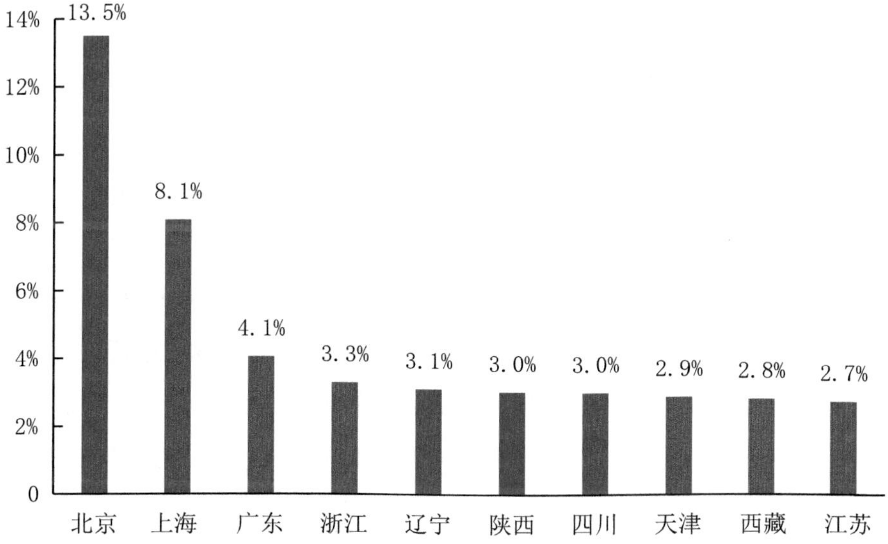

图2-19　2022年信息传输、软件和信息技术服务业就业人员占比排名前十的省（区、市）

数据来源：《中国统计年鉴2023》。

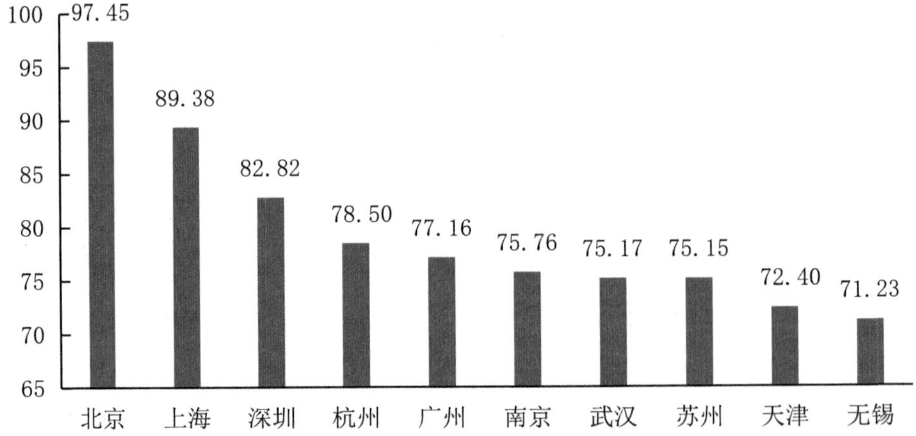

图2-20　中国创新人才指数2023综合排名前十的城市

数据来源：《中国创新人才指数2023暨核心指标走势2021—2023三年对比分析》。

4.新型基础设施整体统筹不够，资源整合机制亟须优化

广东新型基础设施不仅包括5G基站、人工智能、特高压等，还包括网络平台和操作系统等。广东新型基础设施总体呈现碎片化特征。主要原因在于：第一，新型基础设施既有5G基站、大数据中心等硬件，也有网络平台、操作系统等软件，两者均涉及数字基础设施的规划与更新，但总体上难以统一。对新型基础设施运营的投入比重明显大于传统基础设施，但目前“重建设、轻运营”现象仍较为严重，运行机制不健全，资金投入和政策扶持力度不足，难以充分发挥其整体效能。第二，在多个领域的协调上，物联网、5G、云计算、人工智能、区块链、工业互联网等多个领域的渗透性不强，支撑复杂应用场景的能力不够，在轨道交通、智慧输电线路等基础设施的建设过程中，5G基站、物联网终端等在前期没有做好规划，后期进场费用很高，各个产业部门在自己的领域推进数据要素交易平台，导致重复建设和资源浪费。目前，广东“新基建”主要集中在前瞻性的基础设施建设上，部分区域已经具备数字经济产业基础，但是还没有建立起具有特色的“新基建”枢纽，“新基建”推动大数据、区块链等数字技术与实体经济深度融合的成效不显著，大量企业仍停留在机器换人、线上代替线下等初步融合阶段，辐射

全国的效应不明显。

5.新型基础设施商用模式不成熟，投资效益亟待提升

广东一些“新基建”项目还处于初级阶段，其关键技术、产品形式、市场需求、支撑产业及经营模式等均未形成，难以实现规模化商用。首先，针对新建智能道路，项目投资仅占1%～2%，其产生的经济效益与社会效益还没有被充分验证，且其综合效益不能充分覆盖投入，难以实现规模化推广。其次，区块链、工业物联网、无人驾驶等新兴技术仍处于研发阶段，技术更新速度快，应用场景不清晰，商业运作模式尚未实现闭环，在市场上的普及与应用方面还存在很大的不确定性。

6.高端新型基础设施引领效应不突出，布局有待完善

新型基础设施，如重大科技基础设施和产业技术创新基础设施等，引领效应还不够显著。以创新基础设施为例，根据《中国新型基础设施竞争力指数报告（2022）》，广东创新基础设施竞争力指数为86.89，低于北京（94.37）、江苏（88.18）、上海（87.70）。目前，广东正以大湾区综合性国家科学中心的建设为重点，瞄准信息、生命、材料、海洋和能源等重点学科，规划和建设一批重要的科技基础设施，但尚未充分发挥“新基建”枢纽应有的创新引领功能，对全国层面的“新基建”技术引领、创新推动作用有限，特别是在高端芯片、精密制造等智能制造领域的核心技术方面，仍存在明显的短板。此外，国家实验室和P4高等级生物安全实验室还未取得重大突破，“天河二号”、广东科学中心等一些创新平台的装备日趋陈旧，亟须对其进行升级和更新。

第三章
国内外现代化基础设施建设经验*

第一节　国外经验

现代化基础设施建设对城市的发展起到举足轻重的作用，是促进城市经济发展、资源开发的根本保证。全方位推进现代化基础设施建设是维护我国国防、构建新发展格局、促进国内消费升级和高质量发展的重要举措。广东是中国经济大省，近年来在城市发展过程中有很大的进步，但是与发达国家和地区相比，发展水平仍存在较大差距。根据瑞士洛桑国际管理发展学院（IMD）发布的《2023年世界竞争力年报》，瑞士、丹麦、芬兰是全球基础设施最具竞争力的三个国家。总体来看，西欧各国的基础设施都很有竞争力，美国位列第六，新加坡是亚洲唯一进入十强的国家，中国（未含港台，位列第二十一位）与美国等发达国家相比，仍然有很大的差距。

一、构建完善密集的交通基础设施，注重引导城市功能布局

作为国家经济中具有基础性、先导性、战略性的产业，作为重要的服务性行业和现代化经济体系的重要组成部分，交通运输是构建新发展格局的重要支撑，也是服务人民美好生活、促进共同富裕的坚实保障。交通运输网作为联系城镇内部和外部的重要纽带，对地区的发展起着举足轻重的作用。

德国是欧洲第一个兴建高速铁路的国家，拥有先进、高效、可靠的高铁体系，拥有城际高速列车（ICE）、城际列车（IC）、欧洲城际列车（EC）和区域特快（IRE）等多种列车。作为德国轨道交通的代表，ICE以300千米的时

* 本章执笔人为暨南大学产业经济研究院冯贺新。

速在各大城市间快速穿梭，列车一般一小时运行一次，有时甚至更频繁；EC按照欧盟20个国家的标准（包括舒适度、速度、餐饮服务和清洁度）建设，将重要的欧洲城市如巴黎、阿姆斯特丹、柏林、布拉格、维也纳、罗马、威尼斯、巴塞罗那、马德里等相互连接。此外，德国人口分布均匀，只有一小部分人聚集在大城市，大多数人居住在中小城市。区域快车（RE）、区域列车（RB）、城市快车（SE）是德国铁路系统中重要的区域列车，相比ICE、IC等会停靠更多更小的车站，星罗棋布的公交站点、轻轨线路，能够满足市民日常生活中的大部分出行需求。

日本重视轨道交通与城市功能的融合。比如东京，在修建初期，就充分考虑将轨道交通与城市发展紧密融合，将商业、办公、居住等功能进行合理布局，使得东京市民可以通过轨道交通便捷地抵达市区内任意一个地点，同时，地铁站的出口也可以直接通往写字楼和商业中心。在东京，出行交通量的91%是由轨道交通来承担的，2020年东京路网密度达到每平方千米18.8千米（上海中心城区路网密度仅为每平方千米3.38千米，与东京差距较大）。

首先，相关数据显示，日本高铁创下全世界最高速度纪录，中国上海高铁运营速度位于全球第一，最高速度纪录位于全球第三（见图3-1），可见中国高铁技术已走在世界前列。2021年，中国铁路长度达150000千米，仅次于美国。但是，从铁路平均每千米覆盖面积指标来看，中国铁路平均每千米覆盖面积为63.8平方千米，约是德国的6.9倍、日本的4.0倍（见图3-2）；从铁路平均每千米覆盖人口指标来看，中国铁路平均每千米覆盖人口为9570人，比加拿大高出13.2倍，是德国的4.5倍，约为日本的1.8倍（见图3-3）。中国轨道交通网络仍有很大的发展空间。

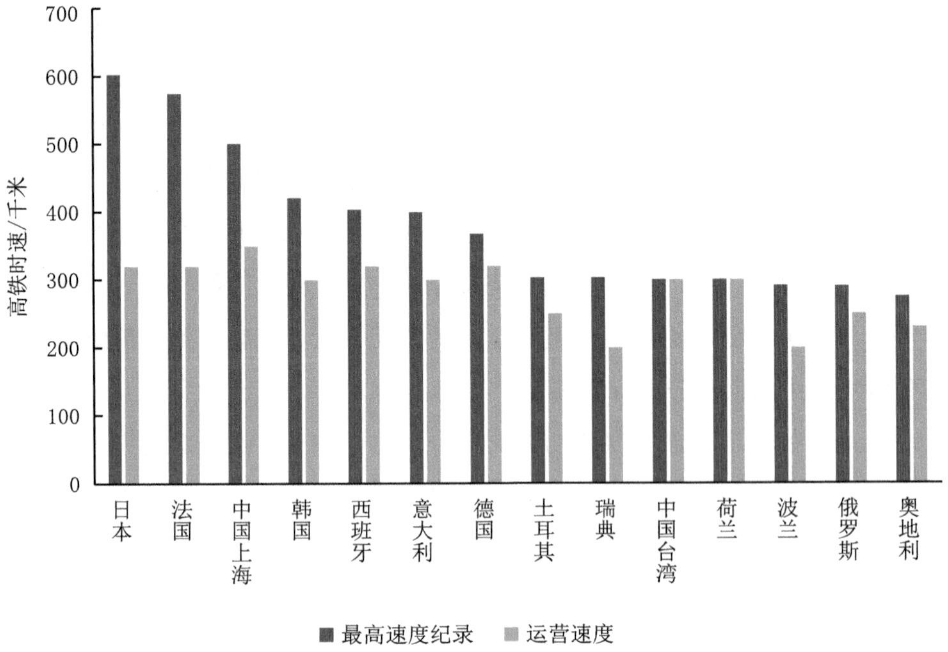

图3-1 2021年部分国家或地区高铁的运营速度和最高速度纪录

数据来源：Omio官网。

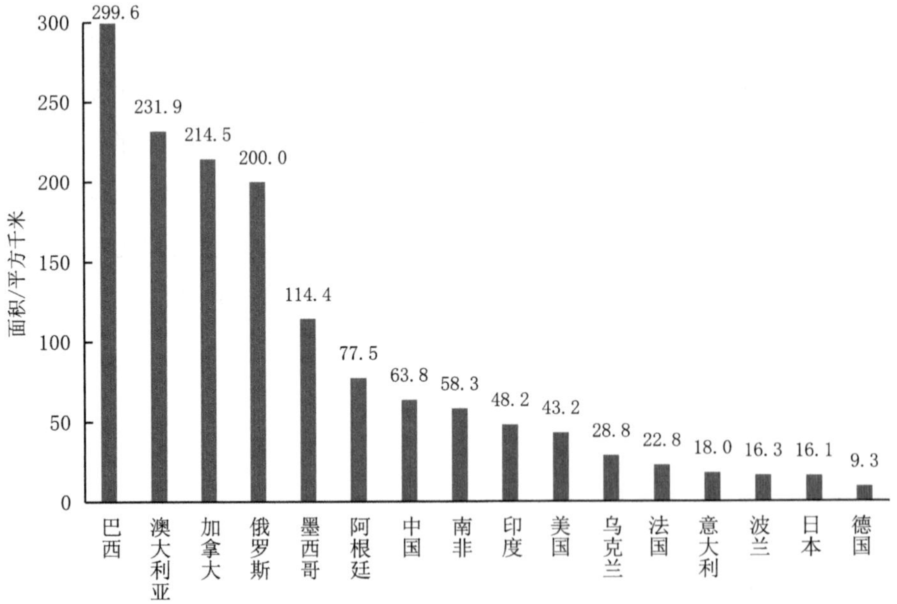

图3-2 全球铁路长度排名前十六国家铁路平均每千米覆盖面积（截至2021年）

数据来源：根据公开资料整理。

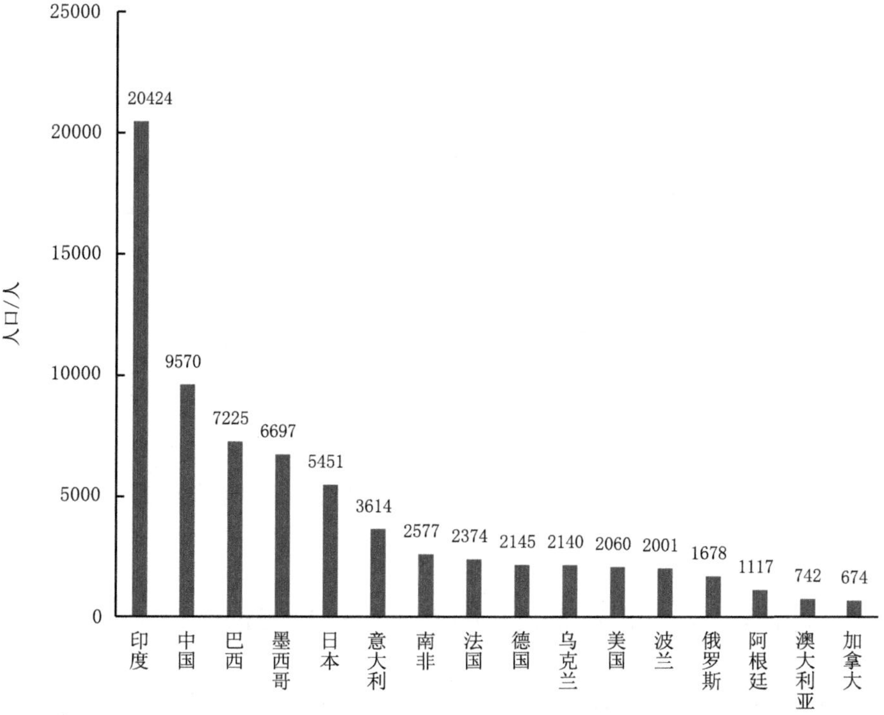

图3-3　全球铁路长度排名前十六国家铁路平均每千米覆盖人口（截至2021年）

数据来源：根据公开资料整理。

其次，中国在与贸易、运输相关的基础设施质量等方面落后于日本、德国等发达国家，领先于美国。世界银行数据显示，2022年中国物流绩效指数为4.0，相较于2018年（3.75）有了较大提升，但与新加坡（4.6）、瑞士（4.4）等发达国家相比仍有较大差距（见图3-4）。中国铁路建设在道路连通性、道路质量、服务效率等方面存在较大发展空间。

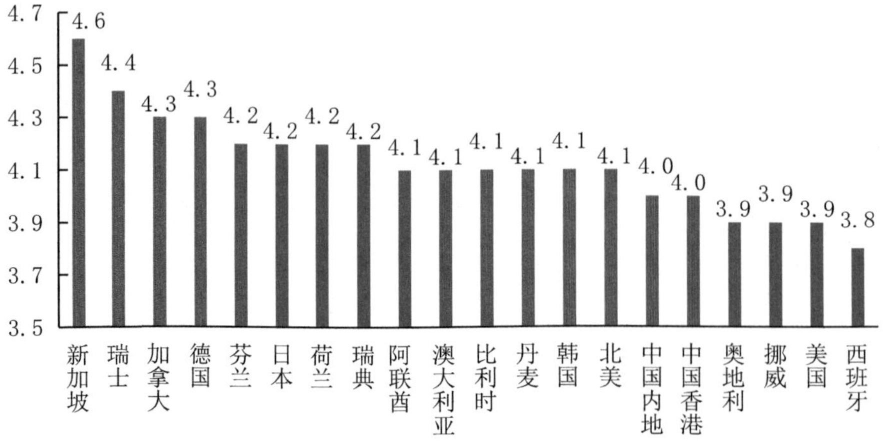

图3-4　2022年全球物流绩效指数排名前二十国家或地区

数据来源：世界银行。

二、布局安全清洁的能源基础设施，促进城市实现可持续发展

欧洲国家在能源基础设施建设方面一直走在世界前列。自20世纪90年代以来，挪威、瑞典、芬兰和丹麦通过开放供发电和零售竞争，将各个市场合并为一个共同的北欧市场，称为“Nord Pool”。北欧电力市场逐渐形成。根据世界经济论坛发布的报告《促进有效的能源转型2023》，能源转型指数（ETI）排名前十的国家都来自西欧和北欧地区（见图3-5），这些国家与能源有关的二氧化碳排放量占全球的2%，能源供应总量占全球的4%，人口占全球的2%。瑞典位居世界之首，丹麦与挪威紧随其后。在全球十大经济体中，仅法国位列十强内。中国（64.9）排名全球第17位，超过全球平均水平（56.3）。数据显示，这些在全球能源转型指数排行榜排名靠前的西欧和北欧国家，其可再生能源在最终能源消费总量中所占比例也是名列前茅，挪威、瑞典的可再生能源在最终能源消费总量中所占比例超过50%，而中国仅为11.1%。中国单位燃料燃烧产生的二氧化碳排放量高于欧洲国家，是瑞典的5倍以上，也高于同在亚洲的新加坡、韩国和日本。与瑞典相比，中国计划实现碳中和目标的时间要晚15年。瑞典对垃圾进行了再生利用和能源利用，其中49%的垃圾被焚烧并转换为能源，36%被回收，14%被用作化肥，垃圾填埋

率低于1%。在瑞典，通过废物利用来进行热能发电是实现电力供应和地区供暖的一个关键环节。例如，韦斯特罗斯市将餐厨废物与废水处理厂产生的淤泥用于制造生物煤气，再经本地煤气管道将其输送至各加油站，供巴士、出租车及私家车等车辆使用，充分释放都市废弃物潜能。此外，在市区内，还建立了一套中央空调系统，通过地区供暖管网提供热量，为写字楼、市政建筑全年供电。中国应该向瑞典学习，在集中供热、供冷和综合能源等领域进行大量的探索。

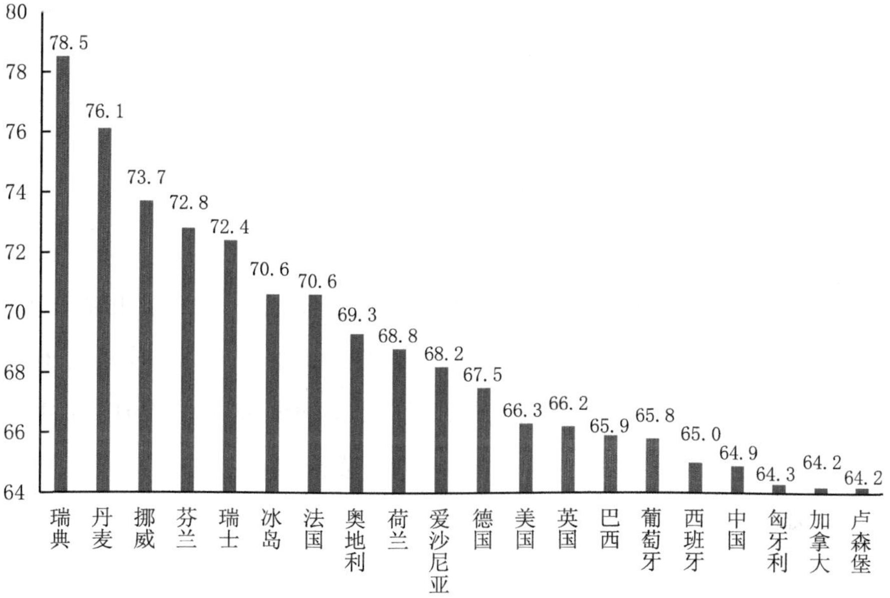

图3-5 2023年全球能源转型指数排名前二十国家

数据来源：《促进有效的能源转型2023》。

三、发展先进科学的水利基础设施，确保稳定的水资源供应

中国水利建设技术水平已跻身国际前列，多项技术指标创下世界之最，水利装备制造也实现跨越式发展，但中国水污染问题依旧突出，用水效率与世界先进国家相比仍存在较大差距。

首先，从水生态治理来看，2020年，中国处理的人为废水比例仅为

9.36%，居全球第88位；丹麦、芬兰等6个欧洲国家以及新加坡处理的人为废水比例已达100%；英国、德国、法国等国的比例大于80%；日本（74.84%）、加拿大（67.44%）、美国（58.89%）落后于欧洲国家，但仍显著高于中国。

新加坡是一个水资源严重短缺的国家，但是通过不懈努力，在水资源利用上取得了巨大成就，在国际上赢得了良好的声誉。新加坡着眼于国家战略安全，采取开源与节流并重的策略，以解决水资源短缺问题。在开源上，新加坡推出了雨水收集、淡水进口、海水淡化和污水再利用等四大“国家水喉”计划，其中污水再利用计划被称为“新生水”项目，该项目可以将废水变成清洁的新水。至于节流，新加坡已经完成了供水管道的全面改造与监控，加上长期对供水管网进行维修与监控，现时的漏损率只有4.6%，为全球最低。

其次，从水的使用情况来看，2020年，中国万元GDP用水量是57.2立方米，60个国家的平均值为66.6立方米，中国在60个国家中由低至高排第35名。34个高收入国家和14个中高等收入国家的万元GDP用水量平均值分别是26.3立方米和76.7立方米，12个中低等收入国家的万元GDP用水量平均值是424.3立方米（见图3-6）。中国的水资源利用效率仍有待提升。

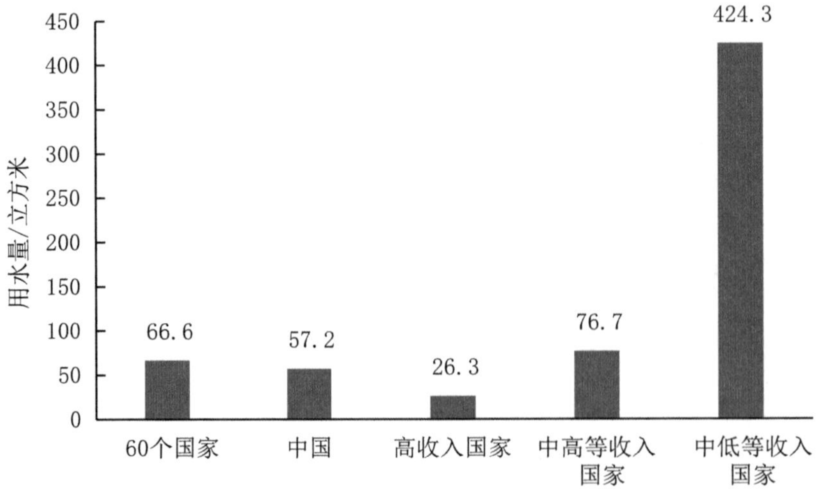

图3-6　2020年不同收入国家万元GDP用水量对比

数据来源：水利部发展研究中心。

以色列沙漠面积占国土面积的67%，是一个极度缺水的国家，但以色列却依靠大量的水利建设，成为水资源大国和农业大国。以色列在农业用水方面率先以滴灌方式取代以往的喷灌方式，极大地提高了农田用水的利用率。在家庭用水方面，以色列开发出一种节水装置，将其安装在自来水龙头上，通过流动调整阀及限位装置控制水流速度，最大限度节约水资源，且不会影响居民的日常用水。以色列成为全球污水循环利用效率最高的国家之一。数据显示，从农业水资源利用效率来看，以色列农田灌溉水有效利用系数最高（0.87），然后依次为澳大利亚（0.80）、俄罗斯（0.78），美国（0.74），法国（0.73），西班牙、英国也在0.65以上，中国农田灌溉水有效利用系数仅为0.57，与农田灌溉水有效利用系数领先的国家相比还有较大差距（见图3-7）。

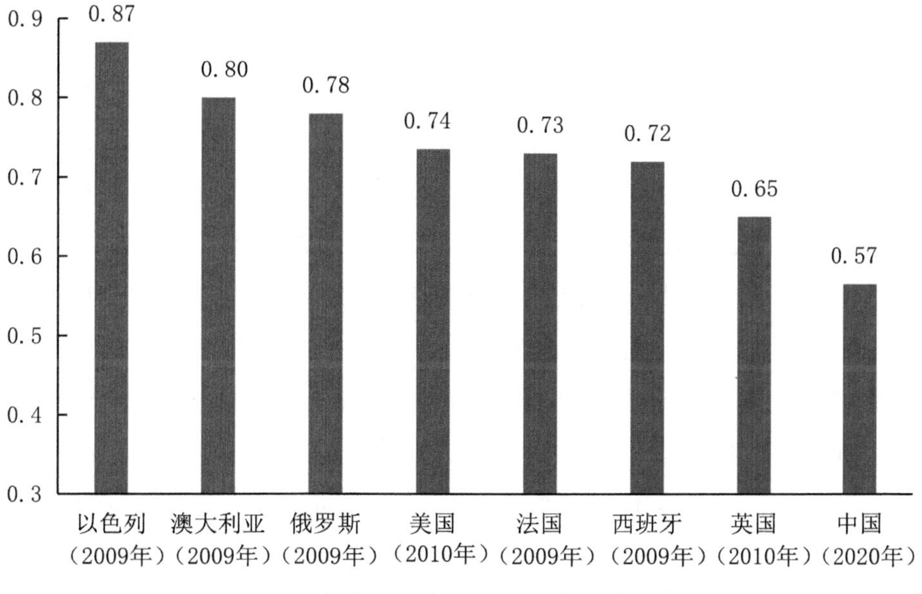

图3-7　部分国家农田灌溉水有效利用系数

数据来源：水利部发展研究中心。

综上分析，中国需要进一步加大对水污染的治理力度，加大对入江排污口的检查和治理力度，推动城市污水资源化利用，继续抓好农业和农村污染治理工作，加大对水利基础设施和水资源有效利用等方面的投入。

四、积极布局能源网，构建稳定便利的能源供应体系

新型基础设施建设以科学技术为重点，包括能源网、信息网和轨道交通网络，其中能源网是指特高压输电线路和新能源充电桩等。

在特高压输电线路方面，特高压输电技术是国家和地区间能源互联、清洁能源远距离输送和跨时空互补最优分配的核心技术。中国在特高压电力传输领域已经走在世界前列，一些重要的科技和装备已经达到了规模化水平。到2019年底，全世界已有14个在运营的特高压交流输电项目，在建项目5个，投运和在建线路总长已经达到了20000千米，均位于中国；全世界有18个特高压直流输电项目，其中中国14个、印度2个、巴西2个。特高压输电技术是我国具有创新意义和深远影响的一项重要成果，对保障我国能源安全具有重要意义。

在新能源充电桩方面，截至2022年末，全世界公共充电桩数量为270万台，其中，2022年安装超过90万台，较2021年增长了55%。中国是全球最大的新能源汽车市场，在政策支持下积极发展充电基础设施。截至2022年底，中国拥有全球一半以上的公共慢速充电桩。2022年，在世界范围内快速充电桩新增33万台，而这一增量中，中国占了将近90%。欧洲拥有全球最大的充电设备制造商，其充电基础设施建设水平的排名仅次于中国。截至2022年底，欧洲共有7万多台快速充电桩，较2021年增加了55%。拥有较多快速充电桩的国家是德国（超过1.2万台）、法国（9700台）和挪威（9000台）。欧洲各国政府通过加大充电桩投资和提高补贴额度来促进充电设施的建设。例如欧盟提出The Connecting Europe Facility Transport，旨在推动电动汽车充电桩和加氢站的建设。美国在2022年安装了6300个快速充电站，其中约3/4是特斯拉的超级充电站。美国所有州、华盛顿特区和波多黎各都参与了国家电动汽车基础设施计划（NEVI），并已在2023年获得8.85亿美元的资金，用于支持在12.2万千米的高速公路上建设充电桩，预计未来几年电动汽车的部署将加速。特斯拉公司已经公布其在美国的一些超级充电站情况（其中包含了美国60%的快速充电站存量）以及目标充电站网络，这些充电站都将对特斯拉以外的电动车敞

开大门。

如果考虑每台充电桩支持的电动轻型汽车（LDV）数量，2022年全球平均每台充电桩约支持10辆电动LDV，韩国和荷兰等国家每台充电桩支持的电动LDV数量较少，中国为8辆。然而，在一些家庭充电普及的市场中，每台公共充电桩支持的电动LDV数量可能更多。例如，在美国，每台充电桩支持的电动LDV数量为24辆，而在挪威则超过30辆。在全球范围内，平均每辆电动LDV的充电功率约为2.40千瓦。在欧盟，平均每辆电动LDV的充电功率较低，为1.18千瓦。韩国的电动LDV充电功率最高，为6.95千瓦，而中国的电动LDV充电功率仅为3.46千瓦，仍需继续改进（见图3-8）。

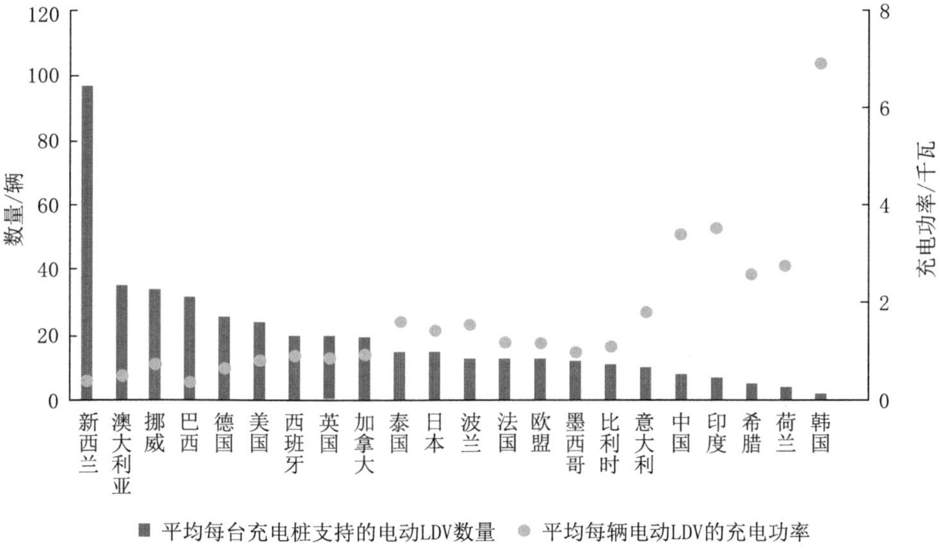

图3-8　2022年部分国家或地区平均每台公共充电桩支持的电动LDV数量和平均每辆电动LDV的充电功率

数据来源：《2023全球公共充电桩市场（附报告）》。

五、加快建设数据网，推进数字技术赋能城市发展

5G基站、人工智能、大数据中心、工业互联网是新型基础设施建设中数据网的重要组成部分。数据网能够利用大数据和人工智能等技术，及时准确地采集传统交通网络的动态信息，并将其传送到指挥和控制系统，快速地找

到故障点和问题点，给出相应的反馈和解决方案，使工作效率得到极大的提高。数据显示，2021年美国数字基础设施指数为93.07，自2013年以来一直位列全球第一；新加坡和中国紧随其后，2021年数字基础设施指数分别为90.53和89.33，相较2013年排名分别上升了14位和18位（见表3–1）。中国数字基础设施建设总体上取得很大进展。

表3–1　2021年数字基础设施指数排名前十五的国家与2013年相比排名变化情况

排名	国家	数字基础设施指数（2021年）	数字基础设施指数（2013年）	2021年与2013年相比排名变化
1	美国	93.07	79.79	0
2	新加坡	90.53	64.45	14
3	中国	89.33	63.72	18
4	英国	88.50	71.20	-1
5	卢森堡	88.16	64.18	13
6	日本	87.46	68.11	-1
7	印度	87.10	65.56	6
8	德国	86.93	66.53	2
9	俄罗斯	86.57	62.82	14
10	意大利	85.08	65.88	1
11	巴西	84.74	68.00	-5
12	澳大利亚	84.50	72.08	-10
13	法国	83.93	64.28	4
14	加拿大	82.89	69.62	-10
15	韩国	82.48	66.71	-7

数据来源：《全球数字经济发展指数报告（TIMG 2023）》。

在5G基站建设方面，中国是世界上5G基站最多的国家（见图3–9）。截至2024年第一季度末，全球5G基站部署总量约549万个，同比增长36.5%，季度新增32万个。其中，中国5G基站累计建成开通364.7万个，约占全球5G基站总量的67%。

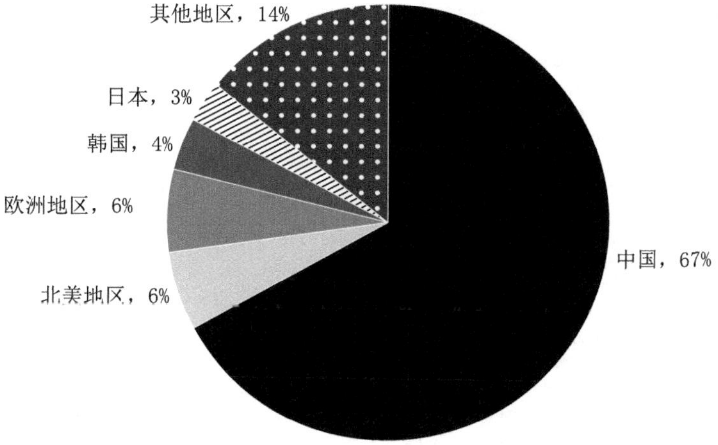

图3-9　全球5G基站分布情况

数据来源：TD产业联盟。

在人工智能建设方面，首先，根据《2022全球人工智能创新指数报告》中人工智能创新指数得分排序，参评的46个国家可以划分成四大梯队。第一梯队的得分超过50分，仅美国与中国入选。第二梯队的得分是35～50分，包括英国、德国和新加坡等11个国家。第三梯队的得分为20～35分，包括丹麦和芬兰等12个国家。第四梯队的得分低于20分，包括捷克和巴西等21个国家。中国人工智能创新指数已经达到55.20分（见图3-10），位列世界第二，但是与已经连续4年排名世界首位的美国（72.23分）还有很大的距离。从11项二级指标来看，中国有9项指标低于美国，总体发展程度和美国相比仍有较大的距离。中国在2021年全球互联网用户数量中占比仅为73.05%，落后于韩国（97.57%）、英国（96.68%）、美国（91.75%）等国，而移动宽带订阅率是101.64，只有日本的一半。

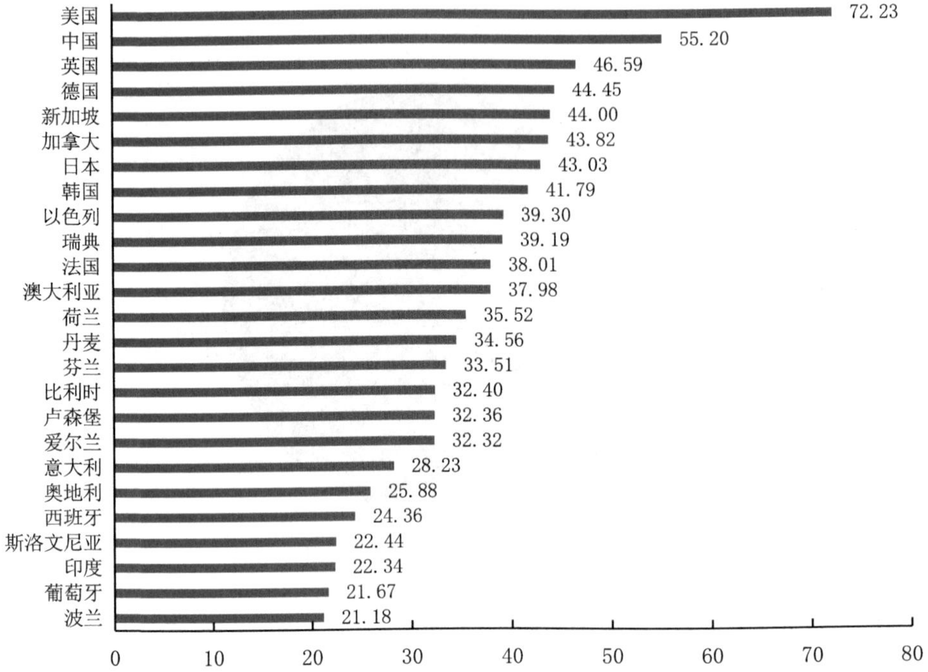

图3-10　2022年前三梯队国家人工智能创新指数得分

数据来源：《2022全球人工智能创新指数报告》。

其次，美国成为顶级人工智能模型的主要来源国。2023年，61个著名的人工智能模型源自美国机构，超过欧盟的21个和中国的15个（见图3-11）。美国仍然是人工智能投资的首选之地。2023年，美国在人工智能领域的私人投资总额为672亿美元，是中国的近9倍。中国人工智能建设水平有待提高。

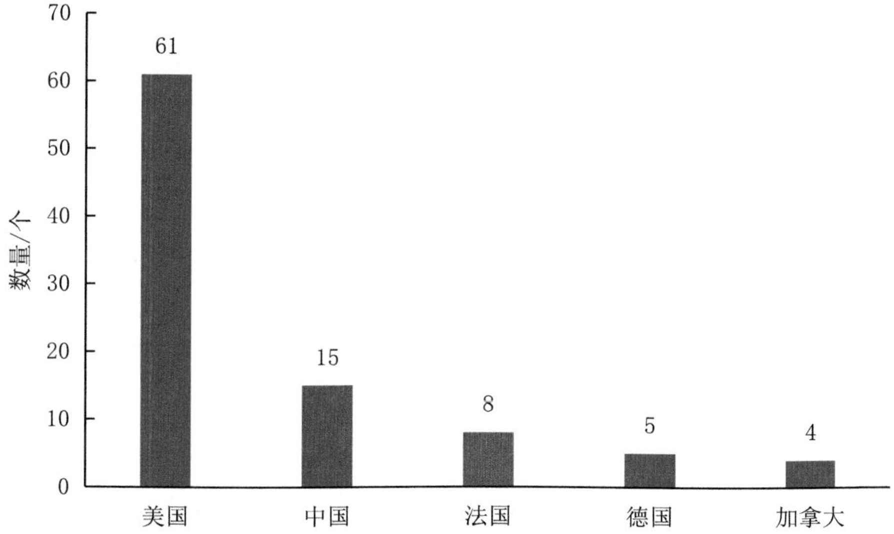

图3-11　2023年部分国家著名的人工智能模型数量

数据来源：根据公开资料整理。

在大数据中心建设方面，美洲数据中心市场领先于世界其他数据中心市场。首先，如表3-2所示，美洲数据中心市场的数量遥遥领先，全球十大成熟市场中6个位于美洲，欧洲有伦敦上榜，亚太地区有3个，分别为东京、孟买和悉尼，中国北京和香港并未上榜。全球十大新兴市场中5个来自美洲，2个来自欧洲，亚太地区有3个，分别为大阪、海得拉巴和曼谷，中国广州未上榜。

表3-2　全球十大成熟市场和全球十大新兴市场分布情况

全球十大成熟市场			全球十大新兴市场		
排名	市场	分布地	排名	市场	分布地
1	弗吉尼亚州	美洲	1	堪萨斯城	美洲
2	亚特兰大	美洲	2	米兰	欧洲、中东和非洲地区
3	东京	亚太地区	3	纳什维尔	美洲
4	达拉斯	美洲	4	大阪	亚太地区
5	伦敦	欧洲、中东和非洲地区	5	艾奥瓦州	美洲

续表

全球十大成熟市场			全球十大新兴市场		
排名	市场	分布地	排名	市场	分布地
6	凤凰城	美洲	6	苏黎世	欧洲、中东和非洲地区
7	孟买	亚太地区	7	明尼阿波利斯	美洲
8	俄勒冈州	美洲	8	海得拉巴	亚太地区
9	悉尼	亚太地区	9	奥斯汀	美洲
10	北/南卡罗来纳州	美洲	10	曼谷	亚太地区

资料来源：*2024 Global Data Center Market Comparison*。

其次，在数据中心市场规模方面，如图3-12所示，美国弗吉尼亚州数据中心市场规模遥遥领先于世界上其他数据中心，IT负载容量突破了4500兆瓦，排名第二的北京不及其1/2，广州数据中心的IT负载容量处于中下游水平。

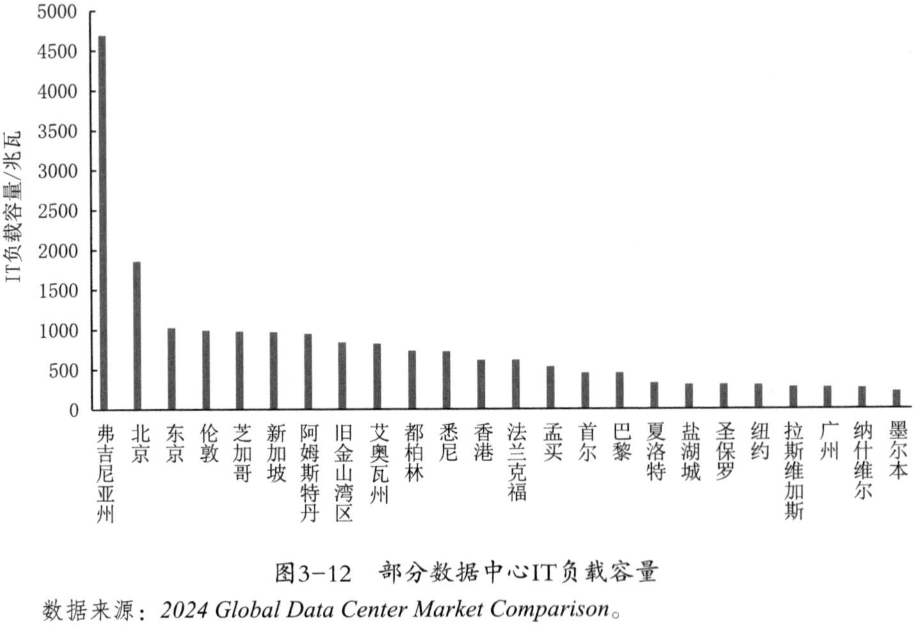

图3-12　部分数据中心IT负载容量

数据来源：*2024 Global Data Center Market Comparison*。

在工业互联网建设方面，在工业互联网的发展过程中，世界各大工业国纷纷制定了一系列战略与具体政策，如美国的“先进制造业伙伴计划”、德国的“工业4.0”战略、英国的《英国工业2050战略》、法国的“新工业法国”计划、日本的“超智能社会5.0”战略、韩国的“制造业创新3.0”战略，其中美国、德国、日本和中国是全球最具代表性和影响力的工业国，但各国工业互联网参考架构也存在明显的差异（见表3-3）。2015年，美国公布了世界首个面向工业应用的工业互联网参考架构，该架构的特点为国际领先、网络先进、关键部件及精密仪器设备领先。德国具有雄厚的机电设备制造实力，在嵌入式系统和自动化等方面处于全球前列，然而，新一代信息科技与数字经济并不发达，所以德国政府提出了“工业4.0”战略，目的在于通过将德国的制造业与嵌入式系统和自动化两大优势相结合，以维持其在全球的制造竞争力。日本的制造业以高端和精密制造业为主，其中汽车及其零部件、机床、机器人、电子电器并列为日本的四大产业，日本的制造业以“精”著称，但日本在新一代 IT、数字经济等方面并没有太多的亮点，所以日本以互联工业为重点，以人、机器、系统和技术为纽带，不断创造价值。中国的制造业门类齐全，配套完善，产业链完整，但核心竞争力集中于劳动密集型产业与环节，并且各地区、各企业之间的发展程度极不均衡。

表3-3 主要工业大国在工业互联网相关领域的优势比较

国家	制造业优势	制造业优势产业	数字经济优势	数字经济优势产业
美国	前沿科技、产品研发设计、核心零部件、精密仪器、先进设备、品牌	汽车、电子、化工、新材料、制药、精密仪器、航空航天等大多数高科技产业	前沿数字技术、商业模式、大型平台企业、独角兽企业、创业活跃	云计算、AI算法、芯片、5G、智能传感器、商业模式、智能终端
德国	产品研发设计、核心零部件、先进装备、产业集群和中小企业（隐形冠军）	汽车、机械、机器人、化工、制药	数字经济亮点不突出	工业软件、机器人、系统集成
日本	产品研发设计、核心零部件、先进装备、精益制造	汽车、制药、电气设备、精密仪器、新材料、机床	数字经济亮点不突出	精密传感器、机器人

续表

国家	制造业优势	制造业优势产业	数字经济优势	数字经济优势产业
中国	产业体系齐全，丰富的智能制造应用场景；产业配套完善，产业规模大；创新型制造；产业化能力强，价格相对较低	纺织、服装、电子制造、工程机械	消费互联网发达、基础设施完善、大型平台企业、独角兽企业	电子商务、共享经济、人工智能、5G、智能终端

资料来源：中国社会科学院工业经济研究所。

数据显示，2020年美国工业互联网规模在全球占比达31.57%。2020年中国工业互联网规模增速达11.28%，在全球主要工业国家中排名第一，工业互联网规模在全球占比为20.19%，超过日本与德国之和，仅次于美国，但与美国相比仍存在较大差距（见图3–13）。

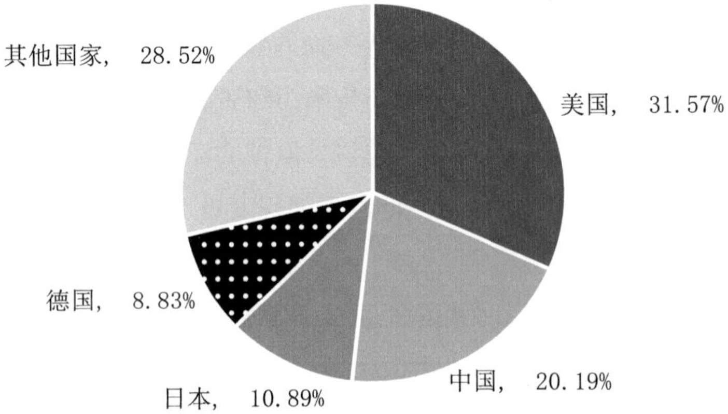

图3–13　2020年全球主要工业国家工业互联网规模占比

数据来源：中国工业互联网研究院。

第二节　国内经验

广东现代化基础设施建设的成就举世瞩目。在交通领域，高铁、城际铁路等交通“大动脉”纵横交错，构建起高效便捷的交通网络；在能源领域，智能电网、清洁能源等基础设施建设如火如荼，为经济发展注入绿色动力；同时，大力发展5G基站和大数据中心等新型基础设施，通过这些基础设施的建设和完善，为数字经济提供更加坚实的技术支撑和保障，进而推动广东经济社会的全面发展和转型升级。这些现代化基础设施建设的成就不仅提升了广东的综合实力，也为人民群众的生活带来了实实在在的便利，有力支撑了经济社会的稳步前行。广东在现代化基础设施建设方面取得了显著进展，但仍面临一些挑战。为了进一步提升广东现代化基础设施建设水平，本节介绍了四川、江苏、浙江、上海、北京等先进地区在现代化基础设施建设领域的成功经验。

一、加大交通基础设施建设投资力度，助力区域互联互通

交通基础设施建设是建设现代流通体系、畅通国民经济循环、建设全国统一大市场的基础环节和重要依托。自“十四五”规划实施以来，四川的公路水路交通固定资产投资始终保持强劲势头，维持在高水平。2021年，继连续十年投资规模超过1000亿元之后，四川的公路水路交通固定资产投资再次实现历史性跨越，首次突破了2000亿元大关。到了2022年，四川再次刷新这一投资规模纪录，为2200亿元以上，总量领跑全国。而在2023年，四川的公路水路交通固定资产投资额继续稳步增长，达到2686.4亿元，再次位居全国第一。公路水路交通固定资产投资额的不断上升，加快了交通基础设施的建设和完善，提高了交通运输效率，降低了物流成本。

从物流成本方面来看，2023年，四川对符合国际标准的集装箱运输车辆实施了通行费减免措施，对进出中欧班列图定站点货运集散地的集装箱运输

车辆，给予高达60%的通行费优惠。2023年由四川始发的中欧班列实现了1142列的开行量，并发送了12.5万标箱的货物，同比分别增长了12.7%和24.8%。贸易数据增长的背后离不开交通基础设施建设投资额的不断上升。

从促进经济发展的角度来看，到2023年，四川在公路水路领域的固定资产投资总额达2686.4亿元，对全社会需求的拉动作用达7250亿元。为了增强交通建设的稳定性和增长动力，四川强化对用地、资金等关键要素的保障措施，出台了一系列激励政策，对高速公路、普通国省干道、内河航道、枢纽场站、交旅融合等一批2024年公路水路建设重点项目作出规划，旨在通过紧抓交通建设项目，促进投资增长，稳定经济发展。

广东可以借鉴四川在加大交通基础设施建设投资方面的成功经验，进一步加大交通基础设施建设投资力度，通过优化投资结构、加强项目管理、推动技术创新等措施，确保交通基础设施建设顺利进行，并在关键领域如高速公路、铁路、港口等保持领先地位。这将有助于广东进一步完善交通网络，提高交通运输效率，为经济持续健康发展提供有力支撑。

二、深化绿色发展战略，提升可持续发展支撑力

截至2023年11月底，江苏海上风电装机规模已经达到了1100万千瓦，占全国海上风电总装机规模的37%以上，江苏成为当之无愧的“海上风电大省”。到2024年3月，广东海上风电装机规模突破1000万千瓦，排在江苏之后。按照《广东省海上风电发展规划（2017—2030年）（修编）》的要求，截至2020年底，全省建设海上风电装机容量超过1200万千瓦。与《广东省能源发展“十三五”规划》提出的风电装机规模在2020年末达到800万千瓦的目标相比较，实际进度没有达到预期水平。截至2018年，广东有31个海上风电工程得到了批准，合计发电功率达到1871万千瓦，这些工程位于阳江、揭阳、汕头、湛江、汕尾和惠州6个市。截至2022年，2018年核准的31个海上风电场项目中，有部分项目尚未完成建设。特别值得一提的是，仅阳江一地就规划了13个项目，总装机规模达到840万千瓦。截至2024年3月，广东省发展和改革委员会公布了10个优先的海上风电项目，其中2个为已投产状态，6个

处于续建状态，2个处于新开工状态。对比规划数据，广东实际并网的海上风电规模仍未能达到既定目标，而江苏在“十四五”期间设定了更加明确和易执行的海上风电发展目标，并制定了详细的规划。广东可以结合自身的资源条件和能源需求，设定合理的海上风电发展目标，并制定相应的发展规划，确保项目有序推进。此外，江苏在海上风电项目选址和布局方面考虑了海洋资源、环境保护、电网接入等因素，广东在项目规划时也应充分考虑这些因素，确保项目实现可持续发展，并与周边环境相协调。

江苏计划在陆上和海上两个领域大力发展风电产业，使两个领域的风电装机容量都能达到千万千瓦级别。《江苏省沿海地区新型储能项目发展实施方案（2023—2027年）》进一步提出，到2025年，确保沿海地区新增500万千瓦海上风电和500万千瓦海上光伏并网消纳。另外，江苏也在加快推进盐城、南通和连云港海上风电项目的建设，形成千万千瓦级海上风电基地。

广东在制定海上风电建设相关政策时可以借鉴江苏的发展情况，将其发展现状视为赶超的目标，且应当尽可能地评估进度，将计划项目落到实处，以实现广东海上风电设施的高水平建设。

三、加强水利基础设施建设，以乡村振兴促进共同富裕

浙江在中国实现全面小康目标的过程中扮演着重要角色。到2022年底，浙江省内的居民收入差距已经缩小到1.90倍，而到了2023年，进一步缩小至1.86倍。这显示出浙江在缩小居民收入差距、推动地区发展平衡方面取得了显著成效。浙江水利基础设施投资规模大，产业链条长，提供了大量的就业岗位，仅2023年推动的水利基础设施建设项目，就吸纳了13.75万余名工人，发放工资总额达32.4亿元，其中为10.67万名农村劳动者提供了工作机会，发放了25.3亿元的农村劳动力工资。

水利事业通过建设水利工程、改善水资源条件、提高水资源利用效率等方式，为农村经济发展提供有力支撑，促进农业生产的稳定增长，提升农产品的产量和质量，增加农民的收入来源。从农田水利建设来看，浙江通过制定短期目标，从水利建设入手，为水利事业高质量发展加码。具体包括：

从2023年12月到2024年早稻栽插前，实现2024年高标准农田建设项目开工率100%，2023年农田建设项目完工率100%，2022年续建项目竣工验收并上图入库率100%。农田建设项目的快速推进和完工，极大地提高了农业生产效率，保障了粮食安全，促进了农村经济发展，推进了共同富裕的进程。

浙江在推进“十四五”规划的过程中，不断加大水利基础设施的投资和建设力度，积极完成中央水利投资计划。2023年全省落实水利投资802.0亿元，落实率达114.6%，且各设区市完成率均达100%。浙江在做好水利基础设施建设工作的同时，还非常注重将水利工程与乡村发展相结合，通过“一村不落、一人不少”的精准施策，全面开展单村水站改造提升行动。

浙江正“以水为笔”，续写“千万工程”的新篇章，不断推动水利事业高质量发展，为实现共同富裕的目标贡献智慧和力量。水利基础设施的建设为农业生产和农村生活提供了有力支撑。近年来，浙江河湖生态状况有了明显改善，城市和农村呈现出一种全新的风貌。优美的水环境成为吸引投资和促进旅游发展的新引擎，催生了新业态，开辟了新赛道，为经济增长注入了新动能。

水利基础设施建设和共同富裕是相辅相成的。一方面，水利基础设施建设是共同富裕的物质基础；另一方面，共同富裕的推进为水利基础设施建设提供了更广阔的空间，也对其提出了更高的要求。因此，广东在推进水利基础设施建设和实现共同富裕的征程上，可以深入借鉴浙江的经验。

广东可以学习浙江在水利基础设施建设中的科学规划和精准施策，确保水利项目的快速推进和高效完工。同时，广东也应注重水利基础设施建设与农业生产的深度融合，提升农田灌溉效率，改善农村水利条件，为农业生产和农民生活提供坚实的水利保障。在共同富裕方面，广东可以借鉴浙江在推动农村经济发展、改善农村生活环境和提升农民生活质量方面的有效做法，通过加大对乡村水利基础设施建设的投入力度，促进城乡工业发展，拓宽农民收入渠道，从而促进乡村经济的可持续发展。

四、适度超前建设5G、算力等基础设施，推动工业互联网发展

新一代信息技术可以进行大量的数据传送和加工，为工业生产提供准确且有效的支持。适度超前建设5G、算力等基础设施可以提升工业生产效率，推动产业转型升级，提升区域和国家竞争力。

2020年，上海市人民政府颁布的《上海市推进新型基础设施建设行动方案（2020—2022年）》已取得显著成效，尤其在5G、算力等基础设施的建设上展现出了适度超前的战略眼光。截至2023年，上海有8.8万个5G基站投入使用，5G基站占移动电话基站比重（37.2%）、5G基站建设密度（13.8个/千米^2）均领跑全国，这些建设促进了工业互联网的大规模运用，为实现工业生产的智能化和高效化打下良好的基础。同时，上海已建成的国家重大科技基础设施数量达到11个，服务能力和创新能级在国内处于领先水平，为算力等关键技术的发展提供了有力支撑。长三角地区启动建设全国一体化算力网络国家枢纽节点，更是将上海的算力水平推向全国前列，为各类创新应用提供强大的算力保障。这一系列举措不仅体现了上海在“新基建”领域的积极布局和超前思维，也预示着未来工业互联网的广阔应用前景和无限发展潜力。

浙江致力构建包括云计算、边缘计算在内的多种包容性计算基础设施，通过统筹规划和科学布局，确保数据中心的高效运行和节能减排，为数字经济提供绿色、可持续的支撑。此外，浙江计划在杭州建立一个全新的互联网交流中心，并推动多个超级计算中心在我国布局建设与运用。这些中心将成为数字经济的重要节点和枢纽，促进信息的交流、共享和创新，为科学研究、产业发展等提供强大的计算支持。这一系列举措旨在推动浙江数字化基础设施建设，助力新型互联网技术的创新和应用。截至2023年底，浙江5G基站已建成22.5万个；每万人拥有5G基站数达34.2个，除北京、上海、天津三个直辖市外，居全国第一。此外，截至2023年底，浙江5G乡镇覆盖率已经达到了100%，这有力促进了浙江5G网络的全面发展，扩大了通信网络的覆盖面，使广大居民可以享受到更快、更稳定的通信服务。

上海、浙江适度超前建设的做法可供广东借鉴。上海在“新基建”行动

方案上展现出的战略眼光和建设成效，以及浙江在加速发展新型基础设施方面的决心和行动，都表明超前布局是提升工业生产效率、推动产业转型升级的关键，广东可以依据自身的发展情况和需求，制定类似的前瞻性规划和战略，确保在5G、算力等关键领域处于领先地位。

五、扩大软件业务收入，多措并举提升数字消费能级

工业和信息化部网站公布的数据显示，2022年，北京实现软件业务收入2.4万亿元，位居全国第一（见图3-14）。

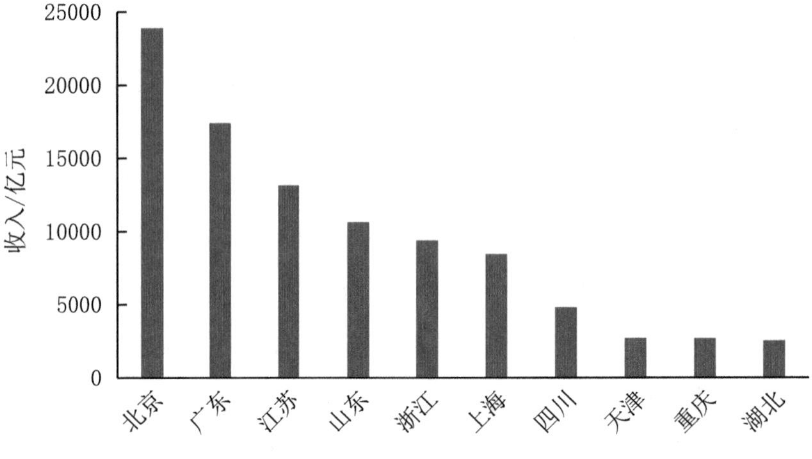

图3-14　2022年软件业务收入前十名省市

数据来源：工业和信息化部。

对比北京和广东的软件业务，二者的主要营收点为软件产品和信息技术服务。北京在这两个领域有较大的优势，而广东在嵌入式系统软件方面有较大的优势，不过该领域并非广东主要的营收点（见图3-15）。

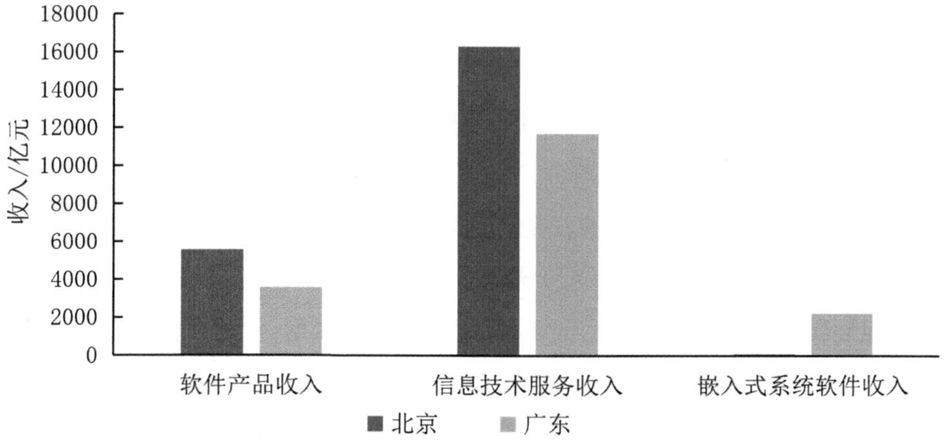

图3-15　2022年北京与广东软件业务收入对比

数据来源：工业和信息化部。

北京深耕前沿产业的种子，孕育未来科技的硕果。海淀、通州、亦庄三园携手并进，共同支撑起国家网络安全产业园的宏伟蓝图。截至2021年，已有273家企业汇聚于此，覆盖了CPU、操作系统、数据库、应用软件、系统集成等新一代信息技术的全产业链，统信软件、优炫软件等行业领军企业也在此集聚，共同构成软件业的坚实支柱。

北京通过整合市属国企产业资源，创建了北斗产业创新基地，旨在打造全国领先，具备创新孵化、标准研制、数据服务等综合能力的产业公共平台。此外，国内第一个无人驾驶交通业务的商用试点项目已经启动，百度、小马智行成为首批无人驾驶汽车商用示范企业。

2021年，我国首个也是全球最大的超大规模智能模型“悟道2.0”在北京正式发布，展现了北京在人工智能领域的强大实力。同年，全球首个软硬件一体的自主可控区块链平台“长安链”投入运营，为区块链技术的创新发展再添新动力。截至2021年12月，百度飞桨已经拥有406万名开发人员，成为世界上最大、功能最完整的开放式深度学习平台，极大地推进了深度学习的发展。

北京不仅在推动科技创新和应用方面取得了进展，还重视北斗卫星导航系统的融合创新应用。北京已经通过了北斗融合创新应用示范项目，这一项目的重点是在京津冀地区开展一系列与北斗技术相结合的示范应用研究。具体来说，这些示范应用研究包括“北斗+车路协同”“北斗+无人配送”等。在“北斗+车路协同”方面，通过北斗卫星导航系统的高精度定位、授时和导航功能，与车路协同技术相结合，实现车辆与道路基础设施之间的智能互联和信息共享，提高交通系统的安全性和效率。而在“北斗+无人配送”方面，则是利用北斗技术的精准定位和导航能力，支持无人配送车辆的自主导航和路径规划，推动物流配送行业的智能化和无人化发展。2020年，开放原子开源基金会在北京落户，进一步加强与北京创新资源的对接与合作。

广东可以学习北京在软件产业谋篇布局方面的前瞻性。北京通过深耕前沿产业，成功培育了一批领军企业，实现了全产业链的覆盖。此外，广东可以学习北京在打造产业公共平台方面的经验。北京通过整合市属国企产业资源，创建了北斗产业创新基地等多个产业公共平台，为软件产业发展提供了有力支撑。广东可以借鉴这种做法，加强政府、企业、高校和研究机构之间的合作，共同打造具有创新孵化、标准研制、数据服务等综合能力的产业公共平台，推动软件业务的发展。

六、积极发展交互式网络电视、互联网数据中心、大数据等通信产业新兴业务

通信产业新兴业务是指除传统业务以外的互联网数据中心、云计算、大数据等相关业务。2023年，上海电信业务收入达716.2亿元，同比增长6.6%。其中，新兴业务如数据中心、大数据、云计算、物联网等所获得的收入占比为36.6%，非传统业务收入占比为49.5%，均排名全国第一，高质量发展成果显著。近年来，上海企业加快智慧车间、智慧工厂建设速度，构建生产经营大数据平台，依托5G网络技术支撑，结合工业互联网等信息技术赋能企业数字化、智能化改造，助力企业实现自动化生产，增加了市场对工业软件的应用需求。

在新型基础设施建设方面，松江区、黄浦区和长宁区的高速网络服务领先全市，这些基础设施的完善为新兴业务的发展提供了坚实的物质基础，有

助于提升数据传输速度和质量，进一步推动新兴业务收入增长，深化信息技术融合应用。通过推动工业互联网规模化应用，构建融合应用产业生态，为新兴业务的发展提供了广阔的市场空间和丰富的应用场景。

上海正在积极推动和发展一系列新型通信服务，包括交互式网络电视（IPTV）、互联网数据中心、大数据、云计算以及人工智能等，这些新兴业务在上海的快速发展，不仅显著提升了电信行业的整体收入水平，即电信业务所带来的经济收益有所增加，还为整个通信产业带来了新的增长动力和发展机遇。这些新兴业务的快速发展，不仅推动了通信技术的不断创新和升级，也为通信产业带来了更加广阔的发展空间和更多的商业机会，成为推动通信产业持续发展的重要力量。同时，上海加大对通信行业的监督管理力度，以改善市场经营环境，促进互联网平台企业的快速成长。通过加强行风建设和纠风工作，防范治理电信网络诈骗，提升了民生服务水平，为新兴业务的发展创造了良好的社会环境。

上海将重点放在提高网络安全保障水平、加强基础设施保障与数据安全保障等方面。这有助于保障新兴业务安全稳定运行，提升消费者对新兴业务的信任度和满意度，进一步推动新兴业务收入增长。通过加强基础设施建设、深化信息技术融合应用、鼓励和支持新兴业务发展、加强监管和提升网络安全保障水平等多项举措，有效增加了通信产业新兴业务收入。

广东可以借鉴上海的做法，积极发展IPTV、互联网数据中心、大数据、云计算、物联网等通信产业新兴业务。

七、加大新型基础设施建设支持力度，增强创新发展驱动力

2024年2月发布的《上海市新型基础设施建设项目贴息管理指导意见（2024年版）》（简称《指导意见》），无疑为上海的“新基建”发展提供了强大的动力。这一政策不仅为上海的经济发展提供了有力支持，也为广东提供了借鉴经验。

上海的贴息政策具有指向性强、可行性高的特点。政策明确规定了贴息的范围、方式和标准，使得符合条件的项目能够及时获得资金支持。同时，

政策还鼓励合作银行建立优惠利率信贷资金，总规模达到1000亿元以上，进一步降低了项目的融资成本。这种精细化的政策设计，使得政策效应能够最大限度地发挥出来。广东并没有发布直接针对“新基建”的资金扶持政策，在制定相关政策时，可以借鉴上海的做法，根据自己的具体情况，制定适合本省的政策。上海、广东在“新基建”资金扶持方面的部分政策如表3-4所示。

表3-4　上海、广东在“新基建”资金扶持方面的部分政策

政策文件	发布时间	相关说明
《上海市新型基础设施建设项目贴息管理指导意见》	2020年8月	鼓励合作银行建立上海市新型基础设施建设优惠利率信贷资金，总规模达到1000亿元以上，重点支持新网络、新设施、新平台、新终端等四大领域
《广东省推进新型基础设施建设三年实施方案（2020—2022年）》	2020年10月	初步汇总了700多个项目，总投资超1万亿元。经测算，预计2020—2022年至少完成投资约6600亿元
《广东省省级财政专项资金管理办法（修订）》	2023年4月	专项资金严格按照“先定事项再议经费，先有项目后有预算，先有预算再有执行，没有预算不得支出”的要求管理
《上海市新型基础设施建设项目贴息管理指导意见（2024年版）》	2024年2月	鼓励合作银行建立上海市新型基础设施建设优惠利率信贷资金，总规模达到1000亿元以上，重点支持新网络、新算力、新数据、新设施、新终端等五大领域

资料来源：根据公开资料整理。

此外，上海的贴息政策还注重与产业发展相结合。政府支持“新基建”与先进制造业、现代服务业等领域的结合，从而促进产业结构的优化和创新。这种产业融合的做法，不仅能够提升“新基建”项目的经济效益和社会效益，还能够促进产业协同发展。政府通过提供贴息等政策支持，降低了项目的投资风险和市场准入门槛，激发了市场主体的积极性和创造力。上海进一步加大贷款利率优惠幅度，由原来的“5年以上贷款利率不高于4%”调整为

“5年期LPR减70个基点以上”，通过浮动利率确保其优惠幅度不会随利率下调而缩小，此番调整后5年以上优惠贷款利率将不高于3.25%，贴息后实际利率为1.75%～2.25%，可为“新基建”企业进一步降低融资成本。上海将扩大享受最高1.5个百分点贴息补助的支持范围，在延续中小微企业、新终端项目享受1.5个百分点最高贴息标准的基础上，加大对五大新城、南北转型地区等重点发展区域的政策倾斜力度，区域内符合要求的项目均享受1.5个百分点的最高贴息标准。此外，《指导意见》将对相关产业链带动作用明显的数据中心建设项目纳入贴息范围，通过“以需促研”带动算力产业发展；上海为扩大政策惠及面，将“新基建”项目申报的投资门槛由原来的1亿元调整为5000万元，从而保障更多优质项目能够享受贴息政策；合作银行也新增1家，增加至14家。对于广东推进城市基础设施现代化发展而言，上述措施提供了许多可借鉴的经验。

第四章
广东省现代化基础设施建设思路与对策建议*

作为改革开放前沿阵地，广东省一直致力打造现代化、智能化、绿色化的基础设施体系，以适应新时代的发展需求。广东省应遵循“高起点、高标准、高效能”的发展思路。首先，要高起点规划，结合广东省的地理特点、经济布局和社会发展需求，制定科学合理的基础设施建设规划，确保各项建设有序推进。其次，要高标准建设，采用先进的技术和设备，确保基础设施的质量和性能达到国际先进水平。最后，要高效能管理，建立健全基础设施管理体系，提高设施的运行效率和服务水平，确保人民群众享受到优质的基础设施服务。本章从广东省现代化基础设施建设思路、重点领域、空间布局、对策建议四个方面进行探讨。

第一节　建设思路

以高质量发展为核心，以新发展格局为重点，广东省要在全面深化改革、扩大高水平对外开放、提升科技自立自强能力、建设现代化产业体系、促进城乡区域协调发展等方面继续走在全国前列，在推进中国式现代化建设中走在前列。在新征程上，应敢担当善作为，为推进中国式现代化的广东实践作出更大贡献。

---

* 本章执笔人为暨南大学产业经济研究院杨宁、冯贺新。

一、政府引导、市场主导，助力广东省现代化基础设施建设发展

在广东省现代化基础设施建设推进过程中，应遵循“政府引导、市场主导”的原则。政府应扮演好制度设计者的角色，精心制定标准规范，强化跨部门、跨领域统筹协调能力，并通过激励机制和资金扶持，激发人才活力，为现代化基础设施建设奠定坚实的制度与政策基石。通过构建开放、多元、高效的投融资体系，吸引各类社会资本广泛参与，形成政府引导、市场主导、社会参与的共建共享格局。

在此基础上，还应勇于探索和实践现代化基础设施的长期可持续发展模式。这意味着要不断创新运营模式，优化资源配置，提升设施的使用效率和经济效益。通过引入先进技术和管理理念，推动现代化基础设施与数字经济、智慧城市等融合发展，为经济社会发展注入新动力。最终，构建一个充满活力、高效运行、持续发展的现代化基础设施体系，为实现经济社会的高质量发展奠定坚实基础。

二、着眼新质生产力，为广东省现代化基础设施建设激发活力

新质生产力已经逐渐成为促进地区经济繁荣发展的重要动力。广东省是改革开放前沿阵地，是国家发展的重要引擎，勇于开拓，勇于创新，因此在迈向现代化的征程上，广东省要更加注重形成新质生产力，为现代化基础设施建设注入强大的动力。新质生产力不仅意味着技术的革新和升级，更代表着思维方式的转变和制度的创新。通过引进和培育高端人才，加强产学研合作，不断提升自主创新能力，为基础设施建设提供有力的科技支撑。

基础设施建设不仅仅是为了满足当前的需求，更重要的是要引领未来的发展。通过创新，我们可以设计出更加先进、高效、智能的基础设施，满足未来社会和经济发展的需求。同时，创新也能够提升基础设施的质量和效益，实现资源的优化配置和高效利用，提升自主创新能力是广东省现代化基础设施建设的关键。自主创新是推动基础设施发展的重要力量，通过自主研发和技术创新，突破关键技术的瓶颈，推动基础设施建设实现跨越式发展。

这不仅能够提高广东省在全球竞争中的地位，还能够为全国甚至全球的基础设施建设提供技术支持和解决方案。

展望未来，广东省将继续着眼新质生产力的发展，不断创新基础设施建设的思路和方法，为全国现代化基础设施建设贡献力量。在新的历史起点上，广东省将焕发更加旺盛的活力，成为推动区域经济发展和社会进步的强大引擎。

三、拓展新型基础设施与传统基础设施建设融合场景

将新型基础设施技术（如信息网络、大数据、人工智能等）与传统基础设施领域（如交通、能源、水利等）进行深度融合，是为了创造出一个更加智慧、更加高效的基础设施体系。将新型基础设施技术应用于传统基础设施领域，可以显著提升这些领域的智能化水平。例如，在交通领域，通过智能交通系统的建设，可以实现交通流量的实时监测和调度，减少交通拥堵和事故；在能源领域，通过智能电网的建设，可以实现电能的优化分配和调度，提高能源利用效率；在水利领域，通过智能水网的建设，可以实现水资源的精准管理和调度，保障水资源的可持续利用。因此，新型基础设施与传统基础设施深度融合，是推动社会经济发展、提高人民生活水平、实现可持续发展的重要途径。从广东省各市来看，广州市在多个区域建设5G基站，提升城市网络覆盖水平，在交通领域推动智能化改造，建设智能交通管理系统。深圳市积极运用新型基础设施技术推动新型智慧城市的建设和发展，同时，还在交通领域推广自动驾驶技术，建设自动驾驶测试区。珠海市通过集成交通信号灯、监控摄像头、公交车GPS（全球定位系统）等多种数据源，提升交通管理的智能化水平。此外，珠海市还推动新型电网建设，提升电网供电可靠性和智能化水平。佛山市的“数字佛山”项目早在2011年就已经通过国家验收，为数字化技术在城市管理、公共服务等领域的应用与发展奠定了基础。

四、构建广东省现代化基础设施的持续高效运营新模式

2023年4月，《广东省省级财政专项资金管理办法（修订）》印发。在此背景下，广东省需要确立一个涵盖所有现代化基础设施项目的全流程和全周期管理体系。同时，以数字政府建设的推进为杠杆，优化信息软科学工程的建设、管理和维护方式，确保它们能紧密贴合实际需求，减少资源浪费。

此外，广东省需要建立一套重大工程项目建设评估与反馈机制，确保现代化基础设施建设项目的每一个环节都能被有效追踪和管理。协调各类现代化基础设施的建设，防止资源分散和低效重复，通过引导包括产业资本、金融资本和社会资本在内的多元资本，共同参与现代化基础设施建设，增强项目的财务稳健性。特别是要利用中长期贷款等金融手段，保障项目的持续融资能力。

广东省现代化基础设施建设的目标是实现“建设”与“使用”双向促进，将资源利用效率最大化。同时，通过这些重大基础设施项目的实施，广东省还可以培养和吸引更多优秀的工程师和技术工人，推动相关企业在市场竞争中不断壮大。

第二节　重点领域

结合《广东省国民经济和社会发展第十四个五年规划和2035年远景目标纲要》，探讨广东省现代化基础设施建设的重点领域，为优化并健全基础设施网络体系提供一定的参考，让新型基础设施发挥引领和带动作用，并与传统基础设施实现深度融合发展。

一、建设现代化综合交通运输体系

强化多向连通的综合运输大通道，完善便捷高效的区域交通网，建设世界级港口群，建设国际一流的航空枢纽，发展高品质的客货运输服务，加快

交通新技术新业态新模式发展，是广东省现代化综合交通运输体系的建设目标。因此，在现代化综合交通运输方面，广东省在铁路、高速公路、快速通道、港口群、机场群、客运枢纽、物流枢纽等方面重点建设。在铁路建设方面，共9个重点项目，包括连接不同城市的铁路线路，如赣州至深圳铁路、广州至清远铁路延伸至永州等，以及粤港澳大湾区城际铁路、粤东城际铁路等，旨在加强区域间的互联互通，提升区域铁路交通网络的密度和效率。在高速公路建设方面，共6个重点项目，包括广州经连州至临武（湖南）高速公路等，旨在完善公路交通网络，加强省际和省内的交通联系，促进区域经济一体化和人员、货物快速流通。在快速通道建设方面，共4个重点项目，主要是跨海或跨江通道，如深中通道、狮子洋通道等，旨在缩短区域间的通行时间，提高交通效率。在港口群建设方面，共13个重点项目，涉及多个港口的扩建、新建和航道工程，旨在提升港口的吞吐能力和服务水平，促进对外贸易和区域经济发展。在机场群建设方面，共11个重点项目，包括广州白云机场、深圳机场、珠海机场和湛江机场等的扩建和迁建工程，旨在提升机场容量和服务质量，满足日益增长的航空运输需求。在客运枢纽建设方面，共4个重点项目，包括广州枢纽能级提升工程、深圳西丽综合交通枢纽等，旨在打造集多种交通方式于一体的综合交通枢纽，提高交通系统的整体运行效率。在物流枢纽建设方面，共6个重点项目，包括广州、深圳、湛江等地的物流枢纽建设，旨在优化物流资源配置，提升物流效率，促进物流业发展。

二、构建高质量绿色低碳能源保障体系

在能源安全新战略的指导下，从供给、消费、技术、制度等层面进行全方位深化，加大对外交流与合作力度。因此，在能源建设方面，广东省在大力发展清洁低碳能源、完善能源基础设施网络、推动能源清洁高效利用等方面发力，重点建设以下工程：能源供应保障工程，共包括核电方面5个重点项目（建设惠州太平岭核电一期项目，新开工建设陆丰核电、廉江核电、太平岭核电二期等项目，推进铀资源保障重点建设工程），抽水蓄能方面5个重点项目，气电方面3个重点项目，清洁高效煤电方面2个重点项目；绿色低碳

能源工程，共包括7个重点项目（建设阳江沙扒、珠海金湾、湛江外罗等项目）；还有能源设施互联互通工程、应急储备设施工程、智慧能源工程。

三、建立现代化水安全保障体系

坚持水利改革发展的总体方向，深入推进广东水网建设，加强对涉水事务的监管，构建节约高效、保障有力、人水和谐、风险可控的水安全保障体系，以实现水利大省向水利强省的跨越。因此，在建立现代化水安全保障体系方面，广东省重点建设防洪排涝工程、供水保障工程、智慧水利工程及水文能力提升工程等配套项目。其中包括：约2000千米大湾区堤防巩固提升工程、大江大河治理工程（共5个项目）、中小河流治理工程（共3个项目）、1800千米生态海堤工程、病险水库（水闸）除险加固工程（共3个项目）、重点涝区排涝建设工程（共5个项目）、重点区域引调水工程（共11个项目）、重点水源工程（共6个项目）、大中型灌区续建配套与现代化改造、农村供水改革等。

四、建设全国领先的信息基础设施

在当今经济社会高质量发展中，信息基础设施已跃升为不可或缺的重要支撑，它不仅承载着广东省数字建设的重任，更是推动中国式现代化进程的关键引擎。随着时代的演进，信息基础设施战略地位日益突出，核心价值越发彰显，成为引领社会进步、驱动经济发展的核心力量。信息基础设施建设包括5G网络、大数据中心和物联网等三大重点领域。5G网络建设的重点领域包括提升5G网络覆盖率、5G基站数量、5G网络用户普及率以及扩大5G专网覆盖面等方面，大数据中心建设的重点领域包括优化数据中心建设布局、集约集聚建设数据中心等方面，物联网建设的重点领域包括提升物联网接入能力、推进物联网泛在感知设施部署等方面。

广东省建设全国领先的信息基础设施，不仅能助力数字中国建设和数字经济发展，精准满足各行各业及广大民众对高品质数字生活的新期待，还能塑造发展新动能新优势，进一步推动经济社会数字化转型，开启广东省数字化发展的新篇章。

五、建设世界一流的创新基础设施集群

在材料科学领域，需要建设一系列科技基础设施，这些设施能够提供同步辐射光源、自由电子激光、超短脉冲激光、中子、重离子等多种物质结构的探测手段，以推动材料科学的研究和发展；在生命科学领域，需要打造具备生命信息采集、存储、分析、处理、模拟等服务能力的科技基础设施，以便对从基因、细胞到组织器官的生命科学研究对象进行研究；在信息科学领域，需要建设以超级算力为支撑、未来网络环境为主要研究对象的科技基础设施，以推动信息科学的研究和发展；在海洋科学领域，需要加快建设科技基础设施，以应对深海能源与资源开发、环境监测、海洋灾害预警预报等南海海域主要科学任务；在能源科学领域，需要建设科技基础设施，以支撑新一代核能、天然气水合物等新能源的开发利用。

要在多个关键科学领域加快构建和完善科技基础设施，以推动这些领域的研究和发展，增强广东省的科技创新能力。

六、构筑国际先进的融合基础设施体系

融合基础设施建设重点领域主要包括基础设施智能化管理创新、智慧能源互联网建设、智慧交通与物流设施建设、智慧农业设施建设、智能绿色生态环保设施建设、智慧应急设施建设等方面。具体建设方向包括：提升数据收集和分析能力，创新组织架构和管理模式，加强安全风险管理，以强化基础设施智能化管理创新；构建高效能源网络，推动能源结构转型，加强能源市场体系建设，以建设智慧能源互联网；提升交通运行效率，推动物流数字化，促进多式联运发展，以建设智慧交通与物流设施；提升农业信息化水平，促进农业智能化装备的研发和应用，加强农产品质量安全监管，以建设智慧农业设施；构建生态环境监测系统，推动生态环保设施的智慧化改造，加强生态环保宣传教育，以建设智能绿色生态环保设施；构建全面覆盖的应急感知系统，提升应急指挥调度能力，加强应急物资储备和调配，以建设智慧应急设施。

第三节　空间布局

广东省坚持以供给侧结构性改革为主线，充分发挥“先行官”的职能，全方位提高基础设施的整体服务能力，保证基础设施建设符合经济社会发展和国防建设需求，构建系统完备、高效实用、智能绿色、安全可靠的现代化基础设施体系。

广东省要以《广东省国土空间规划（2021—2035年）》为依托，着力构建“一核一带一区”区域发展格局，形成平衡、高质量的现代化基础设施体系。统筹推进新型基础设施和传统基础设施建设，持续提高基础设施绿色化、智能化和数字化水平，构建现代化基础设施支撑系统。根据各个地区现代化基础设施布局中存在的问题，将各市社会发展阶段、发展水平和发展方向进行全面分析，并将城市财政状况等现实条件与城市发展需要相结合，对现代化基础设施进行差异化空间配置，促进教育、医疗、文化、体育等公共服务资源的均衡分配。综合考虑各省级中心城市对人口的实际服务需要，强化大都市区高层次现代化基础设施建设与空间储备，形成支撑全省人口发展的重要载体。

一、珠三角地区，依托政策优势加速基础设施一体化建设

珠三角地区应当打破地域界限，进行整体规划，将各种资源进行整合，通过省、市合作，加速珠三角基础设施一体化建设。同时，也要与粤东、粤西、粤北地区，以及港澳地区相结合，使交通、能源、水利、信息等基础设施对整个地区的社会、经济发展起到更大的支持和推动作用。

第一，构建完善发达的交通运输网络，建成贯通全省、畅通国内、联通全球的一体化运输体系。首先，构建区域性的综合运输网络。健全珠三角铁路枢纽结构，加强高铁、城际铁路和城市轨道交通的有效连接，实现多网络综合利用。推进广州、深圳等中心城市轨道交通向周边城市延伸，强化珠

三角中心城市与周边地区轨道衔接，实现跨区域交通便捷连通，提升整体经济活力。其次，加大对外运输通道建设力度。推进粤港澳大湾区世界级空港群发展，积极推进广州、深圳等国际枢纽港及国际航空枢纽的发展，建成广州和深圳两大国际综合运输枢纽，充分利用大湾区核心引擎功能，促进与相邻各国及区域的沟通。推动粤港澳大湾区快速轨道交通网络发展，进一步优化珠江口岸结构，加强与香港和澳门轨道交通走廊及港口建设，进一步优化大湾区轨道交通枢纽布局。最后，为智能运输技术发展提供技术支撑。加强5G、北斗、人工智能等新科技与道路路网的深度结合，构建跨地区交通信息系统，形成有效的数据资源共享与协同控制机制，对于促进珠三角地区的智慧城市建设、增强城市综合竞争能力具有重要意义。

第二，进一步改善珠三角的水资源供应体系，实现多水源协同供应。首先，从总体上看，以实现水资源的合理分配为目标，加速构建“五纵五横”的水利规划主干网络，健全“一核一带一区”的水资源分配模式。加快建设珠三角调水等重大工程，推动珠中江流域综合调水等重大工程的前期论证工作，提升珠三角区域应对供水安全风险的综合水平，完善珠三角多水源补充供应模式，提升珠三角区域应对城市用水安全风险的能力。其次，对防洪排涝进行合理规划，提升洪涝灾害防御能力。加大对东江、西江、北江、韩江、鉴江等大型河流综合治理力度，推进珠江三角洲治理和河口区治理等重点项目，开展大湾区堤防巩固提升工程，推进中小河流治理、病险水库（水闸）除险加固、堤防（含海塘）达标加固等重点工程。在此基础上，进一步优化珠三角智能水利规划。以站点网络为支撑，以水循环为主线，利用5G和大数据等技术，实现水安全、水环境、水生态、水管理等多维有效的监控，推动我国智慧水利建设高水平发展。

第三，率先布局新型基础设施，强化珠三角核心引擎功能。首先，立足珠三角城市群发展优势，重点建设广深港、广珠澳科技创新走廊和环珠江口现代服务业集聚区，推进产业组团发展和产业重大平台建设，重点保障物联网、工业互联网、云计算、区块链等信息基础设施建设空间，加快推进光纤网络、5G网络和数据中心建设，促进传统基础设施数字化升级改造，提升广东省在全国甚至全球新型基础设施建设中的主导地位。其次，强化广深“双城”联动，充分发挥两地在5G建设、工业互联网应用等方面的政策优势，将科技创新作为重点，协同配合、高标准推进新老基础设施建设，支持两地协同布局重大科技基础设施，使广深成为原始创新和国际领先技术创新的高地，协同珠三角核心区积极培育发展十大战略性支柱产业和十大战略性新兴产业集群。

二、沿海经济带，立足能源优势闯出协调发展新路

作为“一带一路”倡议中的一个重大节点，沿海经济带是国家融入世界经济的中心地带，区位优越，资源丰富，粤东、粤西地区基础设施建设具有独特的发展优势和强劲的发展潜力。

第一，充分利用沿海地区的能源资源，促进能源基建的多样化发展。要充分发挥海洋在高质量发展中的重要作用，建设一个现代化的沿海经济走廊。首先，以科学、有序的方式发展中海上风电，并对其进行深入研究，推动粤东、粤西千万千瓦级海上风电基地建设，优化海上风电布局，形成世界级风电基地。其次，扶持具备条件的城市加速开展海洋能、波浪能等能源调查与试验研究。最后，开拓深海空间，与港澳及周边省市开展海上资源保护和开采，以深海油气资源和矿产资源为主，积极参加世界范围内的海上资源勘探，对江门、阳江、茂名和湛江等地的深海矿产资源进行有效开采。

第二，加快汕潮揭都市圈、湛茂都市圈建设，形成东部、西部沿海经济增长极。要充分发挥汕头和湛江两大省级副中心的带动效应，强化沿海各市现代海洋城市整体职能，推动海洋特色产业集聚集约发展，扩大新兴产业储备发展范围，着力培育海洋油气化工、海洋旅游、海洋清洁能源、海洋生物等千亿级以上海洋产业集群，统筹推进现代海洋产业集聚区、沿海产业平台建设。推动粤东、粤西地区与珠三角沿海区域在科研等方面的合作，以海洋资源为基础，构建高水平海洋高新技术成果转移和产业化基地，形成高品质的海洋工业发展示范区，为“海上新广东”提供有力支撑。

第三，充分发挥汕尾和阳江战略支点功能，推动其与大湾区充分融合。

首先，汕尾和阳江是珠三角工业发展的主战场，也是高端制造业的重要发展区域，应该利用自身的资源优势，加速打造世界一流的风力发电产业和清洁能源研发中心，着力解决一些重要的科技问题。其次，加速汕尾沿海大通道（如广汕汕高速铁路）及汕尾港口建设，以深汕特别合作区为中心，谋划建设汕尾海洋渔业、海洋科技、能源设备等生产基地，使其成为珠江东部地区的主要承接区域。加速推进阳江深茂铁路线及阳江港口建设，以海陵岛经济开发试验区和高新区为重点发展平台，集中发展新能源装备、不锈钢、汽车零部件等先进的临港制造业，将其建成珠江西部地区的主要承接区域。

三、北部生态发展区，立足生态优势统筹基础设施建设

在广东省的发展中，粤北地区属于生态发展区。根据自身的功能和区位优势，加速推进相关配套基础设施建设，是推动粤北地区高质量发展、加速融入粤港澳大湾区的重要举措。

第一，加速完善运输网络，增强与珠三角地区的联系。首先，加速京港澳和粤西北部国家级和区域性通道建设，健全广东省“三横六纵两联”骨干路网结构，并加速建设韶关和梅州等粤北区域性综合枢纽，提高其整体运输能力。其次，粤北地区应充分发挥广州都市圈中清远市部分城区地理位置优势，把握广东省政府对于广州都市圈的政策支持作用，加强与广州等周边城市的交通连接，推进粤北高铁、高速公路、港口等多种运输方式协同发展，打造粤北地区交通枢纽。进一步谋划北部生态发展区东西向高快速铁路通道布局，补齐北部地区横向交通联络的短板，加快形成全域“三小时经济圈”，为粤北地区与珠三角地区融合发展提供基础支撑。

第二，抓住发展“新基建”的契机，努力构筑绿色工业体系。首先，北部生态发展区坚持生态优先、绿色发展，对新型基础设施进行整体布局规划，建立现代农业产业园、独特的工业产业平台，重点打造以生态农业、绿色工业、生态旅游为主的生态产业。其次，以珠三角中心城市为中心，向全国辐射，推动粤北地区和珠三角地区共同创新，共同建设产业平台。着力打造韶关国家老工业城市和资源型城市产业转型升级示范区、深河产业共建示

范区、梅兴华丰产业集聚带、云浮氢能源与金属智造产业基地。以绿色环保为依托，大力发展新能源，加快发展能源供给体系，加快构建金属制造、信息技术应用创新、氢能、生物医药、现代农业、文化旅游、现代物流等七大特色产业集群。

第四节　对策建议

广东省现代化基础设施建设已走在全国前列，在总量上占据较大优势，但是在建设质量上存在较大的提升空间。为此，综合前文对广东省现代化基础设施建设历程、现状与问题及国内外成功经验的分析，本节针对广东省系统布局现代化基础设施建设提出以下几点建议。

一、统筹协调基础设施建设规划，形成全省发展“一盘棋”

完善政策体系。一是省有关部门要按照本省的基本情况，进一步细化工作任务和工作计划，健全工作体制，落实工作职责。要按照中央和省有关部门的要求，尽快制定重大工程领域的专项规划，研究制定资源、生态环境和工业等方面的支持政策和措施，加快推进重大工程组织实施。二是创新政策支持体系。不同于传统基础设施，现代化基础设施正向以信息网络为基础、以新兴技术为引领的基础设施体系发展，省政府应当围绕高质量发展这一主线，以构建系统完备、高效实用、智能绿色、安全可靠的现代化基础设施体系为目标，通过深入的科技与体制创新，根据各类设施的阶段性特征，确定适宜的发展方向与演化途径，为建设现代化国家奠定坚实基础。

加强统筹协调。现代化基础设施的发展涉及多个领域、多种设施、多方主体，各主体间应加强沟通、密切配合，形成建设规划实施合力。一要建立分管市领导为班长的基础设施建设工作专班，及时召开调度会议，聚焦解决推进过程中存在的问题，加快推动有关事项落实。在规划纲要的实施过程中，要注重对新的情况和问题进行研究，并对新的经验进行归纳和总结，要从目前最迫切、最突出、最重要的问题出发，切实采取相应对策，为项目的成功执行奠定坚实基础。二要加大对规划执行工作的追踪与分析力度，对各方面工作的执行情况及相关政策措施的执行情况进行监督、检查。各地要定期对规划执行工作进行总结，并向省级人民政府报告。健全社会监管体系，使市民能更好地参与规划的执行与监管。三要加快建设一个省、市、县上下贯通，部门联动，安全可靠的国土空间基础信息系统，实现与全国各部门、省政务大数据中心的互联互通，促进各部门间的数据交流及政府和社会的交流。

二、统筹推进深层次改革，改造升级传统基础设施

推进广东交通高质量发展。一是以大都市区为中心，建设具有韧性的区域中心城市系统。加强广东国家中心城市和区域中心城市的布局，加强城市运输网络的布局，注重各种运输站点和运输模式的有机结合，构建“世界—国家—区域”三级运输网络系统。二是在国省干线上，以大湾区为纽带，将粤东、粤西、粤北联通起来，推进新型城镇化，畅通国省干线，使国省干线“县县通”。重点支持粤东、粤西、粤北地区省道低等级路段升级改造，增强县域干线的辐射能力，实现“镇镇通”目标。在乡村道路建设上，实施“四好农村路”建设，实施通行政村公路单改双工程，使乡村交通状况得到进一步改善。三是遵循负债与偿还能力相匹配、尽力而为、量力而行的原则，加大负债融资力度，加大对融资渠道的运用力度，加大对交通基础设施的投入力度，加大对社会资本的投入力度。鼓励多样化的投资主体，根据水路、铁路和公路等交通工程的特性，更多以市场化方式参与到项目中来，促进我国的社会筹资方式更加合理地发展。

加速广东能源结构转型。一是推进能源行业的大型装备更新换代，推进产业向高端化、智能化、绿色化方向发展。有序推进风电和光伏发电设备的更新及淘汰。与全国发布的新能源效率标杆和基准价对比，摸查先期建设的陆上风电和光伏项目，推动既有项目的淘汰与更新，提高其装机容量、发电效率和经济效益。二是加速充电设施的智能升级。继续完善广东充电基础设

施系统，围绕“两区”（住宅、办公区域）和“三中心”（商务、工业、娱乐），大力发展超级充电桩、智能有序充电桩等，促进60千瓦及以下既有充电桩的改造与升级。三是稳步实施“三农”综合整治行动。继续加强对乡镇电力设施设备的改造和规范化建设。加快乡村电网的数字化、智能化，加快建设智能配电站、智能变电站、智能台架变压器等工程，提升农村地区配网自动化覆盖率，加快韶关、梅州和揭阳等地市13个自主供电地区电力系统的改造工作。提高新能源消纳能力，加速电网转型，确保实现分布式光伏“应并尽并”。

加强水利建设深化改革。一要加强流域水环境监测网的建设，提高流域水资源节约集约利用水平和保障能力。要加强对用水总量和水量的双重控制和动态监测，加强对地下水的动态评估和预警，严格执行地下水控制指标。在此基础上，加强对流域水资源监控大数据的分析与利用，为我国用水安全、生态环境安全提供科学依据。二要完善防洪排涝体系，提高城市积水的预警水平。按照“源头减排，管网排放，蓄排并举，超标应急”的思路，提高防汛工作的整体管理水平。加强防汛抢险的日常维修工作，在汛期进行全面的安全隐患检查与治理，对排水设施进行清理、维修，实施防洪“联排联调”，提高防汛抢险救灾能力。以广州和深圳为典型案例，开展城市积水致灾机理研究，揭示城镇化对产流因子的作用机理。构建并优化城市内涝预测与预警模式，为“海绵城市”的发展提供技术支持，为城市内涝灾害的预测与预警提供科学依据。三要推动智慧水利项目的实施，实现信息化。重点突破“天空地”一体化水文要素监测技术、基于大数据的智能化水文预报预警技术、水量水质水环境安全预警技术等。开展重大科技装备的研发和应用研究，建立水利新工艺和新装备的实验基地，推动新技术和新装备的转化和应用。在粤、澳等地高校增设有关水文方面的专业，并在此基础上，培育由水文专家组成的高层次创新团队和在世界上有竞争力的年轻技术人才。

三、加快信息基础设施建设布局，夯实新型基础设施建设根基

加快5G网络建设步伐。一要加速关键区域的千兆网络改造，提高居民小区千兆光网的覆盖率，推动“千兆网”接入居民家庭的终端。加快推进“千兆城市”试点工作，鼓励通信运营商在城区和重点乡镇配置10G-PON光线路终端，并开展支持千兆业务的家庭和企业网关（光猫）设备升级工作。二要围绕乡村振兴的目标，进一步打牢农村互联网的根基，指导运营商加大对农村的投资力度，以700MHz 5G网络为突破口，把5G网络的覆盖范围扩大至农村。三要围绕5G在各行各业的实际应用，加快5G在各行各业的推广，建立更多安全可靠的新型大数据中心，扩大大数据的存储与计算容量，为大数据、人工智能等新兴技术的发展提供支撑。通过建立5G基站，实现多个运营商的共同使用，避免重复建设，降低5G基站的建设费用。

加快物联网建设步伐。一要从国家的战略高度研究物联网的发展方向，围绕感知、传输、处理、存储、安全等关键领域，加强对关键核心技术的研究，提高其有效供给能力；推动骨干企业加强对关键核心技术的研究，提升物联网领域在芯片、元器件、传感器、中间件、物联网操作系统等方面的研究开发水平。二要培养一批技术领先和资源整合能力较好的企业。鼓励和支持企业、科研院所、高校等建立物联网技术孵化与创新基地，使其形成有效的产业链，推动成果转化与工程化应用。同时，发挥企业、科研院所、高校在技术攻关、成果转化方面的创新主体作用，深化产学研联合创新，促进物联网规模化、集约化发展。

加快工业互联网建设步伐。一要围绕产业互联网发展的关键环节和薄弱环节，对边缘计算、人工智能等前沿技术进行系统性布局，开展工业软件等相关领域的应用研究，以“卡脖子”问题为突破口。二要以行业需求为导向，引导重点行业和重点企业加大对工业互联网应用的投资，扩大工业互联网应用领域，促进与之相适应的融合应用。三要加速构建覆盖全国、地方和企业三级的工业互联网安全技术防护系统，并推动企业强化基于工业互联网的安全技术研究与应用，确保其在发展过程中的安全性和可持续性。

四、构建完整创新生态系统，推动创新基础设施高质量发展

健全科技创新平台制度。一要加快建立科学定位、层次分明的实验室系统，主动申报并加快推进广东省重点实验室的创建工作。围绕广东重大战略需求，引导高校、科研院所的科研活动与广东产业发展及民生需求相结合，在智能制造、绿色制造、新材料、新一代信息技术、生命健康等领域建立一批国家重点实验室，引导一批行业龙头骨干企业开展具有行业代表性、技术前瞻性的关键共性技术研究攻关，建设一批企业国家重点实验室，稳步落实国家重点实验室倍增计划，推进全省重点实验室提质培优。二要支持骨干企业、高校和科研院所牵头成立跨行业的产业科技创新联盟，同时要健全产业科技创新联盟的合作与利益分享制度，为整个行业建立起产学研合作的创新平台，提高产业链的核心竞争力。推动符合标准的行业协会通过市场机制发起并成立相应的投资基金，支持其主导或参与国家科技发展规划和重大科技计划等的执行工作，促进行业协会的培育和发展。

统筹规划先进算力架构。一要合理整体地推动以智算中心、数据中心、超算中心、边缘数据中心等为核心的新型计算中心建设，发挥园区优势，对广东省内计算资源进行集中调配，提高广东省整体计算能力。通过对新型计算能力的系统性规划，为人工智能和区块链等新兴技术的发展提供支撑。二要加快芯片计算、人工智能大模型、新一代存储、大带宽、低延迟等计算、存储和传输技术的研究和开发，并有针对性地开放与人工智能和区块链相关的应用场景和数据，加强人工智能、区块链等新技术的研究，并推进实施中长期科技计划，提高综合算力的技术支撑能力。

五、聚焦重点领域，全面推进融合基础设施建设

推进融合基础设施系统互联互通。一要建设快速联通的信息传送网，促进各方面基础设施联通。融合基础设施的根本在于“网”，要充分发挥现代信息技术网络化和互联化特性，高效且安全地将各个行业、各个领域的基础设施连接起来，使之能够高效地联通，从而带动各种生产要素的高效互联，

推进整个基础设施系统的高质量发展。二要逐步实现跨区域联通。比如，在工业方面，要构建高可靠、广覆盖、大带宽、可定制的工业互联网网络，推动各种工业设备高效互联，从而达到提质、降本、增效的目的。在能源方面，要建立多能互补的能源网络，构筑强大的能源互联网，推动整个能源产业自主创新能力的提升。在环境保护方面，要提高对整个生态环境的监测与处理效能，为环境问题的处理工作提供可靠的依据。

加速融合基础设施体系信息化建设。智能化是当今信息技术发展的主流趋势，综合互联网、物联网、移动通信、云计算等相关领域的科技成就，通过建立智能计算能力体系、部署智能计算设备，实现基础设施中数据信息的传感融合与智能计算，显著提高工作效能。通过构建普适型传感终端，采集监控系统运行的各种数据，将其汇总并用于训练各种智能算法，从而实现辅助决策、自动运行、预报预警等智能功能，促进各种基础设施的智能化升级。

加快推进融合基础设施体系服务化。一要以人民为中心，以需求为导向，以应用为主线，推动十大智能工程建设，丰富各个智能工程平台的资源，加强其功能，增强实用性、完备性、适应性和融通性，让科技为人民服务，向智能化方向发展。打破传统的空间约束，利用新兴技术推动地区间的平衡发展，健全社会公平保障体系，实现优质医疗和教育等民生服务的均衡。二要把重心放在教育、医疗等民生领域，把智慧教育的线上和线下环节结合起来，推进5G技术在医院等场所的应用，加速远程医学及智慧医院的发展。在此过程中，要让更多的人受益，建立起一套较为完整的智慧农业农村设施体系，实现边远乡村宽带网络的覆盖，通过信息技术弥补农村基础设施和公共服务设施的不足，从而推进数字乡村建设，促进乡村振兴。

加快推动融合基础设施协调发展。注重信息技术与传统基础设施的结合与协调发展，就是要将信息技术充分地运用到传统基础设施中，以信息技术为基础，推动社会基础设施互联互通，为实现经济社会的数字化转型提供强有力的支持。比如，在工业方面，促进制造业系统和工业互联网融合发展，以信息化和智能化改造推动传统产业转型升级，实现质量的提升。在交通方面，通过加强车辆与道路之间的协作，将道路感知、车辆行驶等数据进行融合，促进智能路网与智能网联车协同发展，构建城市级别的智能道路网络。

六、培养复合型高端人才，强化广东省新型基础设施建设

加快人才引育步伐。一要继续深化产学研结合，以“珠江人才计划”和“广东特支计划”为重点，加强领导人才引入和人才队伍建设。支持南方科技大学、中山大学、华南理工大学等重点大学和龙头企业、科研院所建立健全工业领域的人才培训机制，并指导高职学校加强与“新基建”有关的专业人员培训，促进从实验室到大市场的转化创新，加快推动科技成果就地转化。二要增强与产业的联系，建立基于技能的课程，打破各学科之间的界限，建立促进多学科交叉融合的平台，指导学生在“新基建”项目中选择有关的专业及职业，并以此为重点，加强对现代化基建尤其是“新基建”项目的人才培养。

营造更具竞争优势的发展环境。一要加强科技创新园区的硬件建设，提高园区的公共服务水平，改善园区的生活条件，为人才创造宜业宜居的发展环境。二要加大对人才的政策扶持力度，在户籍、住房、子女教育等各方面给予相应的优惠，切实解决人才在住房、子女教育、父母养老等方面的实际问题，尽最大可能减轻他们的生活压力，让他们安心、放心。三要推进科学技术制度变革，破除限制科研人才进行科学实践的条条框框，使他们能够充分发挥自己的创造力，全身心地投身科学研究，从而增强他们的获得感、责任感和归属感，真正做到“稳得住”“留得下”。

七、加大财政支持力度，加快广东省现代化基础设施建设布局

加强对现代化基础设施建设投资的扶持。一是要统筹好各种财政支持资金，建立现代化基础设施专用资金，支持公益事业和产业集聚等方面的工作，把资金落实到位、用到刀刃上。二是要强化省级和国家级新型基础设施投资基金的导向功能，支持重点领域和重点工程的创新发展。

创新现代化基础设施建设投资方式。要充分发挥财政资金的导向和带

动作用，通过建立专门的现代化基础设施建设项目，指导金融机构积极投入现代化基础设施建设，支持高校、科研机构和企业等多种力量共同投入现代化基础设施建设，充分发挥财政资金的放大效应。通过产业引导基金、担保基金和信托基金等多种形式，持续吸引各类资本进入现代化基础设施建设领域。鼓励地方政府通过国债等方式对当地现代化基础设施建设进行投资。

执行有关现代化基础设施建设的优惠措施。制定税收优惠、财政补贴等支持现代化基础设施建设工程的配套措施。持续实施包括研发费用加计扣除在内的税收优惠政策，鼓励企业增加研发投入。

专题篇

第五章
广东省传统基础设施建设*

《国家发展改革委关于切实做好传统基础设施领域政府和社会资本合作有关工作的通知》（发改投资〔2016〕1744号）提出，传统基础设施领域包括能源、交通运输、水利、环境保护、农业、林业、重大市政工程等七大领域，这七大领域基本属于经济基础设施领域，即政府为促进经济发展而提供的公共服务。《"十四五"广东省城市基础设施建设实施方案》指出了传统基础设施在促进区域协调发展、支持新型城镇化和构建现代化体系等方面的关键作用，并针对当前存在的问题提出了加强基础设施建设、推动能源结构优化、升级水利设施、智能化改造电力系统等改进建议。本章对近年来广东省传统基础设施建设的基本情况进行梳理分析，并相应提出广东省传统基础设施建设的对策建议。

第一节　广东省传统基础设施建设现状

一、交通基础设施分布广泛，发展迅速

1.道路交通网络密集，改建扩建速度加快

广东省公路交通网络发达，拥有密集的高速公路网、国道、省道等，连接着省内各市、区和邻近省份。

截至2022年，广东省公路通车总里程达223081千米（见图5-1）。具体来

---

* 本章执笔人为暨南大学产业经济研究院唐子鸿。

看，2023年建成15项高速公路项目，其中新增1条通广西的出省通道，全省高速公路通车总里程达11481千米，连续十年居全国第一，早在2015年就实现了“县县通高速”的目标。2023年普通国省道49项建成通车，全年新改扩建里程约1051千米，全省国道通车总里程达13710千米，省道通车总里程达18066千米。

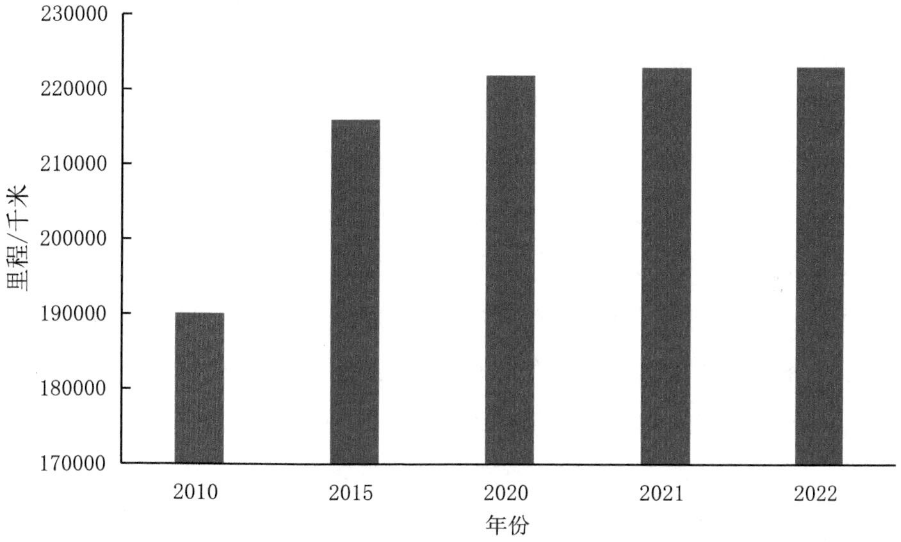

图5-1　广东省公路通车里程

数据来源：《广东统计年鉴2023》。

从运营情况来看，2023年旅游业复苏，出行需求大规模释放，车流量相较2022年飞速增长。整体分析，广东省高速公路网车流量累计约26.58亿车次，日均约728.22万车次，同比增长20.54%。其中，客车车流量约21.12亿车次，日均约578.62万车次，同比增长25.19%；货车车流量约5.46亿车次，日均约149.65万车次，同比增长5.51%。2023年广东省高速公路网在平均流量、峰值流量等方面都创造了新的纪录。

从道路质量来看，广东省六车道及以上高速公路总里程超5000千米，位居全国首位。广东省正在全力推进部分高速改扩建项目，这些高速改扩建项目基本都是按照双向八车道及以上标准建设，在珠三角地区，大部分高速改扩建项目甚至按照双向十至十二车道建设。此外，广东省还拥有一些重要的跨海大桥，比如港珠澳大桥和深中通道，它们加强了广东省与香港、澳门的连接。

2.铁路交通布局完善，技术水平先进

从铁路网络规模来看，截至2023年，广东省铁路运营里程为5736千米，城市轨道交通运营里程为1373千米，居全国第一。铁路线路布局完善，主要呈现南北纵向和东西横向的特点。南北方向的主要干线包括广深铁路、京九铁路、广珠城际铁路等，连接了广州、深圳、珠海等省内重要城市和北京、上海等城市。东西方向的主要干线包括广湛高铁、梅汕铁路等，连接了珠江三角洲地区和粤西地区，促进了沿线地区的经济发展和人口流动。此外，广东省还有多条支线和连接线路，形成了密集的铁路网。

从运营情况来看，2022年广东铁路客运量达到17714万人次，货运量达到9374万吨。2023年4月1日全国铁路启用新的列车运行图，优化了部分广州、深圳开往香港西九龙动车组列车的开行时间，同时，广州南站往返香港西九龙站的列车由之前的28列增加至38列，这一措施提升了铁路客运的便利性和舒适度，进一步促进了广东省和香港的交流与合作。

从技术水平来看，广东省铁路基础设施在技术上保持着较高的现代化水平。在铁路轨道方面，广东省的铁路线路采用了先进的高速铁路技术，部分线路实现了时速350千米的高速运行，如广深港高速铁路等。这些线路采用了先进的轨道技术和工艺，确保了列车的运行安全和舒适度。在铁路车辆方面，广东省引进了大量的现代化动车组列车，如CRH380A型动车组等，这些列车具有高速、节能、舒适的特点，能够满足不同客运需求。在信号系统方面，广东省的铁路采用了先进的列控技术和信号设备，实现了列车运行的精准控制和安全保障。

从投资建设来看，2023年广东省新增了广汕高铁和汕汕高铁，其中广汕高铁项目西起广州新塘站，途经惠州、深汕特别合作区，东至汕尾站，线路全长202千米（其中汕尾市境内正线长度34.3千米），批复总投资438亿元；汕汕高铁项目起于广梅汕铁路汕头站，途经揭阳，终于广汕高铁汕尾站，线路全长162千米（其中汕尾市境内正线长度69千米），批复总投资为288亿元。

2010年广东省的高铁运营里程在国内省份中已经位于前列。2010—2022年，广东省的铁路运营里程稳健增长，虽然增速不是最快的，但增长速度保持在一个相对稳定的水平。

3.水路交通建设力度加大，运营保持稳定高效

广东省拥有包括枢纽港口和地区性重要港口在内的多个港口，其中：枢纽港口共有5个，分别是广州港、深圳港、湛江港、珠海港和汕头港；地区性重要港口共有9个，分别是潮州港、揭阳港、汕尾港、惠州港、虎门港、中山港、江门港、阳江港和茂名港。这些港口航线通达全球100多个国家和地区，是进出口贸易的重要门户。除了海港之外，广东省还拥有广泛的内河航道网络，主要河流包括西江、北江、韩江、东江等，为运输货物和原材料提供了重要支持。

从建设情况来看：在江河湖泊方面，广东省加大了对主要河流的治理和保护力度，通过疏浚和清淤等工程提升水域的通航能力；在航道方面，广东省持续进行航道维护和管理工作以确保航道畅通，提高水路运输的安全性和效率；在码头和港口方面，广东省积极推动现代化港口建设，引进先进的装卸设备和管理技术，提升港口的运营效率和服务水平。

从运营情况来看，广东省主要河流和水域保持畅通，各大港口码头设施完备、运营高效，这为广东省水路交通的发展提供了可靠支持。2022年全省水路客运量达到47502万人次，货运量达到364189万吨。2023年全省港口货物年吞吐能力达到22.15亿吨，集装箱年吞吐能力达到7209.26万标准箱。

从水路安全保障来看，广东省的水域交通管理严格，在水上交通事故处理方面，建立了应急响应机制和联合救援系统，加强了事故处置和救援能力，有效减少了事故损失。同时，广东省还加强了水上救援队伍建设，提升了救援能力和效率，确保了水域安全。

广东省内河通航里程历年变化如图5–2所示。

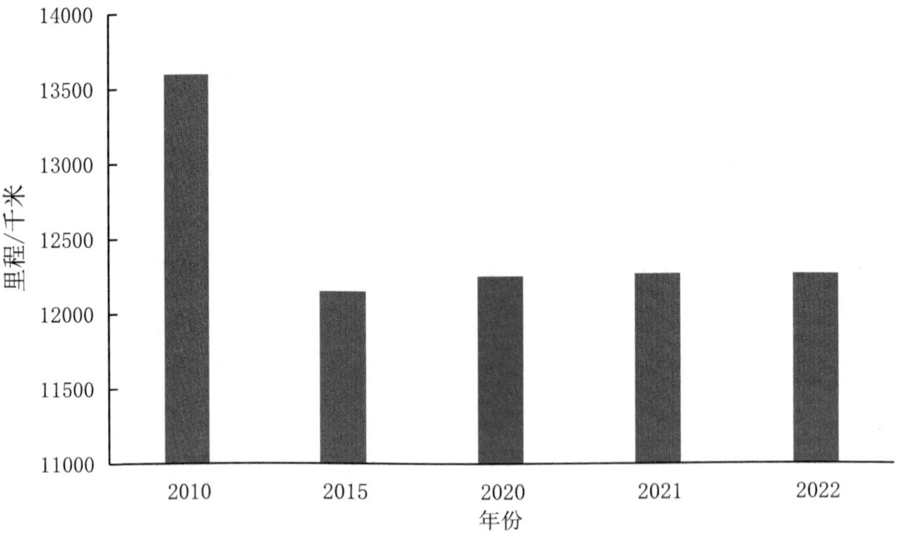

图5-2　广东省内河通航里程

数据来源：《广东统计年鉴2023》。

4.航空交通不断完善，部分机场运营能力大增

广东省共拥有20个国际机场和国内机场，其中广州白云国际机场、深圳宝安国际机场、珠海金湾机场等规模较大且设施完善，是国内外航班的重要枢纽。

从建设情况来看，近年来广东省不断完善和扩建现有机场的设施，提升服务水平和旅客体验，比如2020年9月正式开工的中国民航历史上规模最大的改扩建工程——广州白云国际机场三期扩建工程，总投资为537.7亿元，计划于2025年建成投产。此项工程完工后，广州白云国际机场将实现3座航站楼、5条跑道运行，广州白云国际机场年旅客吞吐能力可达1.2亿人次，货邮吞吐能力可达380万吨，客货吞吐规模将在全球处于领先地位。广东省还积极拓展航线网络，开通多条国际航线和国内航线，加强与世界各地的联系。

从运营情况来看，2023年广东省民航机场旅客吞吐能力达2.4亿人次，多年居全国前列，其中广州白云国际机场2023年累计接送旅客突破6300万人次，位居全国机场年旅客吞吐量榜首位置。

从技术水平来看，首先，广东省不断更新和改进航空交通管理系统以提高空中交通的效率和安全性，包括航班调度系统、空中交通管制系统等。其次，广东省不断更新和升级航空安全监控设备以提高航空安全管理水平，包括雷达监测系统、气象监测设备等。最后，广东省还积极推进航空信息化建设以提升航空运输的智能化水平，加强航空数据的采集、处理和应用。2023年12月31日，广州白云国际机场东四、西四两条全新指廊正式投运，实现了T1、T2两座航站楼的全面贯通，意味着旅客将可以更方便地一次性通关转机，享受更加便捷的出行体验。在后续规划中，广州白云国际机场将继续建设多条APM捷运通道，进一步打通空间，缩短出行距离。

广东省民航航线里程历年变化如图5-3所示。

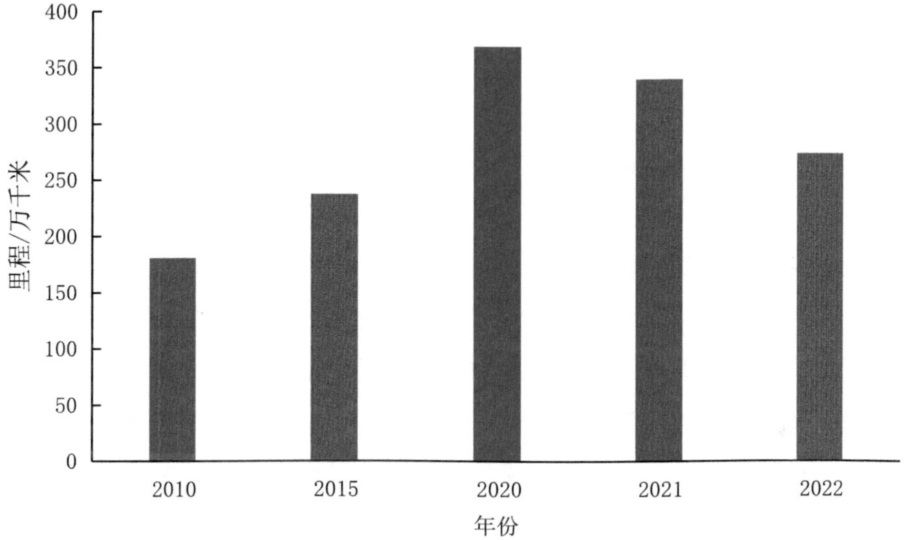

图5-3　广东省民航航线里程

数据来源：《广东统计年鉴2023》。

二、能源基础设施全面升级，供应高效

1.油气管道运输高效，技术水平先进

广东省拥有一定规模且发达的油气管道网络，这些油气管道网络主要用于输送原油、成品油等。截至2022年，广东省共有156条管道，其中原油管道45条，成品油管道45条，其他管道66条（见图5-4）。

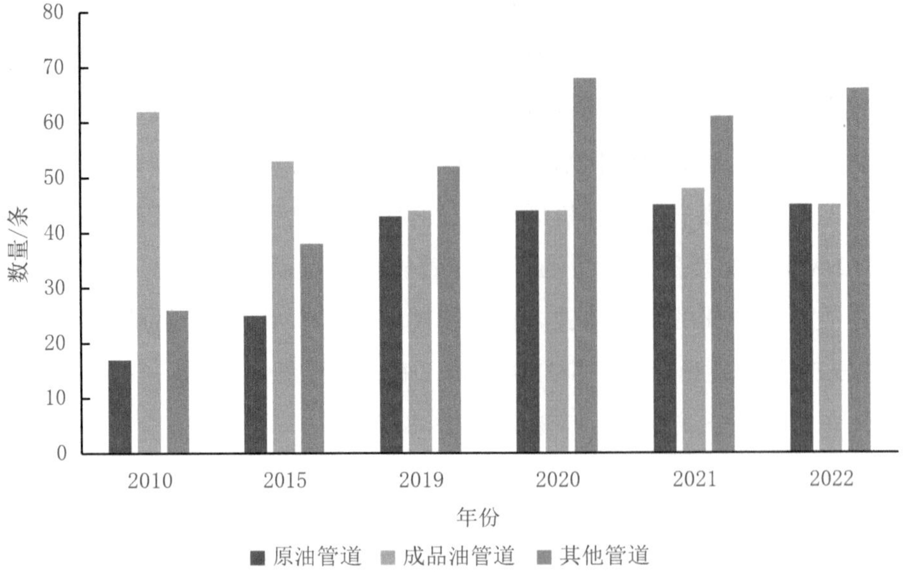

图5-4 广东省不同种类管道数量

数据来源：《广东统计年鉴2023》。

从运输用途来看，原油管道专门用来运输未经加工的原油，通常把从油田或海上平台采集到的原油通过管道运输到炼油厂或其他加工设施进行加工处理。成品油管道主要用于输送炼油厂生产的汽油、柴油、煤油、航空燃料等产品。这些成品油通常是从炼油厂或进口港口输送到各个消费地点，如加油站、工业企业、航空公司等，成品油管道能够实现成品油的长距离、高效率输送，为各个行业和生活提供必要的能源供应。

从输送能力来看，广东省原油管道主要连接了珠江口附近的石油进口港口和原油储备基地，如茂名、湛江等地，起点通常位于南海沿岸的进口港口，通过陆地管道输送原油至炼油厂或储油基地。2022年原油管道输送里程为841.61千米，输油量为6322万吨；成品油管道输送里程为6628.99千米（见图5-5），输油量为3526万吨。

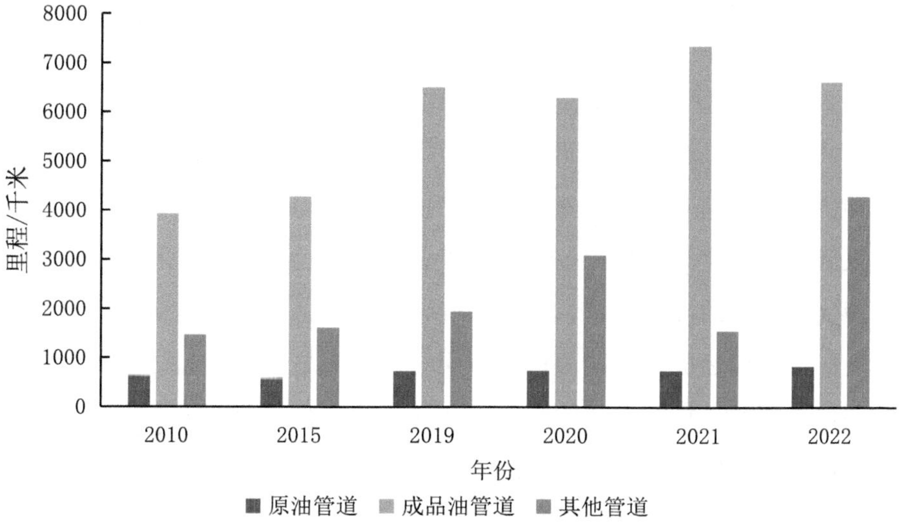

图5-5　广东省不同种类管道输送里程

数据来源：《广东统计年鉴2023》。

从技术水平和安全措施来看，广东省的油气管道系统采用了高强度、耐腐蚀的材料，这些材料能够有效地应对原油和成品油中可能含有的腐蚀性化学物质。管道通常采用自动化和数字化控制系统，提升了输油输气的效率和安全性。同时，油气管道系统还配备了全面的安全监测和管理系统，包括定期进行管道完整性的检查如压力测试、超声波检测、磁粉检测和射线检测等，以确保管道的结构安全无缺陷。

2.储运设施结构合理，不断扩大容量和提高运输效率

广东省的能源储运设施为广东省的能源供应和经济发展提供了重要支撑，主要包括油气储存设施、LNG接收站和化工品储存设施等，用于储存和调度能源资源。

从运营范围来看，油气储存设施主要用于储存原油、成品油和天然气等能源资源，这些设施包括储油罐、储气库等，保障了能源供应的稳定和安全。广东省是我国建设LNG接收站最早、在运LNG接收站数量最多的省份，这些接收站主要用于接收进口的液化天然气和存储液化天然气，以满足工

业、商业和民用领域的需求，这些设施包括LNG储罐、卸车站、泵站等。化工品储存设施主要用于储存各类化工原料和成品化工产品，如石油化工产品、化学品等，这些设施包括化工品储罐、仓储设施等。

从技术水平来看，油气储存设施采用先进的材料和设计，具有良好的密封性和稳定性。同时，引入先进的信息技术和自动化控制技术，实现对油气储存设施的实时监测、远程控制和智能化管理。LNG接收站采用深冷液化、压缩液化等先进的液化技术，将天然气转化为液态，能够提高液化效率和能源密度，减少储运成本和能源损耗。同时，采用高性能保温材料和双层结构设计的LNG储罐，具有较低的蒸发率和较长的储存周期。化工品储存设施采用耐腐蚀、耐高温材料制造，适用于储存不同类型的化工品。同时，还配备了先进的装卸设备和自动化作业系统，实现了化工品的快速装卸和转运。

3.新能源设施装机容量增长迅速，技术迭代较快

近年来，广东省的新能源设施发展迅速，已经成为广东省能源结构调整和环境保护的重要组成部分，主要包括风能发电站、太阳能发电站和生物质能发电站等。

从发电结构来看，2022年广东省风能、太阳能及生物质能发电量分别为273.8亿千瓦时、64.45亿千瓦时、217亿千瓦时，与上一年相比分别增长了159.7亿千瓦时、17.45亿千瓦时、10.85亿千瓦时，同比增速分别为140.0%、37.1%、5.3%，占广东省发电量的比重分别为4.49%、1.06%、3.56%。

从总装机容量来看，全省累计建成投产海上风电装机容量从2019年的30万千瓦迅速增加到2022年的791万千瓦，占全国海上风电装机容量的26%，居全国第二，增长了20多倍。2022年广东省累计太阳能发电装机容量为1590.2万千瓦，同比增长55.9%，占全国太阳能发电装机容量的4.06%，在国内排第九。全年新增装机容量570.2万千瓦，同比增长151.9%，约占全国新增太阳能发电装机容量的6.52%，新增装机容量在国内排第六。广东省41.93万平方千米的海域总面积为风电机组捕获海上风力提供了广阔的空间。广东省的生物质能发电站通常利用农业废弃物、城市生活垃圾、林木废弃物等生物质资源作为原料，通过生物质燃烧或发酵发电。截至2022年底，广东省生物质能发电装机容量为422万千瓦（见图5-6），在国内排第一，新增装机容量为45万千瓦，在国内排名也为第一。

从技术水平来看，风能发电站采用的风力涡轮机技术也在不断进行创新，采用了更高效的风机设计和智能化的风电场运行管理系统，提高了风力发电的利用率和可靠性。太阳能发电站采用的太阳能光伏技术在不断发展，包括单晶硅、多晶硅、薄膜等不同类型的光伏电池，以及先进的组件和逆变器技术，提高了发电效率和稳定性。生物质能发电站不断改进其生物质气化、燃烧、发酵等技术，提高了发电效率和环保性能。

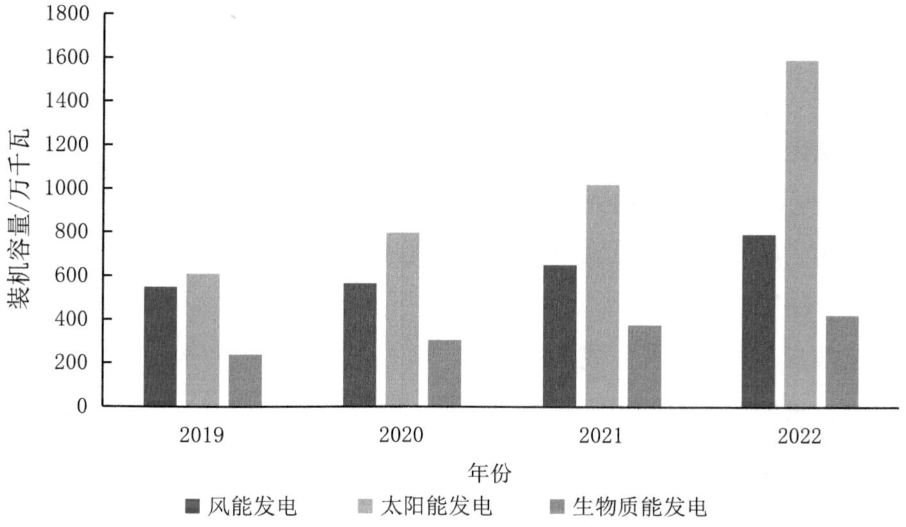

图5-6　2019—2022年广东省新能源发电累计装机容量

数据来源：中国电力知库。

三、水利基础设施较完善，保障水资源安全

1.水库数量多，管理逐渐走向“智慧化”

广东省的水库基础设施具有重要的经济、社会和生态效益，在保障地方水资源安全、防洪减灾和生态养殖方面发挥着重要作用。

从数量和规模来看，广东省水库数量多，分布在各个地区，包括小型水库、中型水库和大型水库。截至2022年，广东省有水库7922座，排名全国第四，总库容为450.96亿立方米。其中，位于广东省河源市的新丰江水库是广东省境内的第一大水库，水域面积约为370平方千米，总库容为139亿立方米，整个水库多年平均入库流量为65.6亿立方米，多年平均流量为208米^3/秒。

从功能来看，广东省的水库具有多功能性，除了用于供水灌溉、防洪排涝外，还能发挥发电、旅游等方面的作用。一些大型水库如丹霞山水库、大亚湾水库等，不仅具有防洪排涝功能，还能提供水电能源，满足城市用水需求，同时也是旅游景点。

从管理和维护来看，广东省加强了对水库的管理和维护工作，定期进行巡查和检修，确保水库的安全运行，同时保障了下游地区的安全和民生。比如惠州最大的人工湖白盆珠水库，当台风暴雨来袭时会给下游群众的生产生活带来洪水险情，近年来当地政府全面加强了库区软硬件建设，着力推进水库“智慧化”管理，有利于提供更加稳定和安全的水资源供应。

2.水闸数量居全国前列，管理维护工作不断加强

广东省的水闸基础设施现状良好，发挥着重要的水利调节、防灾减灾和供水保障作用。

从数量和规模来看，截至2022年，广东省规模以上的水闸共有8312座，排名全国第四，水闸的规模和类型各异，既有小型的闸门，也有大型的水闸工程。这些水闸工程包括闸门、闸坝等构筑物，以及控制水流的调节设备，通过这些设施可以有效控制水流，满足不同用水和防灾需求。

从功能来看，水闸在广东省的水利体系中发挥着重要作用，主要功能包括调节水流、防洪排涝和航运等。水闸可以根据需要开启或关闭，调节水流量，保证下游区域的用水和防洪需求，同时也为船舶通行提供便利。

从技术应用来看，随着科技的进步，广东省的水闸基础设施不断更新换代，引入了先进的自动化控制技术和远程监控系统，提高了水闸的管理和运行效率，减少了人力成本，保障了水利工程的安全性和可靠性。

3.灌溉工程覆盖范围广泛，灌溉方式多样

广东省的灌溉工程设施为农业生产提供了重要的支持和保障，同时也在不断推动农业现代化和节水灌溉技术的应用，为实现农业可持续发展作出了

积极贡献。

从覆盖范围来看，截至2022年，广东省大中型灌区有477宗，有效灌溉面积为2665万亩，水泵站有1.7万宗。广东省的灌溉工程覆盖了大部分农田和果园，确保了农作物的生长和产量。灌溉工程涵盖了不同类型的农业种植业，包括早稻、蔬菜、番薯、玉米等，满足了不同农作物的灌溉需求。广东省建立了庞大的渠道网络，包括主渠、支渠和分水渠等，用于输送灌溉用水至农田。这些渠道网络覆盖了广大的农业区域，有效地解决了农田的用水问题。灌溉工程中的水泵站也起到了关键作用，它们分布广泛，设备齐全，用于保障水源输送至需要灌溉的农田。

从灌溉方式来看，灌溉工程采用了多种灌溉方式，包括自流灌溉、喷灌、滴灌等，根据不同农田的特点和需求进行选择。这些灌溉方式具有灵活性和高效性，能够有效地节约水资源并提高农作物的产量和质量。

从技术应用来看，近年来广东省积极推动农业现代化，加强对灌溉技术的研发和应用，引入了先进的智能化灌溉系统和水资源管理技术，提高了灌溉效率和水资源利用率。比如河源市的高莞灌区，原有的灌区渠道属于土渠，渗漏堵塞严重，末端的农田往往得不到有效灌溉，在2023年春耕前完成加固改造工程后，2个镇11个村近2万亩农田用水得到保障。

4.水文监测站点设备先进，数据采集和传输逐渐自动化

广东省建立了覆盖全省的水文监测站网络，具备了全面、准确、及时监测水文要素的能力，为水资源管理、防灾减灾和科学研究提供了重要支持。

从监测设备和技术来看，水文监测系统配备了先进的监测设备和技术，包括水位计、流量计、水质监测仪器等。这些设备能够实时、准确地监测水文要素的变化，为水资源管理和防灾减灾提供重要数据支持。比如入选全国百年水文站的佛山市马口水文站，它是西江进入珠江三角洲河口区的首个控制站，已实现水文全要素、全量程、全自动监测。

从数据采集、传输和处理方面来看，水文监测系统实现了数据自动采集和实时传输，通过无线传感器网络或卫星通信等方式，将监测数据传输至数据中心。这种实时数据采集和传输能够及时反映水文要素的变化情况，为决

策提供及时的信息支持。比如入选全国百年水文站的潮安水文站，已基本实现水雨情自动采集传输，完善了地下水、河道流量等全要素水文测验体系，积累了大量宝贵的水文资料。广东省还建立了完善的水文数据处理和分析系统，能够对监测数据进行及时、准确的处理和分析，生成水文统计信息、水文预报和水文模型等，为水资源管理、防灾减灾和科学研究提供科学依据。

从应急响应和预警系统来看，水文监测系统配备了应急响应和预警系统，能够根据监测数据实时发布水情预警信息，为防洪抗灾和灾害应急管理提供技术支持。

四、电力基础设施发达，供电稳定增长

1.发电厂数量多，积极寻求能源结构多样化

从发电结构来看，2023年广东省火力、水力、核能发电量分别为4943.1亿千瓦时、200.6亿千瓦时、1180.5亿千瓦时，与上一年相比分别增长了502.4亿千瓦时、25.9亿千瓦时、31.9亿千瓦时，同比增速分别为11.3%、14.8%、2.8%，分别占广东省发电量的73.57%、2.99%、17.57%。通过发电结构可以看出，火力发电占据主要地位。

从主要发电厂来看，广东省拥有多座大型火力发电厂，包括华能海门电厂、华润电力（海丰）有限公司等，主要分布在广州、深圳、珠海、湛江等城市。为了减轻环境影响，各方一直在努力使能源结构多样化，逐渐向清洁、低碳、可再生的方向发展。广东省的水力资源较为丰富，珠江水系有多座水电站，如小桂山水电站、丹霞电站等。广东省拥有多座核电站，大亚湾核电站、阳江核电站等是广东省的代表性核电项目，其采用先进的压水堆反应堆技术，为广东省提供清洁、安全的电力。

从发电技术来看，火力发电是利用燃煤、燃气、燃油等化石能源或生物质等可燃物质进行燃烧，产生高温高压的蒸汽驱动涡轮发电机发电的过程，常见的火力发电技术包括常规发电、超临界发电和超超临界发电等，其中超临界和超超临界火力发电技术具有更高的发电效率和更低的排放量。水力发电主要是通过水轮机将水能转换成机械能，再由发电机将机械能转换成电

能。水力发电技术主要包括水轮机和水电站的建设。核能发电是利用核裂变或核聚变反应产生的热能，驱动蒸汽涡轮发电机发电的过程。核能发电技术主要分为核裂变和核聚变两种，目前商业化应用的主要是核裂变技术。

2.输电网实现全省覆盖，通过一体化实现作业效率提升

输电设施包括高压输电线路、超高压输电线路和变电站等。高压输电线路通常采用的是110千伏、220千伏和500千伏等不同电压等级，用于较远距离的电力传输。超高压输电线路采用的是200千伏以上的电压等级，具有更远距离的输电能力和更高的传输效率。变电站是电力输送和分配的关键节点，它用于将输送来的电力进行变压、配电和保护，以满足不同电压等级的需求。

从输电线路长度来看，截至2019年9月，广东省220千伏线路长21304千米，500千伏线路长9107千米。500千伏主干网覆盖全省主要城市和工业区，220千伏和110千伏支线则将电力输送到各个县市区，实现了全省各地覆盖。同时，电网还连接了邻近的福建、江西、湖南等省，实现了跨省电力互联互通。广东省还拥有一些重要的高压直流输电项目，如长江三峡—广东±800千伏特高压直流输电工程（简称“三峡—广东工程”）等，这些项目将远距离的电力输送到广东省，弥补了地区间的电力供需差距。

从变电站数量和种类来看，2016年500千伏云浮卧龙变电站的建成投产意味着广东全省实现了500千伏输变电网络全覆盖，截至2019年上半年，500千伏变电站为43座，220千伏变电站为300座，110千伏变电站为1478座。截至2024年，广东电网公司调控一体化目标模式变电站已有1132座，占比近四成。目标模式变电站要求站内主设备均能由调度人员独立遥控操作，实现设备运行和冷备用两种状态之间的双向切换，相比传统变电站的设备投退等需要站内运行人员现场操作，目标模式变电站的设备操作及执行结果确认皆通过调度系统完成，这既提升了调度作业效率，也减轻了一线运维人员的作业负担。

3.配电网城乡设备差异较大，政府政策支持投资主体多元化

配电设施包括配电变压器、配电线路和配电室。配电变压器用于将高压输电线路传送来的电力降压到适合用户使用的电压级别，广东省根据用电需

求和供电范围的不同，配备了多种容量和规格的配电变压器。配电线路用于将配电变压器输出的低压电能输送至终端用户，以满足其用电需求，配电线路的电压通常比输电线路低，一般为220伏、380伏等。配电室是放置配电设备的场所，用于进行电能的分配、控制和保护。目前，广东省建设了一批现代化的配电室，配备了先进的监控设备和控制系统，并且实现了对电力分配和调控的精细化管理。

从覆盖范围来看，广东省城市地区配电网络覆盖较为完善，主要的商业区、工业区和居民区都有供电设施。城市配电网络普遍具有较强的承载能力和供电能力，能够满足城市快速发展和电力需求增长的要求。乡村地区的配电网络覆盖相对城市而言较为薄弱，尤其是偏远地区和山区、岛屿等地形复杂的地方，部分农村地区存在电力设施老化、电力供应不稳定等问题。近年来，广东省政府加大了对农村电网建设的投入，推动了农村电网改造和升级，逐步提升了乡村配电网络的覆盖水平。

从政策支持和投资规划来看，广东省政府制定了一系列支持配电网建设和运营的政策文件，为配电网的发展提供了政策支持。这些政策文件包括配电网规划、技术标准、安全监管、环境保护等方面，同时，政府鼓励民间资本参与配电网建设和运营，推动形成多元化的投资主体，提高配电网建设的质量和效率。此外，政府将配电网基础设施建设、智能化改造、农村电网改造等内容作为投资重点和建设目标。

第二节　广东省传统基础设施建设空间布局

一、交通基础设施网状密集，四通八达

1.道路交通区域差异明显，珠三角地区较为密集

珠江三角洲地区包括广州、深圳、珠海等城市，拥有密集的高速公路、国道和省道，串联起各个主要城市和经济区域；东部沿海地区包括汕头、潮

州等城市，由于地理位置的优势，这些地区也拥有发达的道路网络，包括广汕、沈海等高速公路。

粤西地区道路网络相对薄弱，但近几年有了较大发展。以湛江为例，湛江境内新增两条高速公路，湛江机场高速公路是其中之一，湛江机场高速公路一期工程在2023年底开通运营，虽然全长只有18千米，但这条高速公路是湛江的重要交通枢纽，进一步完善了湛江的交通网络。另一条是湛江环城高速公路南三岛大桥，该高速公路全长约16千米，在2023年底建成通车，极大地便利了南三岛岛上居民的出行，同时促进了当地的旅游业发展。

粤北地区包括韶关、清远等城市，道路网络相对较为简单，其中清连高速公路地处粤北地区，是带动泛珠三角区域经济发展的重要通道，目前连接韶关、清远、广州三市的广韶高速公路将改扩建为双向十车道，作为广东省第一条通往粤北地区的高速公路，这一改扩建将对促进区域经济发展起到重要作用。

广东省高速公路地理分布如表5–1所示。

表5–1　广东省高速公路地理分布

高速公路名称	连接地方
S1广连高速公路	连接广州市和连州市
S2广河高速公路	连接广州市和河源市
S3广深高速公路	连接广州市和深圳市
S4华南快速路	广州市东部干线公路
S5广台高速公路	连接广州市和台山市
S6广龙高速公路	连接广州市和河源市龙川县
S8广佛肇高速公路	连接广州市、佛山市和肇庆市
S10雄信高速公路	连接广东省韶关市南雄市和江西省赣州市信丰县
S11大潮高速公路	连接梅州市大埔县和潮州市
S12梅龙高速公路	连接广东省和福建省

续表

高速公路名称	连接地方
S13揭惠高速公路	连接揭阳市榕城区和揭阳市惠来县
S14汕湛高速公路	连接汕头市和湛江市
S15广佛高速公路	连接广州市和佛山市
S16佛清从高速公路	连接佛山市、清远市和广州市从化区
S17揭普惠高速公路	连接揭阳市、普宁市、惠来县
S18花莞高速公路	连接广州市花都区和东莞市区
S19梅汕高速公路	连接梅州市和汕尾市
S20广中江高速公路	连接广州市、中山市和江门市
……	……

资料来源：广东地理微信公众号。

2.铁路交通区域连通性较强，但发展较为不均衡

珠江三角洲地区是铁路密度最高的地区之一，拥有众多的铁路干线和支线，连接了广州、深圳、珠海等城市，重要的铁路枢纽包括广州南站、深圳北站、珠海站等。其中：广州南站的主要铁路干线有广深港高速铁路（广州南—深圳北—香港西九龙）、广珠城际铁路（广州南—珠海）等；深圳北站的主要铁路干线有厦深铁路（厦门北—深圳北）、厦深坪山快捷线（深圳北—深圳坪山）等；珠海站的主要铁路干线有广珠机城际铁路（广州南—珠海北—珠海—珠海机场）。

粤西地区铁路网相对较少，但仍有一些重要的铁路线路，如湛江西站是重要的铁路枢纽，其主要铁路干线是江湛铁路（江门—湛江西），全长约355千米，它是首条连接粤西地区和珠江三角洲核心城市的高速铁路。

粤东城际铁路“一环一射线”是国家发展改革委批复的粤东地区城际铁路网规划的重要组成部分，项目连接汕头站、潮汕站等对外交通枢纽。该项目建设将推进汕潮揭交通一体化发展，增强与粤港澳大湾区、海峡西岸经济区的联系。其中，汕头站的主要铁路干线包括广梅汕铁路（广州东—梅州—

汕头）、汕汕高速铁路（汕尾—汕头）等，潮汕站的主要铁路干线包括厦深铁路（厦门北—深圳北）。

粤北地区的铁路线路密度较低，广东省的铁路大都以纵向为主，粤北地区缺少横向铁路通道，所以韶关、清远部分地区等地方的民众，如果想通过铁路东出，须绕行至深圳或赣州，这样距离长且耗时多，制约了区域社会经济发展，因此广东省规划在粤北地区新建一条连接粤东地区的铁路——韶龙铁路，如果顺利建成，该铁路将成为粤东粤北地区的高铁横向通道，为粤东地区和粤北地区提供一条便捷的北上通道。

粤港澳大湾区主要高铁建设情况如表5-2所示。

表5-2　粤港澳大湾区主要高铁建设情况

类型	名称
既有高铁	京广高铁，广州南站直达武汉、北京
	广深港高铁，广州南站直达深圳、香港
	贵广高铁，广州南站直达桂林、贵阳
既有高铁	南广高铁，广州南站直达梧州、南宁
	深湛铁路（一期、二期）
	赣深高铁，深圳直达河源、赣州
	广汕汕高铁，广州直达汕尾、汕头
	厦深铁路，深圳直达汕尾、潮州、厦门
在建高铁	广湛高铁
	珠肇高铁
	深汕高铁
	深南高铁
	广州站至广州南站联络线
	白云机场至江村西联络线
	深湛铁路（三期）（江门—深圳）

资料来源：广东地理微信公众号。

3.水路交通战略位置优越，连接国内外重要航线

广州港位于珠江入海口，是珠江三角洲的中心，濒临南海，毗邻香港和澳门，包括南沙港、黄埔港、新沙港等港区。广州港通过珠江三角洲水网与珠三角各大城市相连，是华南地区的重要交通枢纽。深圳港位于珠江三角洲南部，毗邻香港，包括蛇口港、赤湾港、妈湾港、盐田港等港区，是华南地区对外贸易的重要口岸。珠海港位于珠江三角洲南部沿海珠江口西侧，毗邻澳门，是中国华南沿海主枢纽港之一，包括拱北港、横琴港等港区。这些港口不仅服务于广东省经济，也是中国与世界其他地区贸易的重要通道。汕头港位于东部沿海，东临台湾海峡，是华南地区对外贸易的重要口岸，是沿海25个国家级主要港口之一，也是中国“一带一路”重点建设15个港口之一，与世界57个国家和地区的268个港口有货运往来，包括榕江港、南澳港、广澳港等港区。湛江港位于雷州半岛东北部的广州湾内，是中国西南、华南地区水运进出口的主要通道，也是通往东南亚、非洲、欧洲、大洋洲航程最短的重要港口。

4.航空交通区域枢纽突出，航线布局密集

广东省的机场密集地分布在珠江三角洲地区和粤东地区。广州白云国际机场位于广州市北部，距离广州市中心约28千米，是国家“一带一路”倡议和“空中丝绸之路”的重要国际航空枢纽之一，也是粤港澳大湾区核心枢纽机场。深圳宝安国际机场位于粤港澳大湾区“黄金内湾”和广深港经济带核心位置，机场范围已纳入前海合作区，是深圳经济特区的重要交通门户，距离深圳市中心约32千米，区域内共规划10条轨道，有5条高快速路环绕，拥有国家一类客运口岸机场码头，是集航空、海运、高速、高铁、城轨、地铁“六位一体”高效便捷的综合交通枢纽。珠海金湾机场位于珠海市金湾区，距离珠海市中心约40千米，是珠江三角洲西部地区的主要机场之一。揭阳潮汕国际机场位于揭阳市榕城区，距离揭阳市中心约37千米，地处汕头、潮州、揭阳三城的中心位置，是连接“21世纪海上丝绸之路”的重要空中节点，也是实行外国人144小时过境免签政策的口岸。湛江吴川国际机场位于湛江市吴川市，距离湛江市中心约46千米，具备直航欧美的能力，是粤西地

区综合交通枢纽的核心，极大地提升了粤西地区迅捷通达全国，连通世界的能力。

二、能源基础设施多元化布局，各地供应稳步增长

1.油气管道连接经济枢纽，输送网络完善

广东省的油气管道空间布局主要集中在沿海地区和重要工业城市。主干管道是连接各个主要生产和消费地点的关键部分，通常沿着经济发达地区或者资源富集地区布设。广东省主要的油气管道主干道通常会从沿海城市如深圳、广州等出发，经过重要的工业区和经济中心，最终连接到内陆地区或者跨境输送至其他省份。支线管道通常从主干管道分支出来，连接到各个工厂、炼油厂、化工厂等工业用气和用油需求较大的地点。为了减少对自然环境和人类活动的影响，通常会选择相对平坦、土地利用较少的区域作为支线管道的路径。这些支线管道覆盖了广东省内各个重要的区域，形成了较为完善的输送网络。

2.储运设施布局合理，支撑区域供应

油气储存设施通常选址在便于运输、供应和靠近市场的地方，特别是靠近主要消费市场的地区。广东省的油气储存设施位于沿海城市和内陆的工业中心，这些设施需要与管道、铁路和公路等运输系统相连，以便于原油、天然气等能源的运输和供应。LNG接收站通常选址在沿海地区的港口，深圳港、广州港等都是潜在的LNG接收站点。它们需要与内陆的管道网络相连，以便将LNG输送到内陆的消费市场。化工品储存设施通常选址在工业区附近，便于与化工生产企业相连，并满足工业品的供应需求。广东省的化工品储存设施位于经济发达的工业城市和工业园区，这些设施需要与管道、铁路、公路等运输系统相连，以便化工品的运输和供应。

3.新能源设施分布集中，能够最大化利用资源

广东省的新能源设施空间布局主要集中在沿海地区和山区地带。风能发电站一般选址在地形起伏较大且有稳定风能资源的地区，通常分布在山区和沿海地带，一般会在山顶或者开阔的平原地带设置风力发电机组，以确保风

能的充分利用。太阳能发电站通常选址在阳光充足、地形平坦的沿海地区，一般选择在沿海平原、山地边缘或者荒漠地带建设，会采用大面积的太阳能光伏板或反射镜，这些光伏板或反射镜通常布置在平整的土地上，并且有一定的倾斜角度，以最大限度地吸收太阳能。生物质能发电站通常选址在农村地区或者林业资源丰富的地方，以便获取生物质原料，如秸秆、木材等。生物质能发电站的布局一般分为原料储存区、发电区和辅助设施区。原料储存区通常位于发电站周边，用于存放生物质原料；发电区设置生物质锅炉、发电机组等设备；辅助设施区则包括燃料处理设施、垃圾处理设施等。

三、水利基础设施布局科学合理，实现区域全覆盖

1.水库分布环境多样，依据当地资源密集度布局

广东省的水库分布广泛，涵盖了山区、丘陵地带以及河流干流和支流等不同地理环境。大型水库如新丰江水库一般位于山区或河流干流上，而小型水库则分布在山间盆地、河流支流和丘陵地带。水库多建设在主要河流的干支流上，如韩江、北江、东江、西江等主要河流及其支流上。广东省的水库主要集中区域包括北部的韶关、清远、河源一带，中部的惠州、梅州、汕尾一带，以及西部的茂名、阳江等地，这些地区的水资源丰富，适宜建设水库。沿海地区的水库主要分布在沿海山区和河口地带，如深圳、珠海、汕头等地。这些水库一般规模较小，主要用于调节沿海地区的水资源和防洪排涝。

2.水闸设立在关键节点，实现城乡全覆盖

水闸主要布局在河流交汇处，如韩江、北江、东江、西江等主要河流及其支流交汇处。这些位置通常是水流量较大、水位变化较为明显的地方，设置水闸能够有效调节水流，保障下游地区的用水和防洪需求。沿海地区的水闸主要用于防洪排涝和航运。这些水闸位于沿海河流、港口和海域交汇处，起到调节潮汐、防洪排涝和保障船舶通行等作用，保障了沿海地区的安全和畅通。水闸也布置在水系交叉口，用于分流、调节水量和控制水位。同时，在城市周边的河流、水系和水源地也广泛设置水闸，用于城市供水、防洪排

涝和景观水体的调节，为城市的水资源管理和水环境保护提供支持。

3.灌溉工程地形适应性强，支撑农业显著

灌溉渠道网络密集分布在广东省的农业重点区域，如珠江三角洲地区、粤东地区等。灌溉渠道多沿着主要河流和河流支流布设，以便从水源处引水到需要灌溉的农田。这些灌溉渠道通常沿着河流两岸展开，有的是直接引水，有的是通过引水渠将水引入农田。在山区地带，灌溉渠道网络经常穿梭于山间，从山脚下的水源处引水，经过适当的输水工程，将水输送到山坡和山谷中的农田。在平原地区，灌溉渠道网络密集，多为平行或交叉布局，覆盖广大的农田。这些灌溉渠道主要依靠地势低洼或开挖沟渠，将水从河流或水库引入农田，为农作物的生长提供水源。沿海地区的灌溉渠道主要分布在沿海盐碱地和沿海平原，用于改良土壤和排除盐碱，为沿海农田提供清洁的淡水资源。

4.水文监测站点全面覆盖河流湖泊，支持多领域水资源管理

水文监测站点主要分布在广东省的主要河流干流和支流上。这些监测站点覆盖了韩江、北江、东江、西江等主要河流及其支流，以及珠海、汕尾、雷州半岛等地的河流。水文监测站点还分布在广东省的主要湖泊和水库周边，如丹霞山水库、大亚湾水库、阳江水库等，这些站点用于监测水库和湖泊的水位、水质和水量等情况，为水资源管理和生态保护提供数据支持。在广东省的沿海地区，水文监测站点分布在沿海河流、水文要素丰富的区域和重要的海域交汇处。这些站点用于监测潮汐、海浪、海水温度和海水盐度等海洋水文要素，为海洋资源开发和海洋环境保护提供数据支持。水文监测站点覆盖了城市排水河道、农村沟渠和水稻田地等地方，为城市防洪排涝和农村灌溉提供数据支持。

四、电力基础设施分布较为均匀，支撑经济与居民需求

1.发电厂靠近资源密集地，安全与效率并重

火力发电厂通常建在广州、深圳、珠海、东莞等珠三角地区有较大用电需求的工业区周边，这样可以减少输电损耗并方便供电。在选址时，为了确

保燃料和设备的供应顺畅，火力发电厂会优先选择靠近主要交通运输路线和原材料供应渠道的地方，比如汕头、茂名、湛江等，因为这些地区有较为丰富的煤炭资源。同时，由于火力发电厂需要大量的水资源用于锅炉冷却和蒸汽发生，因此通常会选址在靠近水源的地方。水力发电厂通常选址在山区和水资源丰富的地区，如韶关、清远、梅州等地区，这些地区较大的水流量和较高的水头有利于保障发电效率。核能发电厂通常选址在相对偏远和安全、远离人口密集和地质活动频繁的地方，会考虑地质构造稳定、地震和洪水等自然灾害风险较低的地方，比如深圳的大亚湾核电站和阳江阳东的阳江核电站。同时，由于核能发电厂需要大量的水资源进行冷却，因此会选择靠近水源的地方。

2.输电网连接高效，支撑省域电力要求

广东省输电网是一个密集且覆盖全省各地的电力传输网络，高压输电线路一般选址在平坦、通达的地形地貌，以便于施工和维护，广东省建设了多条高压主干输电线路，形成了一个密集的电力传输网络。这些主干线路连接着各个发电厂和主要负荷中心，实现了电能的远距离输送。除了主干线路外，广东省还建设了大量的支线和支干线路，将电能输送至更远的地方和更小的负荷中心。这些支线和支干线路连接了城市、乡镇和偏远地区，满足了不同地区的用电需求。超高压输电线路选址较为严格，通常建设在广袤的平原、沿海地区和山地等开阔地带。变电站一般建设在电网的关键节点或者电网的收发站点，便于将输送的高压电能转换为低压电能，以及进行电压的控制、稳定和保护，保证电能在输送过程中的稳定传输和可靠供应。

3.配电网实现城乡全面覆盖，满足多元电力需求

广东省配电网是一个全面覆盖城乡及工业区域的复杂网络。在城市区域，配电网分布密集，覆盖了各个居民区、商业区和工业区。配电线路多采用地下电缆或架空线路，沿着道路、街区或者建筑物等线性结构布设，以确保城市居民和企业的用电安全和稳定。广东省的乡村和郊区也实现了配电网覆盖，虽然相对城市区域来说密度较低，但同样保障了农村地区居民和企业的用电需求。工业区域和经济开发区是电力需求较大的区域，配电路线布局

相对密集。配电变压器通常选址在离终端客户较近的地方，如小区入口、工业园区、商业中心等，通常会采用地面或者基座架设的方式，以便于维护和管理。配电室选址通常在靠近电负荷密集区、便于供电和维护的地方，通常建设在地面上或者地下，根据实际情况采用独立建筑、地下室或者设备间等形式。

第三节　广东省传统基础设施建设趋势

一、交通基础设施进一步改扩建并实现协同发展

交通基础设施在未来应着力聚焦于持续扩建和改善、绿色低碳交通发展、跨区域交通协同发展和国际互联互通等方面，具体如下：

新增各类交通设施如高速公路、城市快速路、铁路、桥梁和隧道等。对现有交通设施的升级和改造可以提升设施的承载能力和效率，主要包括道路的拓宽、桥梁的加固、铁路的电气化或提速、机场的扩建等。随着科技的发展，交通基础设施的智能化建设成为一个重要方向，这包括智能交通信号灯、智能路灯、智能路牌等。除了交通运输通道外，持续扩建和改善还涉及服务设施的增加，如停车场、服务区、车辆充电站等的增加。交通网络的完善不仅仅是建设单个交通设施，还需要将各类交通设施有机连接起来，形成一个完整的交通网络。

鼓励和推动电动汽车、混合动力车辆和其他清洁能源车辆的使用。为了支持电动汽车的普及和推广，建设充电桩和换电站等电动汽车充电基础设施，同时提供清洁能源加氢站，促进氢燃料汽车的发展。要加强对公共交通系统的投资和建设，提高公共交通的覆盖率和服务质量。在交通枢纽和重要交通节点建设绿色建筑和绿色停车场，以此来实现交通与建筑的一体化发展。

在不同区域之间建设交通枢纽，如高铁站、汽车客运站和机场等，这些

交通枢纽作为交通换乘和联络的重要节点，不仅能够促进跨区域交通的互联互通，还能提升交通网络的覆盖率和便捷性。不同区域之间重点建设高速公路、铁路和水路等交通干线，打通交通要道，实现跨区域交通的便捷连通。实现跨区域交通资源的共享和优化利用，如共享汽车、共享单车和跨区域公共交通线路等。

广东省还应积极推动连接不同国家和地区国际交通干线的建设，例如，通过南沙港口和广州白云国际机场等重要枢纽与东盟国家市场和其他国际市场建立更加便捷的物流和人员往来通道。为适应日益增长的进出口货物和旅客需求，应不断改善和扩建海港、陆路口岸和机场等重要口岸设施。积极推进通关便利化措施，简化通关手续，提速通关流程，通过采用先进的科技手段和信息化技术来优化通关流程，从而减少通关时间，降低通关成本，并提高通关效率。

二、能源基础设施朝多元化结构发展并走向智能化

能源基础设施在未来应着力聚焦于多元化发展趋势、智能化技术应用等方面，具体如下：

能源结构多元化体现在除了传统的火力、水力和核能发电之外，风能发电、太阳能发电和生物质能发电等新能源发电方式占比逐渐提升，形成煤、油、气、核、新能源等多轮驱动的能源供给体系。在交通运输领域，广东省正在推广新能源交通工具的广泛应用，减少对传统燃油汽车的依赖。在工业生产领域，推广利用生物质能等可再生能源，降低对化石能源的消耗。除了利用太阳能、生物质能外，广东省还应继续探索海洋能、地热能等新能源的开发利用，实现能源利用的多样化。加强油气管道、LNG接收站、储气库等能源储存和运输设施的建设，确保能源的安全储备和稳定供应。此外，还应探索新型能源储存和输送技术，如氢能储存和输送、电力储能、压缩空气储能等，解决可再生能源波动性大、有间歇性等问题。

利用智能化技术实现对分布式能源的管理和优化调度。通过智能化管理平台，实现对分布式能源的集中监控和远程调度，提高能源利用效率和经济

效益。建立能源管理平台，实现对能源生产、传输、储存和消费的全面监控和调度，实现能源互联网的智能化管理和运营。建立能源交易平台，通过区块链技术和智能合约等手段，实现能源供需双方的智能匹配和交易，促进能源市场的健康发展。

三、水利基础设施着力实现区域水资源的高效协同与可持续发展

水利基础设施在未来应着力聚焦于生态保护与修复、智能化与信息化及跨部门合作与综合治理等方面，具体如下：

河道生态修复工作包括清淤疏浚、植被恢复、岸线绿化等措施，提高河道生态系统的生态服务功能。水源地保护包括禁止乱占乱建、乱排乱放等行为，确保水源地水质安全和供水稳定。加大对水源地生态环境的修复力度，保障水资源的可持续利用。生态流量保护是指通过调节水利工程的调度，确保河流在干旱季节能维持一定的水量，保护水生态系统的完整性和稳定性。水生态修复工程包括湿地修复，江河湖泊生态补水，水草、水生植物的种植等，以恢复和改善水域生态环境。

利用远程监测和遥感技术，实现对水文、水质、水位等水文要素的实时监测和数据采集。通过传感器、监测站点等设施，收集各类水文数据，实现对水资源的实时监测与预警。应用智能化技术，改造水利设施，实现设备的自动化控制和智能化运行。例如，智能化灌溉系统、水闸控制系统等能够根据实时数据和预设参数自动调节操作，提高设施的效率和运行水平。可以利用大数据分析技术对海量的水文数据进行分析和挖掘，为水资源管理和决策提供科学依据。通过数据模型和算法，预测水文变化趋势、评估水资源利用效率等，为决策提供支持。建立水利信息化管理和服务平台，整合各类水文数据和信息资源，实现对水资源的统一管理和监控。

水利部门与环境保护部门加强合作，共同制定水资源管理政策和环境保护措施。通过建立联合工作机制，协调水资源利用和环境保护工作，实现水资源的可持续利用和生态环境的保护。水利部门与土地规划部门密切合作，统筹水资源利用和土地规划，实施水土保持工程和防治土地退化措施。通过

综合治理，保护土地资源和水资源，促进土地生态恢复和农业可持续发展。在制定经济发展规划和产业政策时，充分考虑水资源供需平衡和生态环境保护，促进经济发展与水资源利用的协调发展。

四、电力基础设施继续提升智能化水平和安全性

电力基础设施在未来应着力聚焦于智能化升级、区域协同发展和提升电力系统安全可靠性等方面，具体如下：

引入先进的监控技术和设备，实现对电力系统各个环节的实时监测和数据采集，包括电网状态、负载情况、设备运行状况等。基于数据分析和人工智能技术，建立智能故障诊断系统，快速准确地识别电力系统中的故障点，并提供相应的应急处理方案。利用大数据分析和智能算法，对电力系统进行智能化调度和优化，实现能源资源的合理配置和运行计划的优化。引入智能化的设备控制技术，如智能断路器、智能变压器等，实现对设备的远程监控、远程操作和自动化控制。开发智慧能源管理系统，通过对用电数据的分析和管理，帮助用户实现能源消费的优化和节约。

加强跨区域电网的联网和互联互通，实现不同地区电力系统之间的互补和共享，提高能源利用效率和供电可靠性，通过跨区域的能源资源调度和优化配置，实现资源的合理开发和利用，充分发挥各地区的能源优势，提高能源供应的稳定性和经济性。推进跨区域的电力设施共建共享，如联合建设跨区域变电站、输电线路等设施，降低建设成本，减少资源浪费。此外，可以建立跨区域的电力市场和电力交易机制，实现电力的跨区域流通和交易，促进电力资源的优化配置和市场化配置。加强跨区域的技术交流和合作，共同推进电力基础设施的技术创新和发展，提高系统运行效率和安全性，加强跨区域的应急响应协同机制建设，实现在突发事件和紧急情况下的资源共享和协同应对。

加强电网规划，合理布局输电线路和变电站，提高电网的覆盖率和供电能力，增强电力系统的承载能力。对老化、落后的输电线路和变电设备进行更新改造，提高设备的技术水平和运行可靠性，提升电力系统的整体运行

效率。加强对电力系统运行状态的监测和分析，及时发现和解决潜在问题，保障电力系统的稳定运行。完善电力系统管理制度和法规，明确责任分工，规范运行管理。建立健全电力系统应急预案，针对各类可能出现的突发情况，制定相应的处置方案和应对措施。同时，加强电力系统抗灾能力建设，包括加固电网设施、提高设备防水防风能力等，降低自然灾害对电力系统的影响。

第四节 广东省传统基础设施建设存在的问题

一、交通基础设施应对能力不足，区域城乡交通布局有待完善

在道路交通方面，随着人口的迅速增长和城市化进程的加速，广州、深圳等交通拥堵问题日益凸显。城市中心区域和主要交通干道的承载力已经接近饱和，这不仅影响了市民的日常出行，也对城市经济发展和居民生活质量造成了负面影响。私家车的快速增长、城市规划的前瞻性不足、交通管理措施的不完善及公共交通系统吸引力的不足，都是导致这一问题的重要原因。此外，早晚高峰时段的集中出行需求，以及交通模式的单一化，进一步加剧了特定区域的拥堵现象。

在铁路交通方面，广东省的铁路网络在区域发展上显示出不平衡性。与珠三角地区的高密度、现代化铁路服务相比，粤东粤西粤北地区的铁路服务在覆盖密度、设施水平、速度和准点率等方面存在明显差距。这些区域的铁路网络建设投资相对较少，导致铁路基础设施和服务质量尚未跟上珠三角地区的步伐。此外，交通一体化程度较低，铁路与城市交通、公路、水路等其他交通方式的无缝对接尚需加强。粤东粤西粤北地区丰富的旅游资源也因铁路网络的限制而未能得到充分开发，影响了当地旅游业和经济的发展。

在水路交通方面，广东省部分内河航道的宽度和深度限制了大型船舶的通行能力，尤其在枯水期或航运高峰时段，航道拥堵问题较为严重。此外，

一些内河港口的装卸设施和仓储条件尚未完全现代化，影响了货物的装卸速度和转运效率。多式联运服务虽具有提高运输效率的潜力，但发展相对缓慢，在服务体系和操作流程上还需进一步成熟和完善。港口和航道的应急处理能力也需加强，以应对突发事件和极端天气，保障货物运输的稳定性和可靠性。

在航空交通方面，面对持续增长的客货运需求，现有机场的容量和运营效率面临压力，特别是在旅游高峰期或特殊天气条件下，航班延误和取消的情况会增多。机场基础设施和服务水平在不同地区存在差异，一些地区可能需要更多的航线和航班选择，以及更高质量的旅客服务。此外，机场群国际运输网络通达程度不高，随着电子商务的发展，现有航空货运设施需要进一步扩建和升级以满足市场需求。

二、能源基础设施建设滞后于需求，安全应急响应能力不足

在油气管道方面，安全隐患整改不彻底，如检修安全保护措施不完善、缺乏必要的安全附件和警示标志。管道设施的建设与快速增长的能源需求之间存在差距，需要进一步加快管网建设。同时，风险管控机制尚需完善，以有效防范和控制油气输送过程中的安全风险。安全监管和应急响应能力有待加强，以确保在紧急情况下能够迅速采取有效措施。

在储运设施方面，广东省储气设施的总量和规模不足以应对需求高峰，调峰能力有限导致需求波动应对不力，地方政府和企业在储气责任上的不明确导致建设和运营效率不高。此外，储气设施规划布局不合理、技术标准和管理水平有待提升，市场机制不成熟，应急响应能力不足，以及智能化水平滞后也是导致储气能力不足的重要原因。这一系列问题影响了天然气供应的稳定性和安全性。

在新能源设施方面，海上风电和光伏发电的装机容量与实际发电量存在差距，这与电力供需实时平衡存在矛盾。新能源产业链尚未完全形成，以海上风电产业为例，某些关键部件如叶片、齿轮箱、发电机等缺乏相关的生产企业。新能源发电的间歇性、波动性导致电力系统调峰能力面临挑战，需求侧响应机制尚未充分建立。

三、水利基础设施存在老化问题，智能化水平仍较低

在水库方面，部分水库设施老化严重，许多建于20世纪的水库面临结构安全风险。防洪体系不完善，堤防达标率低，部分河段堤防未完全闭合，导致防洪能力较弱。极端天气下，防洪排涝能力不足，应对措施和设施质量有待加强。在极端天气下，现有的防洪排涝设施和应对措施不足以有效减轻洪涝灾害的影响。智慧水利建设尚未普及，水利工程的智能化和信息化水平需要进一步提高，以适应现代水利管理的需求。

在水闸方面，一些水闸缺乏定期和充分的维护保养，导致设备性能下降，影响水闸的正常运行和使用寿命。部分水闸尚未配备或更新自动化控制系统，依赖传统的手工操作，降低了运行效率和响应速度。此外，水闸的安全监测和预警系统尚未全面覆盖，现有系统技术落后，无法及时准确地反映水闸的运行状态和安全状况。

在灌溉工程方面，部分地区灌溉水源的分配存在不均衡现象，导致部分农田无法得到充足的水源供应。部分地区仍采用传统的灌溉方式，缺乏现代化的灌溉技术和设备，导致水资源浪费和利用效率不高。此外，灌溉工程的管理和维护不到位，缺乏有效的监管和维护机制，影响了灌溉系统的长期稳定运行。

在水文监测站点方面，虽然广东省水文监测站点数量达到4092处，实现了大江大河及其主要支流的监测全面覆盖，但可能仍存在一些区域特别是中小河流的监测站点分布不均衡的问题。虽然已经积累了大量的水文数据，但如何进一步整合这些数据，并将它们有效应用于水资源管理、洪水预警和旱情监测等方面，仍是一个挑战。广东省作为沿海省份，经常受到台风、暴雨等极端天气的影响，水文监测站点在及时准确预测和应对这些事件中的作用有待进一步加强。

四、电力基础设施更新升级较慢，智能化改造相对滞后

在发电厂方面，由于天然气、煤炭等原材料价格上涨，发电企业面临成

本增加的问题，这直接影响了发电企业的发电能力和积极性。经济复苏带来的生产扩大和持续高温天气导致用电需求大幅攀升，而省内的发电能力并未同步增长，导致电力供需出现矛盾。同时，随着环保标准的提高和技术的发展，部分发电厂的设备和技术可能需要更新升级，以提高发电效率和满足环保要求。

在输电网方面，部分输电线路和变电站因使用年限较长，存在老化问题，可能影响输电效率和电网运行的稳定性。面对新能源的大规模并网和需求侧管理的复杂性，现有输电网的智能化水平尚需提升，以优化电力资源配置。

在配电网方面，农村或偏远地区配电网的供电可靠性不高，容易出现停电或电压不稳定的情况，配电网的覆盖率和质量有待提高。在城市规划和建设过程中，配电网的规划往往缺乏前瞻性和系统性，导致电网布局与城市发展不协调，难以满足日益增长的用电需求。面对分布式能源、电动汽车充电桩等新型负荷的接入需求，配电网的技术升级和智能化改造相对滞后，影响电网的运行效率和响应能力。

第五节　广东省传统基础设施建设的对策建议

虽然广东省的基础设施建设在全国处于领先地位，但随着经济的快速发展和人口的持续增长，也暴露出了上一节提到的一些问题。针对以上问题，本节将给出具体的对策建议。

一、加强各交通基础设施连接，促进资源共享和流程优化

对于道路交通，在主要城市如广州、深圳等推广智能交通系统，建设非机动车道和步行道，减少碳排放，提高交通效率；加强省内外高速公路的连接，特别是偏远地区和经济中心的路线连接，缓解珠三角地区的交通压力；扩展和优化快速公交系统（BRT）和地铁网络，提供更多的公共交通选项，减少依赖私家车，减少交通拥堵。

对于铁路交通，为平衡广东省铁路交通发展，建议加大对粤东粤西粤北地区的铁路建设投资，提升基础设施和服务水平，实现区域铁路网络的均衡发展，同时，强化铁路与其他交通方式的一体化衔接，促进资源共享，推动旅游和经济发展。

对于水路交通，为提升广东省水路交通效率，建议实施航道拓宽与深化工程，更新港口装卸技术，推动港口智能化升级。加强与铁路、公路的联运体系建设，实现信息共享和流程优化。同时，建立完善的应急处理机制，提高对极端天气和突发事件的应对能力，确保水运物流链的稳定性和可靠性。

对于航空交通，建议扩建机场容量，优化运营管理，提升航班准点率，满足日益增长的航空需求。均衡发展不同区域机场设施，提升旅客服务体验。适应电商趋势，升级航空货运设施。同时，加强特殊天气下的应急管理，保障航空运输的稳定性和效率。

二、强化能源基础设施的安全监控，提升智能化水平，加大新能源投资

对于油气管道，加强对现有油气管道的安全监控和维护，采用先进的检测和维修技术，确保管道运行的安全性和可靠性；扩展连接主要工业园区和新兴城市的油气管道网络以确保能源的供应；与邻近省份及国际市场合作，建设跨境油气管道，增加能源进口的多样性和安全性。

对于储运设施，在战略位置建设大型石油储备库，提高省内外突发事件的能源供应保障能力；改善与港口、铁路和道路的连接，实现高效的能源产品分配和运输，降低物流成本；在储运设施中引入智能监控系统和自动化技术，提高储运效率，降低环境风险。

对于新能源设施，利用广东省的地理优势，尤其是沿海地区的风力资源，加大对太阳能光伏和风力发电产业链重要环节的投资，并积极推广分布式能源系统；在城市和重点公路沿线增设电动汽车充电站，支持新能源汽车的普及；在广东省内建立新能源研发和示范中心，推动新能源技术的研发和商业化应用。

三、加强水利基础设施维护，引入智能管理和监测

对于水库，定期对水库大坝和相关设施进行安全检查和维护，防止渗漏和坍塌等灾害，确保水库结构的安全性；通过引入先进的水资源管理系统来优化水库运行策略，有效调配省内水资源，满足农业、工业及居民生活用水需求；在水库周边实施环境保护和生态修复项目，保持生态平衡，改善水质，保护生物多样性。

对于水闸，对年久失修的水闸进行技术升级和结构加固，提高其防洪和调水能力；利用信息技术和自动化设备，提高水闸操作的精确性和实时响应能力，增强水闸对突发水情的应对能力；建立和完善水闸紧急操作的预案和应急响应机制，确保在极端天气事件中快速有效地保护下游地区安全。

对于灌溉工程，推广现代化灌溉技术如滴灌和喷灌，减少水分蒸发和渗漏，提高灌溉效率；通过安装水量计量设备和实时监控系统来实现灌溉用水的精准调控，确保水资源的合理分配；开展水资源管理培训，教育农户采用节水技术和方法，提高水资源利用效率。

对于水文监测站点，在易发洪水和干旱的关键区域增设监测站点，以便更有效地监控和预报水文情况；引入先进的水文监测技术和设备，如卫星遥感和自动化检测仪器，提高数据采集的准确性和时效性；建立一个省级水文数据共享平台，整合各个监测站点的数据，给政府决策者、研究人员和公众提供更全面、更及时的水文信息。

四、升级现有电力基础设施，增强系统灵活性和抗灾能力

对于发电厂，鉴于广东省丰富的太阳能和风能资源，应继续扩大太阳能光伏和风能发电项目的规模，推动能源结构的绿色转型；对现有的火力发电厂进行技术升级，提高燃烧效率，同时严格控制污染排放，以符合更高的环保标准；鼓励建设分布式能源系统，如屋顶太阳能，以及小型微网系统，提高能源供应的灵活性和可靠性。

对于输电网，扩建和升级跨省和跨市的高压输电线路，增强电力调度的

灵活性，优化区域电力资源的配置；引入智能电网技术，包括实时监控系统和自动故障诊断技术，提升输电系统的效率和可靠性；针对台风等自然灾害频发的地理特点，加强输电塔和线路的抗灾能力，确保电力供应的稳定性。

对于配电网，扩展配电网的覆盖区域，尤其是偏远和农村地区，同时升级老化的配电设施，提高供电的可靠性和安全性；在配电网中广泛安装智能电表和实时数据处理系统，实现更精细化的电力管理和需求响应；通过用户端管理系统和移动应用程序，提供实时电力使用数据和能效咨询服务，促进用户节能减排。

第六章

广东省信息基础设施建设*

2016年，国家发展改革委与工业和信息化部联合印发《信息基础设施重大工程建设三年行动方案》，标志着我国信息基础设施建设全面启动。作为“新基建”的核心构成，信息基础设施涵盖了以5G、物联网、工业互联网、卫星互联网等为代表的先进通信网络设施，以及人工智能、云计算、区块链等前沿技术基础设施，同时囊括了数据中心、智能计算中心等关键算力设施。

“十三五”期间，我国成功构建了全球规模最大、覆盖广泛且技术领先的信息通信网络体系。“十四五”新发展阶段，我国紧跟技术创新浪潮，紧密对接经济社会发展新需求，不断深化信息基础设施的迭代升级，构建高速泛在、天地一体、集成互联、安全高效的信息基础设施网络，进一步强化其对经济社会发展的引领与支撑效能，为现代化经济体系的加速构建奠定基石。

当前，广东省在信息基础设施建设方面已领跑全国，初步构建起一个以新发展理念为指引，科技创新为核心驱动力，信息网络为坚实支撑，旨在促进数字化转型、智能化升级与融合创新的综合信息基础设施体系。这一体系对于提升国际竞争力、深化国际合作、加速经济高质量发展具有不可估量的价值。完善的信息基础设施体系不仅能够激发数字经济的潜力，促进企业高效投资与转型升级，增强产品国际竞争力，促进区域间互联互通与共同发展，还能有效促进经济系统内各类资源的优化配置与共享，增强不同主体间的互联互通与协同合作，从而推动经济更高质量发展。

---

* 本章执笔人为暨南大学产业经济研究院陈雅妮。

本章系统回顾并深入分析近年来广东省信息基础设施建设的主要成就与现状，并据此提出针对性的发展策略与建议。

第一节　广东省信息基础设施建设现状

一、5G产业建设与发展领跑全球

5G，即第五代移动通信技术，相较于4G技术，有革命性的性能飞跃。在数据传输速率上，5G实现了质的飞跃，其峰值速率攀升至10～20 Gbps，相较于4G提升了10～20个量级，而用户实际体验到的速率也大幅增加至0.1～1 Gbps乃至更高，这一提升幅度为10～100倍。在通信延迟方面，5G技术将端到端时延缩减至毫秒级（约1 ms），这一改进同样显著，效率提升近10倍。5G不仅仅是一项通信技术的革新，更是与人工智能、大数据等前沿科技深度融合的催化剂，它将人与人、人与物、物与物之间的信息交流推向一个全新的高度，为解决传统通信限制、开启智能互联新纪元奠定了坚实的基础。

1.注重顶层设计和引导，5G产业发展环境优越

广东省5G产业迅猛发展，领跑全国，背后离不开省委、省政府的顶层战略规划与前瞻性部署。早在国家正式发放5G商用牌照之前，广东省便启动了《广东省加快5G产业发展行动计划（2019—2022年）》的制定与实施，明确了在珠三角区域构建5G宽带城市群的目标，并立志将全省5G技术创新能力推向全球领先地位，特别是在关键核心技术领域实现国际突破，旨在构建具有全球影响力的5G产业集聚与融合应用区。随后，一系列配套行动规划与政策文件相继出台，从技术创新激励、平台构建到领军企业培育等多个维度，为广东省5G产业的蓬勃发展提供了有力的政策保障。

具体而言，广东省采取了多元化策略以加速5G产业生态的成熟。

首先，广东省聚焦于5G产业园与“5G+工业互联网”示范园区的建设。

自2019年8月起，粤港澳大湾区精心布局了七大省级“5G+工业互联网”示范园区及五个省级5G产业园，旨在推动5G技术在工业领域的深度应用与全产业链的协同发展。各园区均设定了高标准入驻门槛，汇聚了众多产值过亿、研发实力雄厚的5G产业链企业及研发机构，为技术创新提供了强大支撑。

其次，广东省致力构建5G产业创新平台体系。为加速技术创新步伐，广东省内多个城市如深圳、广州等相继成立了多个5G创新平台，如广东省5G中高频器件创新中心、广东省5G行业应用产业技术创新联盟、粤港澳5G应用创新中心等。这些平台不仅促进了产学研深度融合，还加速了5G技术在各领域的创新应用与成果转化。

再次，通过举办世界级5G盛会，广东省积极搭建国际交流平台。如广州市成功举办第二届世界5G大会，深圳市则连续举办深圳湾5G应用创新大会及全球5G应用大赛，这些活动不仅提升了广东省在全球5G领域的影响力，更促进了国际间的技术交流与合作。

最后，广东省还制定了一系列针对性强、覆盖面广的5G产业发展政策（见表6-1）。自2019年起，粤港澳大湾区内的多个城市纷纷出台相关政策，涵盖基础设施建设（如网络、基站、智慧灯杆等）、创新应用推广（如智慧园区、智慧交通、智慧医疗等）等多个方面，为5G产业的全面发展奠定了坚实的政策基石。

表6-1　广东省推动5G产业建设相关政策文件

发布时间	政策文件	与5G产业建设相关内容
2020年	《广东省2020年重点建设项目计划》	重点建设项目清单上，基础设施聚焦以城际轨道、5G通信为代表的“新基建”，5G/4G网络等信息基础设施将投资171亿元
2020年	《关于加快推动5G网络建设的若干政策措施》	将5G基站专项规划纳入各地国土空间规划，推动新建建筑物与基站同步设计、同步建设、同步验收，简化基站报批报建流程

续表

发布时间	政策文件	与5G产业建设相关内容
2020年	《广东省“5G+工业互联网”应用示范园区试点方案（2020—2022年）》	加快构建支撑广东制造业高质量发展的新型基础设施，实施以5G为重点的企业内外网升级改造，深化5G与制造业各垂直行业领域的融合创新发展
2020年	《广东省5G基站和数据中心总体布局规划（2021—2025年）》	重点围绕5G发展现状及存在问题，在强化建设统筹和融合发展、分区设置标准、基站空间布局要求、分场景设置标准、频率划分与干扰协调、新型5G应用、5G智慧灯杆、站址布局及电力保障等九方面着重发力，加快推动5G基站建设

资料来源：根据广东省工业和信息化厅官网相关资料整理。

2.5G产业领跑全国，呈蓬勃发展态势

2023年，广东省在网络基础设施建设上取得了显著成就，全省21个地市均达到千兆城市评估的核心标准。具体而言，5G网络已深度渗透至县级及镇级核心城区，基本实现了连续覆盖；同时，超过94.5%的行政村成功接入了5G信号，标志着5G服务的普及。重点场所5G通达率达100%，且对于全部有人居住的海岛及近海20千米范围内的区域均实现了移动宽带网络信号的全覆盖。这一系列成就，使得广东省在5G基站部署、5G用户规模以及智慧杆塔数量等关键5G产业指标上稳居全国领先地位。

作为5G的基础，基站建设是重中之重。截至2023年底，全国5G基站累计达到337.7万个，而广东省的5G基站数就超过32万个（见图6–1）。全省21个城市重点场所5G通达率为100%，5G网络实现城乡主要区域基本覆盖，规模居全国第一。每万人拥有5G基站数达25.8个，较上年底提升40%；500 M及以上用户占比达36.1%，较上年底提升7.4个百分点；5G用户占比达50.9%，较上年底提升10.3个百分点，标志着广东省正加速迈向全面5G时代。

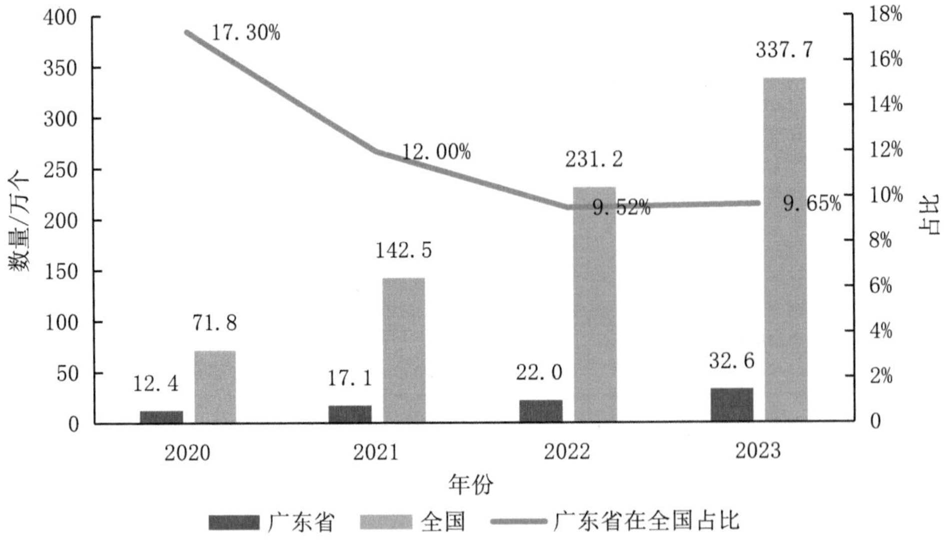

图6-1　2020—2023年广东省、全国5G基站数量及广东省占比

数据来源：广东省工业和信息化厅，中华人民共和国工业和信息化部。

广东省5G移动电话用户占比近半。截至2023年底，广东省5G移动电话用户为8682.1万户（见图6-2），较上年底增加2330.4万户，5G用户占移动电话用户的比例为50.9%。而千兆以上用户总数达1348.9万户，较上年底增加503.2万户，占比为28%。5G基站数、5G移动电话用户数和互联网宽带终端用户数等指标均居全国第一，广东省成为通信大省、网络大省，占据了全国1/10的网络能力，承载了全国1/9的电信用户，创造了全国超1/8的电信业务收入。

广东省在5G终端生产领域拥有世界级领先企业，坐拥50家5G相关上市企业（涵盖主板与创业板），在全国占比约1/3。其中，华为、中兴通讯等企业在全球5G基站出货量上名列前茅，同时，华为、vivo、OPPO等品牌在全球5G手机市场中占据领先地位，出货量遥遥领先。

此外，广东省在多个维度上具备显著优势：珠三角地区作为我国芯片产业的重要聚集地之一，拥有强大的产业基础；广东省基站天线技术不仅在国内领先，更在全球市场上占据重要份额。在5G应用探索上，广东省亦走在前列，如南方电网携手中国移动、华为成功研发出业内首例基于5G的配网差动保护通信终端，利用5G基站为电力设备提供高精度的同步时间校准；美的则与中国电信合作，共同构建了5G智慧工厂，实现了柔性制造、智能质检安防、低时延工业控制、MES系统扫码与信息可视化等一系列5G创新应用的落地。

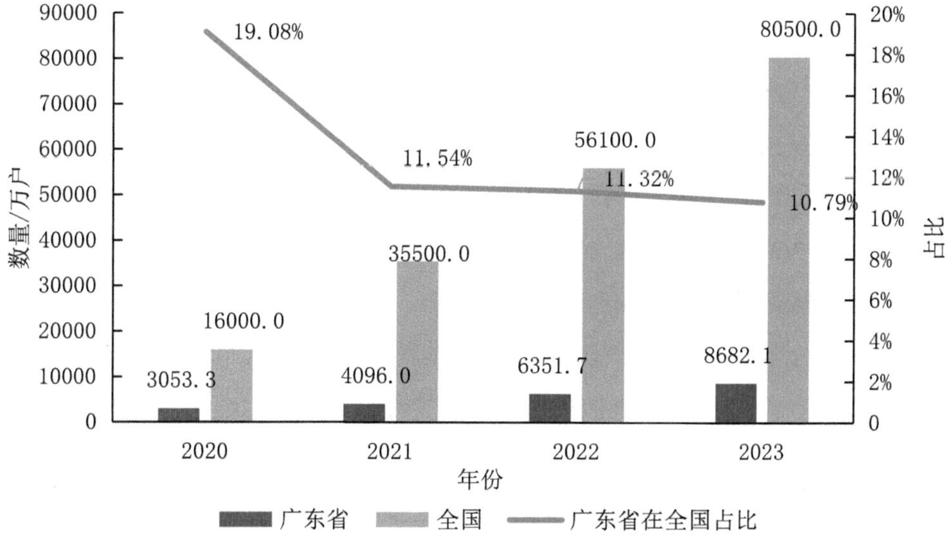

图6-2　2020—2023年广东省、全国5G移动电话用户数量及广东省占比
数据来源：广东省通信管理局、中华人民共和国国家互联网信息办公室。

在5G产业链的上游，广东省同样构建了较为完善的生态体系。芯片领域汇聚了海思半导体、中兴微电子、慧智微电子等多家知名企业；关键元器件方面有日海智能、大富科技、国人通信、生益科技、大普通信、深南电路、摩比天线、硕贝德、京信通信、广东中元创新、广州通则康威等企业；密度线路板行业有胜宏科技、中京电子等领军企业；网络架构与无线通信技术领域，亨通光电、铭普光磁等企业贡献卓著；在无线通信导航自助终端领域，广州无线电集团等企业同样表现出色。

回顾历史，1987年，广州率先开通我国首个蜂窝移动通信系统，标志着中国移动通信时代的开启，珠三角地区更是率先联网运行，迎来了首位模拟蜂窝移动手机用户。时至今日，广东省再次在5G产业领域展现出领跑姿态，率先布局八大重点应用领域，推动上下游产业链的深度整合与协同合作，致力构建全面互联的5G产业生态，力求在全球信息革命的浪潮中加速前行，引领数字经济的新一轮变革，成为5G时代的领航者。

3.广深率先迈入5G时代，示范效应显著

广州、深圳争创5G示范城市。深圳已率先跨入5G时代前沿，其5G技术在全球范围内占据领先地位，正奋力向构建全面的5G生态系统与领跑地位迈进。2020年8月17日，深圳市人民政府宣布，深圳已成功部署超过4.6万个5G基站，成为全国首个5G独立组网全覆盖的城市，5G基站密度全球第一。目前，深圳已在医疗、交通等十大领域实施政务应用示范，并成功搭建了“5G+智慧警务”“5G+智慧医疗”“5G+智慧园区”等前沿示范场景，相关20个示范项目的总投资额已突破16亿元大关。

广州作为全国首批5G试点城市，同样展现出了非凡的潜力。自2018年起，中国移动、中国联通、中国电信三大国内运营商便相继选定广州作为5G测试的重要据点，广州开启了5G技术的深度探索。截至2023年6月，广州市已累计建成超过8.56万个5G基站，基站数量稳居全省之首，不仅实现了5G网络在市内的全面覆盖，更对重点区域进行了深度渗透，为5G应用的蓬勃发展奠定了坚实的基础。在制造业、文化旅游、交通运输、公共安全及教育领域，广州已积极孵化并推广了超过300个5G应用案例，其中不乏亮点项目，如在北京路商圈成功落地的广百5G体验店、融合智能技术的5G智慧书店等标志性应用，以及助力广州港集团打造5G赋能的智慧港口、文远知行在广州国际生物岛上开展的L4级自动驾驶常态化测试运营等。这些实践不仅凸显了广州在推动5G与工业互联网深度融合方面的显著成果，还成功孕育了如视源电子、白云电器、华凌制冷等一批行业领先的5G应用标杆企业，为行业转型升级树立了典范。

值得一提的是，广州、深圳、佛山、清远四市已携手迈入“千兆城市”行列，5G技术与各行业的深度融合正以前所未有的速度推进，形成了从点到面、逐步深入的梯次落地格局，重点行业的规模化应用也初见成效。全省范围内，首批5G产业园的兴起正成为新产业崛起的强劲引擎。特别是广州与

深圳，作为区域发展的领头羊，截至2023年底，其5G基站建设量已占据全省同期总数的约85%。广州依托科学城、知识城、天河软件园三大核心产业基地，而深圳则重点打造了深港科技创新合作区、龙华九龙山等五大5G产业集聚区以及深圳高新区、坂雪岗科技城等5G重点产业片区，汇聚了华为、中兴通讯、大疆创新、深南电路等众多本土领军企业，共同引领着5G产业的蓬勃发展。

4.5G与各行业深入融合，应用场景不断拓展

广东省正全力聚焦战略性新兴产业集群，加速推进5G在工业互联网等关键领域与行业的深度应用，成功树立了诸如美的5G智能厨电、南方电网5G智能电网系统、湛江钢铁5G智慧钢厂等典范项目，引领行业变革。依托5G技术与工业互联网的融合创新，智能制造为传统机械装上了智慧的大脑，标志着以5G为核心的新型基础设施建设正全面革新工业价值链。

展望未来，广东省将聚焦于深化体制机制革新，加大资金与高端人才的引进与培育力度，并不断提升5G应用的安全性与可靠性，力求将自身塑造为网络架构稳固、应用场景广泛且多样、核心技术卓越、生态环境充满活力的5G应用示范高地。可以预见的是，将5G产业培育壮大为驱动经济高质量发展的关键支柱产业，其潜在的经济价值将达到万亿级别，对广东省乃至全国范围内经济结构的优化升级与转型发展具有深远且不可估量的战略价值。

二、万物互联崛起，产业规模加速扩大

物联网技术依托感知技术与智能设备，对物理环境进行深度识别与感知，随后通过广泛的网络互联实现数据的传输与交换。这一过程涉及复杂的计算、精细化处理及深度知识挖掘，旨在促进人物之间、物物之间的信息无缝交流与互操作，从而实现对物理世界的即时监控、精准调控与智能决策支持。物联网技术的核心特性包括全面感知能力、无缝互联互通以及智慧化运行模式，它通过对物理世界信息的全方位捕捉，构建了一个信息自由流动、系统高度智能化的环境，极大地提升了生产效率、生活便捷性以及社会治理的智慧化水平，推动了社会各个领域的高效运作与智能化发展。

1.物联网企业发展活跃，产业链资源完整

广东省为全国物联网企业的核心集聚省，物联网企业发展活跃。企查查数据显示，截至2024年3月，中国物联网企业共1798363家，分布最集中的省份是广东省（269566家）（见图6–3），中国14.99%的物联网企业分布于此，其次是山东省（170640家），占比为9.49%，其余省份物联网企业相对分散。全国物联网相关上市企业有546家，而广东省物联网相关上市企业有130家，占全国物联网上市企业数量的23.81%。

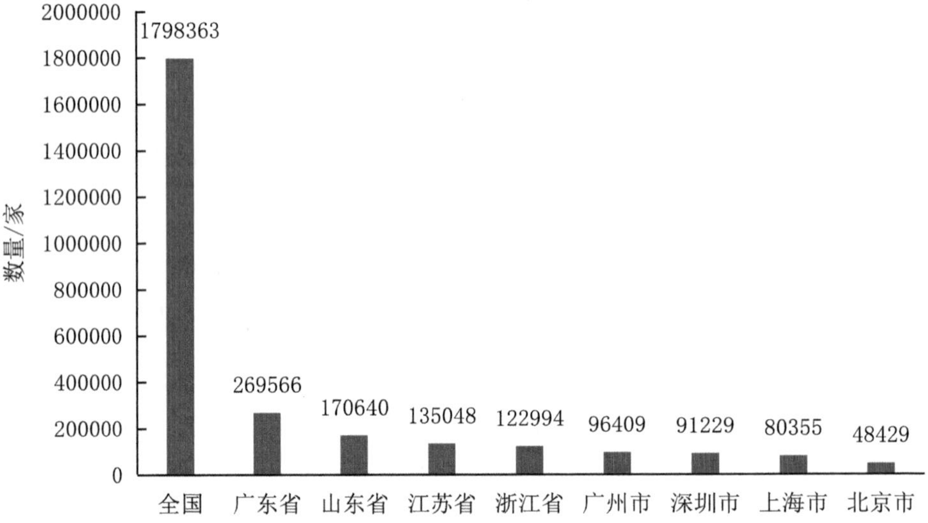

图6–3　全国各地物联网相关企业数量（截至2024年3月）

数据来源：企查查。

广东省物联网企业展现出强大的资产基础与雄厚的资金实力。企查查数据显示，截至2024年3月，在广东省物联网企业的注册资本构成中：主体部分集中于100万元至200万元区间，共包括了82293家企业，占比最大；紧随其后的是500万元至1000万元区间，该区间内企业数量亦相当可观，达到了38141家（见图6–4）。综合评估，广东省物联网行业内，注册资本超过500万元的企业占比31.16%，而注册资本突破1000万元大关的企业占比在16.04%，这些数据充分彰显了广东省物联网企业群体在资金规模上的强大优势与深厚底蕴。

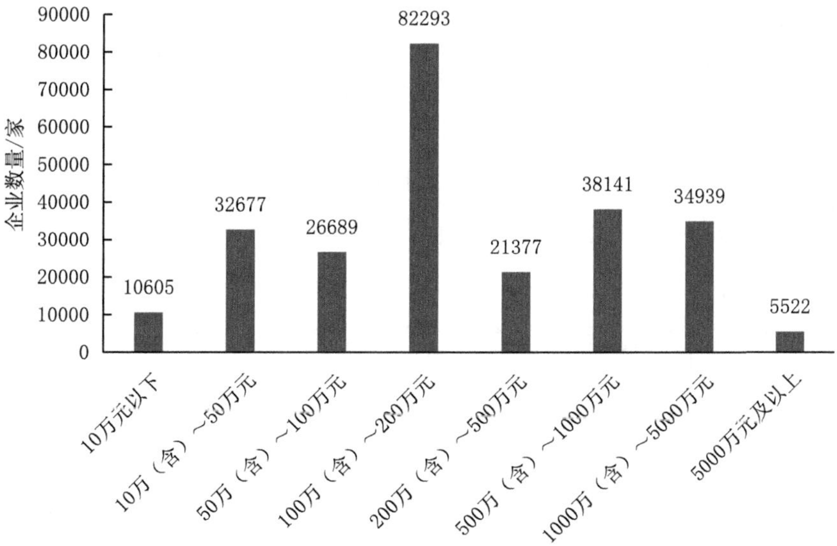

图6-4　广东省物联网企业注册资本分布（截至2024年3月）
数据来源：企查查。

广东省物联网企业在2021年注册火爆，新注册企业数量为45328家，较上一年增长82.01%（见图6-5）。此后，广东省物联网企业新注册数量逐年增加。由此可见，广东省物联网行业市场增长迅速，吸引了更多的企业投身其中，市场竞争变得更加激烈。

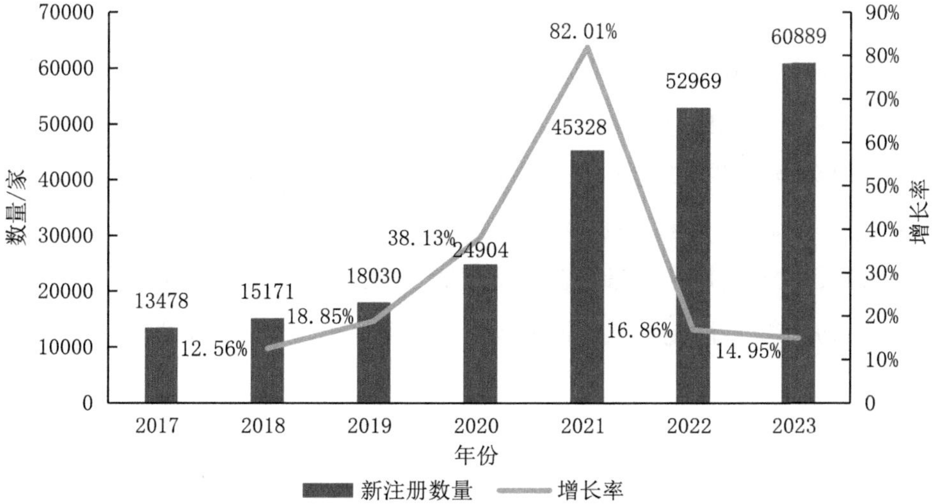

图6-5　2017—2023年广东省物联网企业新注册数量及增长率
数据来源：企查查。

在物联网企业研发人员配比方面，深圳证监局提供的数据显示，以先进制造业为主体的深圳制造业上市公司，近年来研发投入强度持续加大，研发人员总数接近18万人，研发支出429.48亿元。深圳市物联网产业协会披露的数据显示，深圳市的87%的物联网企业，其研发人员占比为10%及以上，24%的物联网企业研发人员占比达50%及以上（见图6–6）。

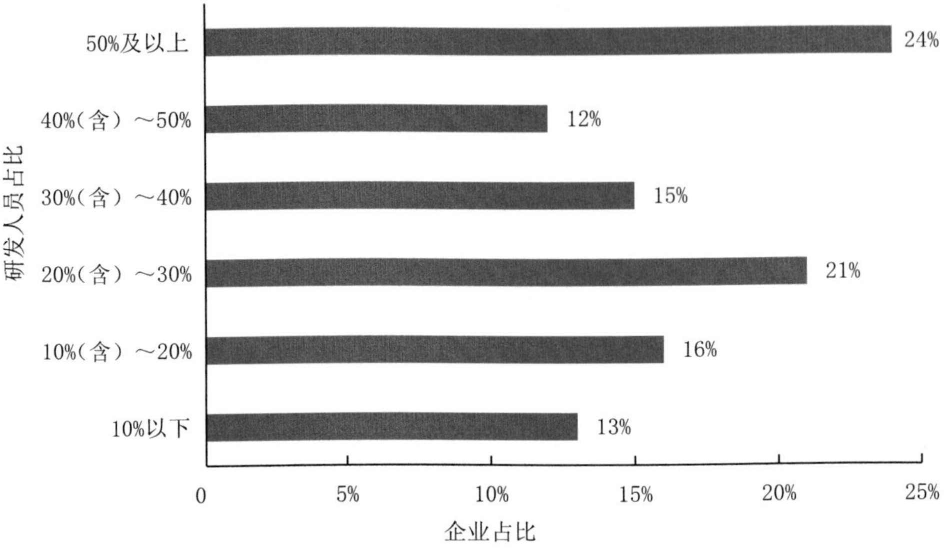

图6–6　深圳市物联网企业研发人员占比水平

数据来源：深圳市物联网产业协会。

在物联网企业专利与研发人员配比方面，根据《2022年中国知识产权年度调研报告》，全国五成企业专利数量与研发人员配比为1∶50；深圳市物联网产业协会披露的数据显示，深圳市物联网企业专利数量与研发人员配比普遍高于这一水平，普遍达到1∶20（见图6–7）。从全国物联网专利申请数量分布来看，广东省申请数量最多，截至2021年12月15日，共计申请33637项。其中，深圳市物联网企业主要由头部企业带动，例如华为、中兴通讯。

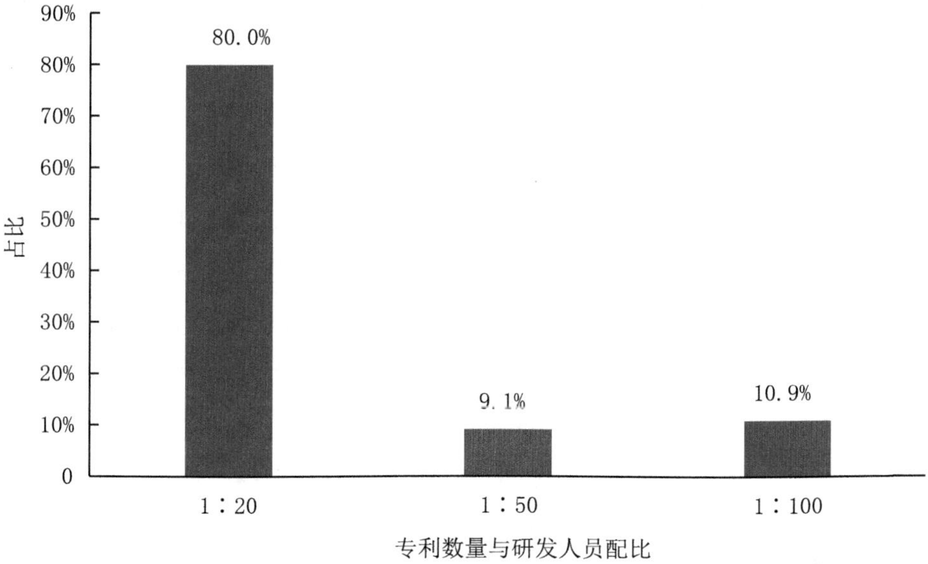

图6–7　深圳市物联网企业专利数量与研发人员配比情况

数据来源：深圳市物联网产业协会。

广东省构建了完整的物联网产业链条，该链条深度覆盖了传感技术、通信网络构建、数据处理核心，以及多元化的应用服务等多个关键环节，共同构筑了一个规模宏大且持续扩张的物联网产业生态体系。以深圳市为例，至2023年，其物联网产业实现了从芯片研发制造、智能硬件设备生产直至集成化应用解决方案的全链条覆盖，年产值实现了14.5%的稳健增长，总规模达到约6500亿元。深圳不仅物联网产业链资源充裕，更拥有完备的上下游配套与强有力的支撑体系，为物联网产业的蓬勃发展铺设了坚实的基石与优越的环境。据悉，深圳已汇聚了全国逾七成物联网产业链的核心资源，与广州携手，引领粤港澳大湾区成为物联网产业蓬勃兴起的重要高地与集群中心。

2.物联网技术创新活跃，自主创新能力全国领先

在科技战略部署层面，广东省自2018年起便前瞻性地启动了聚焦于关键领域的研发计划，特别是在“网络协同智造与工业互联网”“未来通信与网络技术”“芯片技术、软件研发与计算能力”等核心专项中，精心规划并部署了一系列物联网技术研发任务，累计发布了15项物联网相关领域的申报指

南，全面覆盖了从物联网芯片技术根基，到软件与操作系统构建，再到多样化智慧应用场景应用的全生态链条。

就专利布局而言，中国已成为全球物联网技术的首要创新源泉，其物联网专利申请量占据全球总量的2/3以上。其中，广东省的物联网专利申请量在全国范围内独占鳌头。自2014年起，广东省物联网专利的申请数量持续攀升，其增长率显著高于江苏、北京、浙江等地区，长期稳居全国领先地位。

在技术创新领域，深圳市远望谷信息技术股份有限公司（简称“远望谷”）成功研发出与美国同类产品技术兼容的铁路车号自动识别系统（ATIS）。该系统标志着我国首次在RFID芯片领域实现完全自主知识产权，有效替代了进口高价芯片，实现了技术上的自主突破。此外，2019年，华为技术有限公司历经10年磨砺研发的鸿蒙OS操作系统横空出世，极大地填补了国内物联网操作系统领域的空白，展现了我国在物联网技术创新上的深厚积累。

在标准创新维度，广东省物联网协会、广州物联网研究院、深圳市物联网产业标准联盟及深圳市物联网产业协会等多方力量汇聚，依托政府引导，与物联网行业领军企业紧密合作，积极参与国家、行业及地方标准的制定工作，为广东智慧城市、智慧图书馆、智慧交通、智能制造等多个关键领域的发展提供了坚实的标准支撑与方向指引。

综上所述，广东省在物联网技术创新领域展现出卓越的活跃度和强大的自主创新能力，其产业规模迅速扩张，发展态势强劲，市场潜力巨大，为推动广东省乃至全国物联网产业的高质量发展奠定了坚实的基础。

3.诞生“物联网之都”——深圳

深圳，被誉为“硬件创新高地”，构建了国内最为全面的物联网生态体系，其电子产业从业者规模之庞大，在全国范围内独树一帜。该体系覆盖软件研发、硬件制造、生产流程乃至行业应用的全方位布局，不仅物联网产业链条完整无缺，其配套服务体系亦达到行业顶尖水平。当前，深圳引领的珠三角区域，已成为国内物联网市场最为成熟、架构最为健全的区域典范，孕育出众多具有自主知识产权、市场竞争力强劲的物联网技术成果与信息服务增值模式，产业规模遥遥领先。

1998年2月，深圳市政府率先颁布了《关于进一步扶持高新技术产业发展的若干规定》（简称“原22条”），开创了地方层面支持高新技术产业发展的政策先河。次年，深圳市政府进一步推出“新版22条”，加大了对高新技术企业和项目的政策优惠力度。这一系列举措直接促进了华为、中兴通讯、腾讯、迈瑞、比亚迪等本土科技巨头的崛起。

自此，深圳搭上了高新技术发展的高速列车。2000年后，以华为、中兴通讯、长城为代表的信息科技企业凭借自主研发的核心技术，在国内外市场占据了一席之地。同时，腾讯、迅雷等互联网新兴势力迅速崛起，引领互联网行业潮流，数字产业逐步确立为深圳经济的重要支柱。随着“互联网+”战略的提出，深圳的传统服务业如金融、物流等率先融合互联网技术催生了金融云服务、物联网应用等新兴业态，电子支付工具、智能物流设备等创新产品广泛普及。

前沿技术如大数据与云计算的深度融入，深刻驱动了深圳制造业的转型升级进程。在这一变革中，以大疆创新、华星光电、赢领智尚等企业为标杆，成功实现了工业互联网的广泛部署与全产业链条的深度互联互融。深圳数字产业凭借独特的辐射效应，不仅引领了传统产业实施全方位、深层次的数字化转型，还广泛覆盖了电子元器件、数码消费品、通信设备、计算机及其配件等全系列产业链环节。此举使得深圳跃升为智能终端、集成电路、人工智能、5G、物联网以及智能制造等电子信息产业的核心发展高地，显著增强了产业整体的数字化成熟度与竞争力。

面向未来，深圳正积极推动物联网产业向集群化、规模化发展迈进。2018年7月，《深圳市新型智慧城市建设总体方案》出台，旨在构建以大数据、AI技术为基石，集城市数据管理、公共服务、公共安全、城市治理与智慧产业于一体的新型智慧城市体系。深圳作为中国物联网技术与应用的前沿阵地，凭借先发优势和深厚底蕴，持续引领国内物联网市场的成熟与体系的完善，展现出强大的产业竞争力和广阔的发展前景。

4.物联网本地标准体系建设完善

广东省在物联网标准制定与推广领域展现出了高度的积极性，致力促进物联网技术的标准化、规范化进程，并将其视为战略性新兴产业的重点培育对象。在国家创新驱动战略及产业政策的强力驱动下，深圳企业凭借自主研发的尖端技术，奋力在物联网核心领域占据领先地位。

深圳市标准技术研究院（简称“深圳标准院”）依托产学研用合作模式，深入探索标准技术，为深圳市物联网企业提供标准化服务，助力其实现标准引领的行业地位。据相关统计，深圳标准院携手远望谷、先施科技、捷顺科技、海恒智能等领军企业，共同研制了16项物联网“深圳标准”，为智能仓储、智慧停车、智慧图书馆等多个应用场景的物联网技术实施提供了坚实的指导和规范基础。

为进一步推动物联网产业标准化进程，2015年，深圳市物联网产业标准联盟（IoTSA）应运而生。该联盟依托深圳物联网产业与科技成果的丰富资源，汇聚企业、技术机构等多方力量，共同制定联盟标准与地方标准，并引导行业领军企业参与更高层次的国家、行业、地方标准研制，成功实现了多项联盟标准向国家乃至国际标准的转化。深圳市物联网产业协会作为桥梁与纽带，积极组织会员单位参与团体标准的研制，并与深圳标准院建立战略合作关系，为团体标准化工作提供强有力的技术支撑。截至2022年，深圳市物联网产业协会已发布18项团体标准（见表6-2），覆盖智能灯杆、智慧城市、智慧图书馆、智慧停车、智能档案管理等多个前沿领域。这些标准不仅与现行国家标准、行业标准相辅相成，更具备先进性、时效性与市场适应性，有力推动了技术创新与市场需求的同步发展。

表6-2　深圳市物联网团体标准状况

序号	标准编号	标准名称	发布日期	状态
1	T/SZIOT 018—2022	基于5G和工业互联网的锂离子电池PACK线应用系统通用要求	2022-12-23	现行

续表

序号	标准编号	标准名称	发布日期	状态
2	T/SZIOT 017—2022	智慧建筑楼宇控制系统　机电设备接入接口管理要求	2022-12-08	现行
3	T/SZIOT 016—2022	微型射频开关连接器一般要求和试验方法	2022-12-08	现行
4	T/SZIOT 012—2022	灯杆的智能化改造技术要求	2022-02-21	现行
5	T/SZIOT 015—2021	智慧城市　设备联接管理与服务平台接口测试规范 Dd接口测试	2021-10-29	现行
6	T/SZIOT 014—2021	智慧城市　设备联接管理与服务平台接口测试规范 Da接口测试	2021-10-29	现行
7	T/SZIOT 013—2021	智慧城市　设备联接管理与服务平台接口测试规范 总则	2021-10-29	现行
8	T/SZIOT 011—2021	RFID电子标签耐弯折测试设备一般规范	2021-02-19	现行
9	T/SZIOT 010—2021	基于共生调频数字广播的差分数据播发应用规范	2021-02-19	现行
10	T/SZIOT 009—2021	共生调频数字广播技术规范	2021-02-19	现行
11	T/SZIOT 008—2020	无人值守智慧书房设计及服务规范	2020-08-12	现行
12	T/SZIOT 007—2020	公共图书馆智慧技术应用与服务规范	2020-08-12	现行
13	T/SZIOT 006—2020	智慧共享停车系统　智能车位锁通用技术要求	2020-01-02	现行
14	T/SZIOT 005—2020	智慧共享停车系统　通用技术要求	2020-01-02	现行
15	T/SZIOT 004—2019	24小时自助图书馆系统架构	2019-12-01	现行
16	T/SZIOT 003—2019	24小时自助图书馆通用规范	2019-12-01	现行
17	T/SZIOT 002—2019	禽肉产品质量安全追溯操作指南	2019-12-01	现行
18	T/SZIOT 001—2019	基于RFID的智能档案管理系统应用规范	2019-12-01	现行

资料来源：深圳市物联网产业协会。

三、工业互联网平台赋能效用逐步显现

工业互联网作为新一代信息技术与工业经济深度融合的产物，构成了一种创新的基础设施架构、应用范式及工业生态体系。它实现了对人、机器、产品及系统等多维度的广泛互联，从而搭建了一个横跨整个产业链与价值链的先进制造与服务体系。此体系不仅促进了工业及更广泛产业领域的数字化转型，还推动了网络化与智能化的深入发展，为第四次工业革命的蓬勃兴起奠定了坚实的基石，开辟了实现路径。

1.工业互联网平台服务体系基本形成，国家级平台数量全国第一

广东省凭借制造业领域的全面覆盖与多样化应用场景优势，率先构建了广东省工业互联网产业生态供给资源池，并确立了一套严谨的筛选机制与标准，聚焦于引入并培育杰出的工业互联网平台企业及其服务提供商。截至2023年，该资源池已汇聚了367家顶尖服务提供商，其中包括自省外引入的阿里云工业互联网总部、树根互联总部等佼佼者。尤为瞩目的是，广州一地便吸引了超过20家国内知名的工业互联网平台入驻。

针对关键行业领域，广东省精心培育了诸如美云智数、云工厂等深耕垂直细分市场的工业互联网平台，显著增强了行业服务深度与广度。此外，还重点扶持了包括华为、富士康、树根互联、腾讯在内的10家领军企业，成功将它们打造成为国家级跨行业跨领域的工业互联网平台典范，数量位居全国之首。

2.工业互联网规模发展态势强劲，位居全国第一

2021年，广东省工业互联网产业增加值规模破5000亿元（见图6–8），位居全国第一，达到5177.36亿元，在地区经济增加值中的比重达到3.8%。

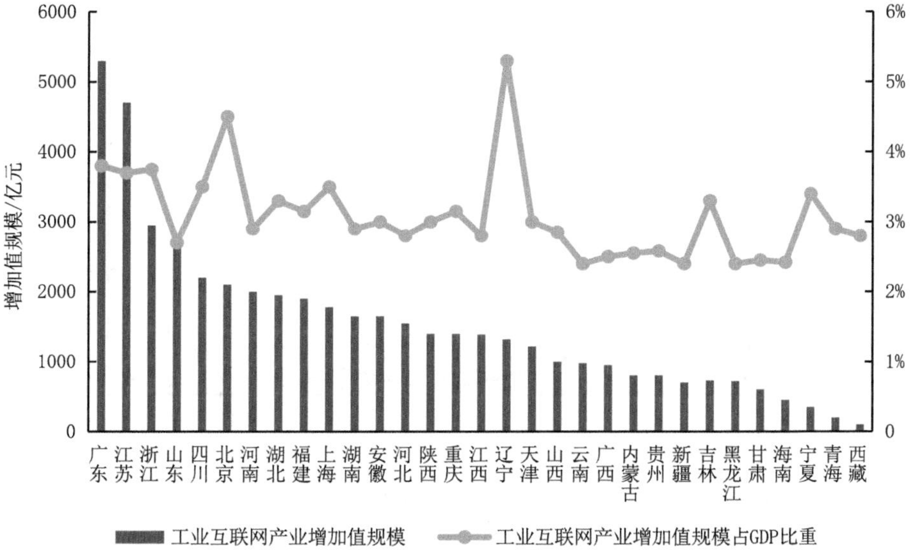

图6-8　2021年我国31个省（区、市）工业互联网增加值规模及占GDP比重

资料来源：《中国工业互联网产业经济发展白皮书（2022年）》。

2022年，广东省延续了过去多年上市工业互联网企业数量多、融资规模大的态势。与上一财年同期相较，无论是工业互联网企业上市增速还是融资总量均实现了提升（见图6-9）。综合分析，广东省得益于坚实的产业根基与庞大的企业群体，加之制造业正加速向智能化、数字化及绿色化方向深度转型，在供给侧构筑了更为坚实的技术壁垒与高质量解决方案的供给生态，使得需求侧能够更加精准地触达目标客户，从而捕捉到更为丰富的市场契机。部分领军上市企业持续发挥在行业内的标杆作用与导向作用，引领整个产业链与供应链向上下游实现高效拓展与整合。与此同时，广东省在工业互联网领域的创新创业活动持续保持高位运行，多年以来稳居我国工业互联网创新发展的前沿阵地与核心区域，汇聚了众多创新资源与前沿探索，为我国工业互联网的蓬勃发展贡献了重要力量。

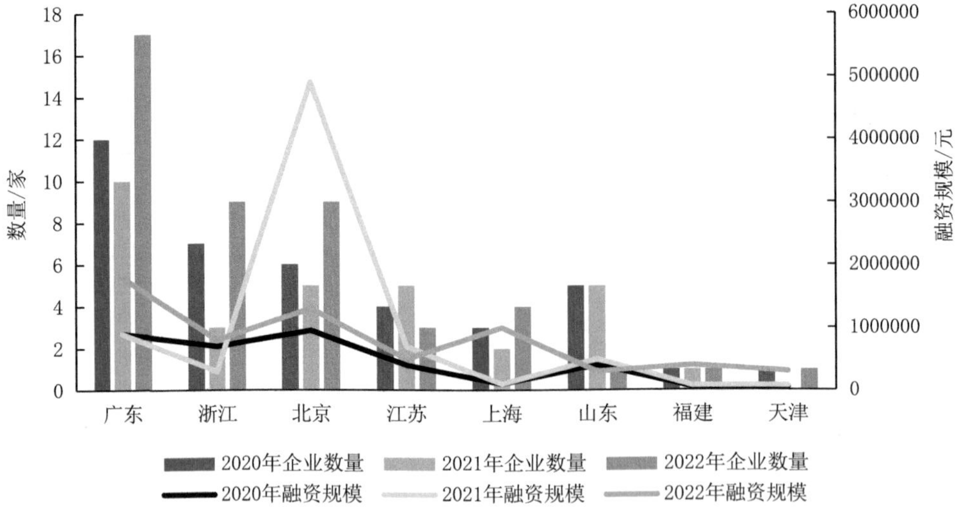

图6-9 2020—2022年东部8省市上市工业互联网企业数量和融资规模

资料来源：工业互联网产业联盟。

2019—2022年北上广苏浙五地获投初创企业数量如图6-10所示。

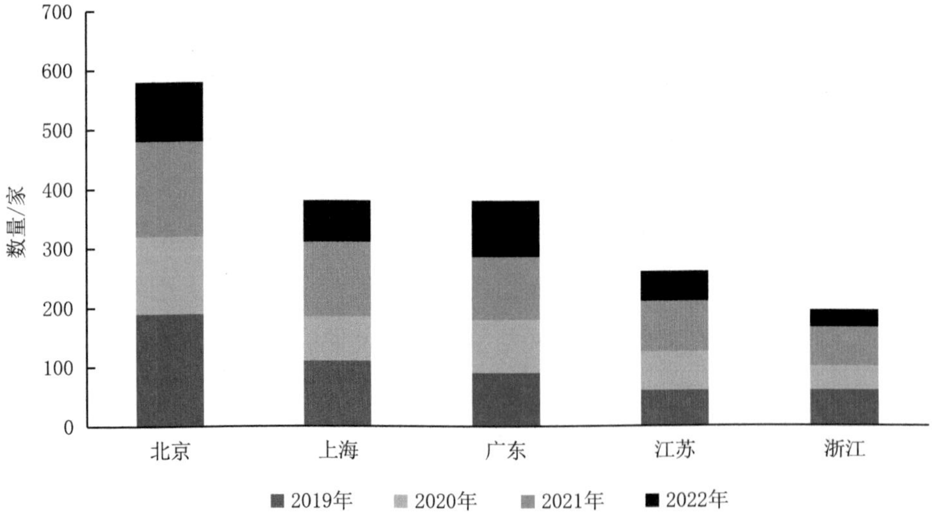

图6-10 2019—2022年北上广苏浙五地获投初创企业数量

资料来源：工业互联网产业联盟。

3.工业互联网产业示范基地发挥辐射带动效应

近年来，广东省积极促进新一代信息技术与制造业的深度融合，作为工业和信息化部支持创建的首批国家工业互联网示范区，初步建立了以东莞市、广州黄埔区、深圳龙华区、佛山南海区为代表的省级工业互联网产业示范高地。为进一步扩大示范效应，促进区域协同发展，广东省工业和信息化厅于2023年10月新增评定了佛山顺德区（智能家电）、深圳龙岗区（电子信息）、惠州仲恺高新区（电子信息）、肇庆高新区（新能源智能汽车）、广州花都区（箱包皮具）等5个省级工业互联网产业示范基地，旨在持续加速制造业的数字化转型进程。

新增评定的示范基地均聚焦于各自区域的特色产业优势，致力构建细分领域的工业互联网标杆。具体而言，佛山顺德区坐拥超过2.85万家制造企业，以美的等家电领军企业为核心，坐拥两家世界级“灯塔工厂”，智能家电产业年产值已突破3698亿元。深圳龙岗区连续多年蝉联全国工业百强区之首，汇聚了超过2.4万家软件和信息服务企业，以华为、兆驰等企业为引领，电子信息产业年产值高达7544亿元。惠州仲恺高新区作为国家级新型工业化示范基地（移动智能终端），拥有8家百亿级电子信息企业及7家省级百强电子信息制造企业，正全力打造万亿级电子信息产业集群。肇庆高新区则专注于新能源智能汽车领域，汇聚小鹏汽车、宁德时代等领军企业，致力成为全国新能源产业的重要制造中心。而广州花都区作为箱包皮具产业的聚集地，拥有完整的产业链和强大的配套能力，汇聚生产型企业超8000家，经营型商户1.8万余家，从业人员超过25万人，产品远销140多个国家和地区，出口占比超过七成。

4.工业互联网应用及赋能成效逐步显现

广东省正加速构建数字基础设施体系，强化5G网络普及，深化工业企业网络重构及加快标识解析二级节点布局，以树立工业互联网融合应用的典范。例如，惠州仲恺高新区不仅设立了面向汽车零部件行业的工业互联网标识解析二级节点，构建了专属工业互联网平台，还针对精密加工制造业建立了同类节点，实现了零部件全生命周期数据的无缝追溯，显著提升了企业的运营效能与管理质量。佛山顺德区则引领全区超过1400家规模以上工业企业完成网络升级，催生了众多“5G＋工业互联网”示范项目及智慧园区，并成功部署了家电、超硬材料等行业的标识解析二级节点，孕育了如美云智数等国家级跨领域工业互联网平台。深圳龙岗区携手华为，针对电子、模塑、装备三大支柱产业定制工业互联网平台，成功赋能包括左右家私、通产丽星、核达中远通在内的30余家企业，打造行业应用标杆。广州花都区则聚焦于箱包皮具细分领域，携手专业平台服务商与制造业企业，共建箱包产业链协同制造平台，该平台已惠及超5400家企业，拥有8.55万用户，日活跃用户量高达2万人次。

作为制造业大省，广东省正加速推进产业数字化进程，深化工业互联网对制造业转型升级的赋能作用，促进软件信息服务与系统研发技术向实体经济深度融合。就工业互联网对产业的渗透而言，广东、江苏、山东、浙江、河南五省在工业互联网带动下的渗透产业增加值规模位居前列，广东以3280.50亿元的规模领跑，且2021年工业互联网产业增加值中，渗透产业占比高达63%，彰显了在工业互联网赋能实体经济方面的卓越成效。

工业互联网正重塑就业生态，持续催生高质量就业机会。多元化、深层次的融合应用正逐年在各领域催生数以百万计的就业岗位。如图6-11所示，2021年，长三角、珠三角、长江中游、京津冀、成渝、西北地区及东北地区，分别实现了578.5万人（名义增速6.31%）、336.7万人（名义增速7.14%）、322.6万人（名义增速13.46%）、258.3万人（名义增速10.59%）、232.1万人（名义增速6.47%）、167.2万人（名义增速16.85%）及150.0万人（名义增速5.38%）的就业增长，显示出区域性的就业促进效应。工业互联网对就业体系的革新体现在两个核心维度：一是激发了对专业技能人才的需求，促使传统制造业就业结构向高端化转型，优化了制造业的就业构成；二是促进了智力资源的广泛共享，催生了灵活多样的新型就业形态，有效降低了中小企业获取专业人才的门槛。

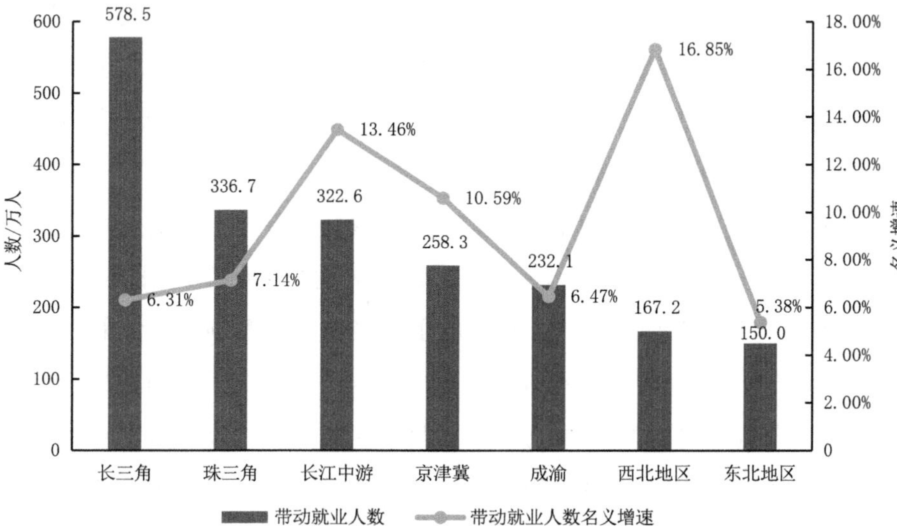

图6-11　2021年工业互联网带动我国重点经济圈就业人数及名义增速

资料来源：《中国工业互联网产业经济发展白皮书（2022年）》。

细化至省区市层面，前十强依次为广东、江苏、浙江、山东、四川、北京、河南、湖北、福建、上海，其中前三省凭借制造业的深厚底蕴，共同贡献了全国工业互联网就业增长的26.75%。而在增速方面，陕西、甘肃、湖北、上海等地领跑，特别是陕西，以21.67%的增速位居榜首，甘肃、湖北、上海紧随其后，增速分别为20.62%、20.37%、15.45%，展现了工业互联网对地方就业市场的强劲推动力。

第二节　广东省信息基础设施建设空间布局

一、以广深为核心、珠三角协同的5G产业发展格局

1.珠三角地区5G基站与产业链布局优势显著

就数据中心与5G基站布局来看，当前广东省内七成数据中心汇聚于珠三

角区域，尤以广州、深圳为甚，两者在珠三角地区的数据中心运营占比高达56%。2022年底，珠三角地区建成5G宽带城市群，粤东粤西粤北主要城区实现5G网络连续覆盖全省。截至2023年6月，深圳与广州分别建成了7.4万个与8.5个5G基站，广州持续领跑全省。

聚焦于5G企业的地域分布，深圳作为中国乃至世界电子信息产业的核心引擎，汇聚了全省最庞大的5G企业集群，总数达17920家（见图6–12），占比近四成，吸引了中兴通讯、方正微电子、飞速创新等领军企业的入驻，构建了完善的5G产业链，在技术研发、标准制定及融合应用方面均处于全球领先地位。海思半导体、中兴微电子等企业已成功研发并应用自主知识产权的5G芯片，而在核心器件领域，华为、国人通信、摩比天线等企业占据主导地位，国民技术、大疆创新等企业则在多元化应用领域取得了显著成就。2023年5月，深圳更是率先提出打造5G–A“全国第一城”的目标，三大运营商亦加速布局，共同助力深圳成为5G–A技术的先锋城市。

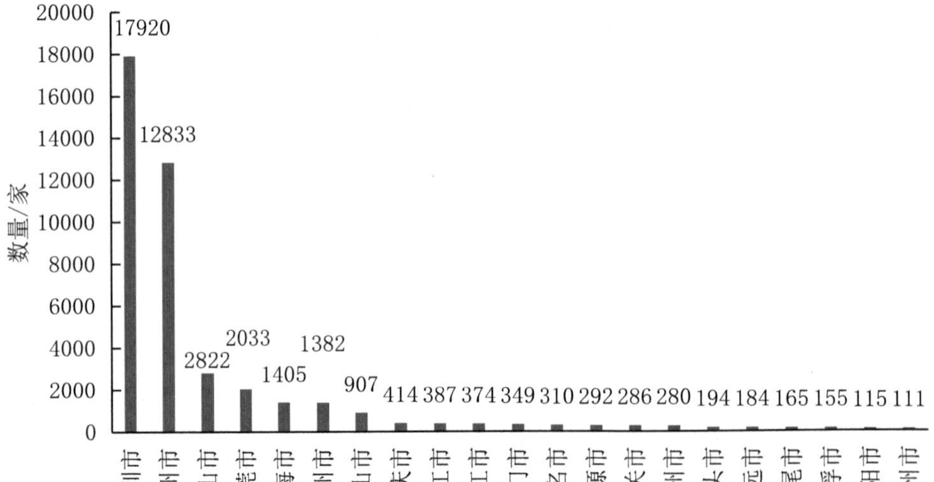

图6–12　截至2024年3月广东省各市5G企业数量

数据来源：企查查。

广州占据全省5G企业约三成份额，汇聚了宜通世纪、京信通信、杰赛科技、中海达等专注于5G技术研发、设备制造及创新应用的企业与研发机构，初步形成了由龙头企业引领、专业化分工明确、上下游紧密协同的5G产业生态。在园区建设上，广州构建了“3+2+6”的发展格局，即以科学城、知识城、天河软件园为核心的产业基地，以南沙国际人工智能价值创新园、海珠琶洲互联网价值创新园为关联的产业基地，并在黄埔、白云、越秀、番禺、南沙、增城建设六个衍生产业基地，共同推动5G产业的集聚发展。

东莞则在5G产业链上下游均有所布局，特别是在智能终端领域。截至2024年3月，东莞已拥有5G产业相关企业2033家。当前，东莞正积极部署5G基础设施建设，2023年新增5G基站11763个，累计基站数量已达30610个，位居全省前列。

2.珠三角地区5G应用生态系统与场景领先全国

珠三角地区还拥有5G应用场景的全国领先的下游产业链。首先，珠三角地区汇聚了众多在场景、技术、频段、网络等多维度上均具备深厚实力的5G解决方案提供商。这些企业中：华为提供的5G港口、工业PLC控制、电网、钢铁、机器视觉质检等方案引领行业；水之稻在医疗、电力、金融、消防、公安、煤矿等多个领域推出了前沿的5G解决方案；立体通以“5G+3D”手机方案为市场注入新活力；中兴通讯在“5G+AT”技术上深耕，并成功应用于高铁、电力、汽车、机器人等多个领域；云从科技专注于“5G+AI”技术的融合创新；极飞科技在农业领域大放异彩，其5G农业无人机、无人车、物联网系统及智慧农业系统方案广受好评；普华灵动亦在5G汽车工业机器人领域取得了显著成就。

其次，珠三角地区构建了一个庞大且活跃的5G应用生态系统，该系统广泛渗透至粤港澳大湾区的农业、工业、服务业及公共服务等多个领域。在农业方面，粤旺农业集团利用5G技术，实现了从农田到餐桌的全链条智能化，构建了“智慧菜篮子”生态体系。在工业领域，美的凭借5G工业互联网云化PLC解决方案，大幅提升了生产通信的实时性与过程管控能力，引领了“5G+AI”质检的新潮流，并成功入选工业和信息化部重点推广项目。在服务业方面，广州正积极建设5G车联网先导区及超高清视频产业特色小镇，推动产业升级。在公共服务方面，广深港高铁作为全球首条“5G+智慧高铁”投入运营，广州5G快速公交智能调度试点项目亦开创先河；南方电网在输电、变电、配电环节积极探索5G技术创新；深圳海星港、妈湾港借助5G技术实现智能化转型；广州白云国际机场与深圳宝安国际机场则致力打造5G智慧机场新标杆；深圳宝安区更是以“5G+AI”技术为核心，构建了智慧政务服务体系。

二、珠三角地区辐射带动物联网集群发展

1.珠三角地区起主要辐射带动作用

广东省在物联网领域展现出显著优势，不仅物联网企业数量众多，且产业链完整度居全国前列，其中物联网企业多集中在珠三角地区（见图6-13）。在物联网专利布局上，广东省同样展现出高度集中性，珠三角地区成为专利申请的主要阵地，而粤东粤西粤北地区则相对薄弱。深圳凭借强大的创新能力，在物联网专利申请量上占据绝对领先地位，华为、中兴通讯、鸿富锦精密等企业作为全国领头羊，贡献显著。广州物联网专利申请量紧随其后，华南理工大学、威创视讯公司等成为该领域的重要贡献者。

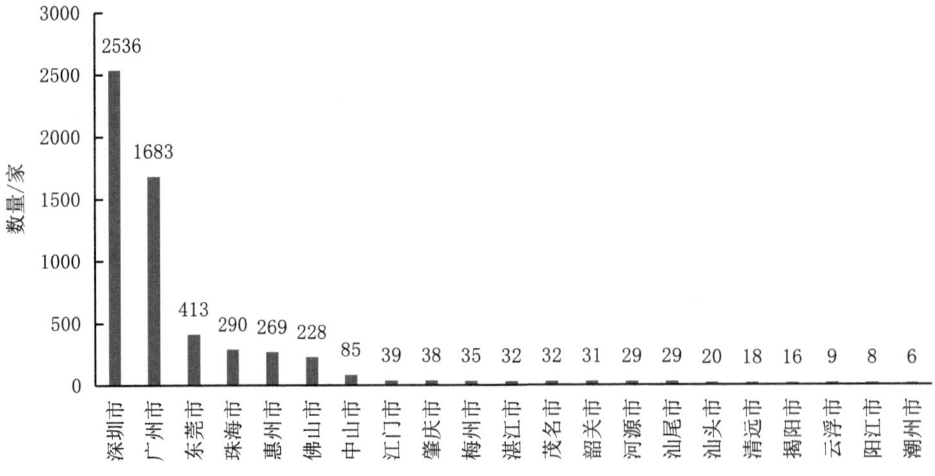

图6-13　广东省各市物联网企业数量（截至2024年3月）

数据来源：企查查。

2.物联网产业集群式发展

鉴于物联网产业上下游链条长、易于形成集群效应的特点，广东省物联网产业多以集群化模式布局，依托各类产业园区和龙头企业，构建起完善的产业生态。特别是在广州与深圳两大核心区域，集中建设了RFID、传感器、短距离无线通信、M2M、嵌入式系统等生产制造业基地，形成了强大的产业集聚效应。

此外，广东省还依托多个产业园区和基地，如广州科学城、广州天河软件园、珠海软件与数字娱乐产业专业化园区、佛山南海网络创新创业集聚区等，推动物联网技术在不同领域的创新应用与规模化发展，形成了各具特色的技术创新与商业模式创新集群。同时，借助珠三角北斗卫星综合示范工程，建设区域卫星综合应用产业化基地，进一步拓展物联网产业的应用边界。

为深化物联网与AI的融合，广东省物联网协会在白云区规划打造AI+IoT产业集群高地，旨在推动产业向更高层次发展。此外，佛山物联网和云计算基地、惠州物联网终端及应用产业基地等项目的设立，也为广东省物联网产业的多元化、全方位发展奠定了坚实的基础。

三、重点建设深穗珠工业互联网创新城市

1.广东省工业互联网企业近半数聚集在深圳

从广东省21个城市分布情况来看：珠三角9市共有723家工业互联网企业，在全省占比达93.8%；北部生态区共有24家，仅占全省数量的3.1%。具体来看，深圳381家，广州88家，东莞71家，珠海、佛山、惠州和中山则分别有57家、56家、47家和11家工业互联网企业（见图6–14）。

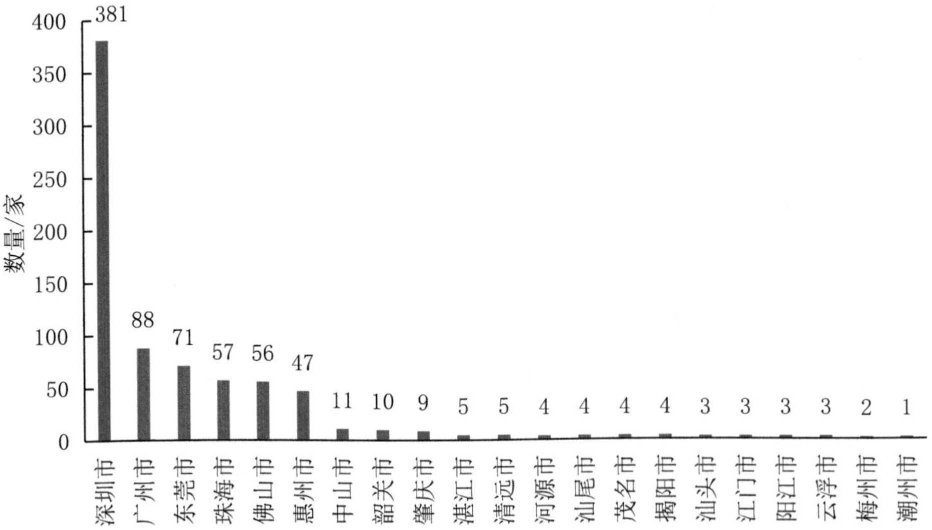

图6-14　广东省各市工业互联网企业数量（截至2024年3月）

数据来源：企查查。

2.深穗珠领跑工业互联网创新城市

以广东省高新技术企业和科技型中小企业作为评价对象，2016—2020年，以涉及工业互联网的有效专利和正在申请的专利为依据，南方Plus客户端遴选出广东省工业互联网创新水平前500强企业及其城市分布。分析显示，在珠三角核心区域内，除肇庆市外，其余城市在工业互联网创新指数（该指数基于有效及在审专利评估）上均领跑全省，具体表现为深圳、广州、珠海、东莞、佛山五市位居全省前五名。而转向北部生态区，除云浮外，其余四市的整体创新表现优于沿海经济带的东西两翼五市，其中清远市尤为突出，位列全省第八。在沿海经济带的七市中，仅东翼的汕头市跻身全省创新前十榜单（见图6-15）。

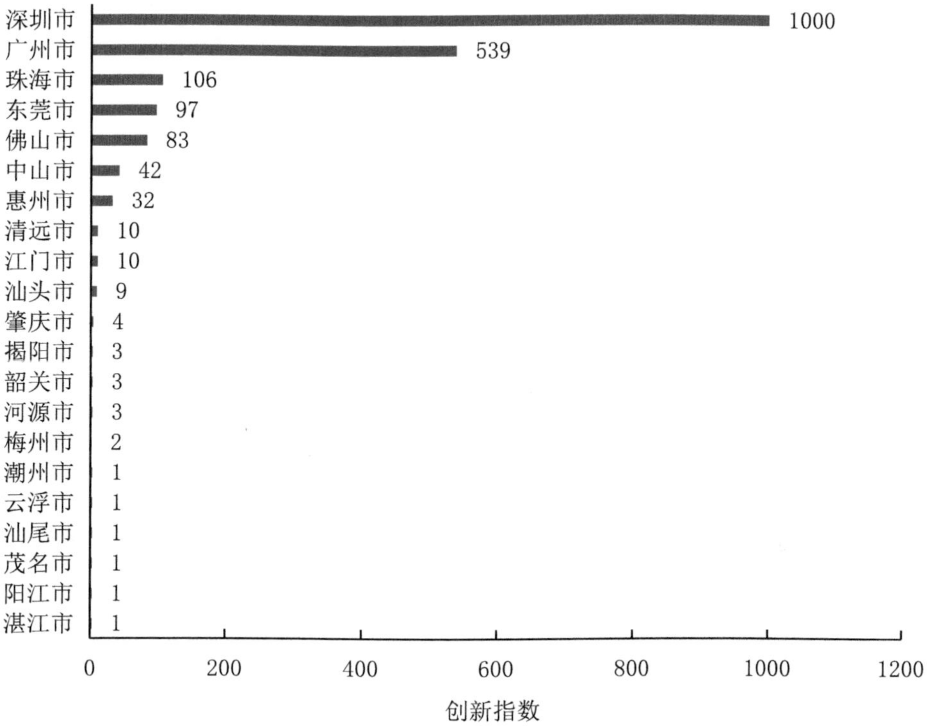

图6-15　广东省各市工业互联网创新指数

数据来源：南方Plus客户端。

从工业互联网平均创新指数（该指数综合考虑了创新指数与相关企业数量的比例）来看，“一核一带一区”下的各城市间，平均创新水平与整体创新排名的对比展现出显著差异。珠三角九市中，珠海、广州、深圳三市脱颖而出，超越了全省平均水平，并有六市跻身全省创新前十榜单。值得注意的是，汕尾虽然在平均创新指数上高居全省榜首（见图6-16），但其入围的创新型企业总数相对较少，这一显著成就主要归功于信利光电股份有限公司的卓越贡献，信利光电股份有限公司创新实力独树一帜，显著提升了汕尾的平均创新水平。

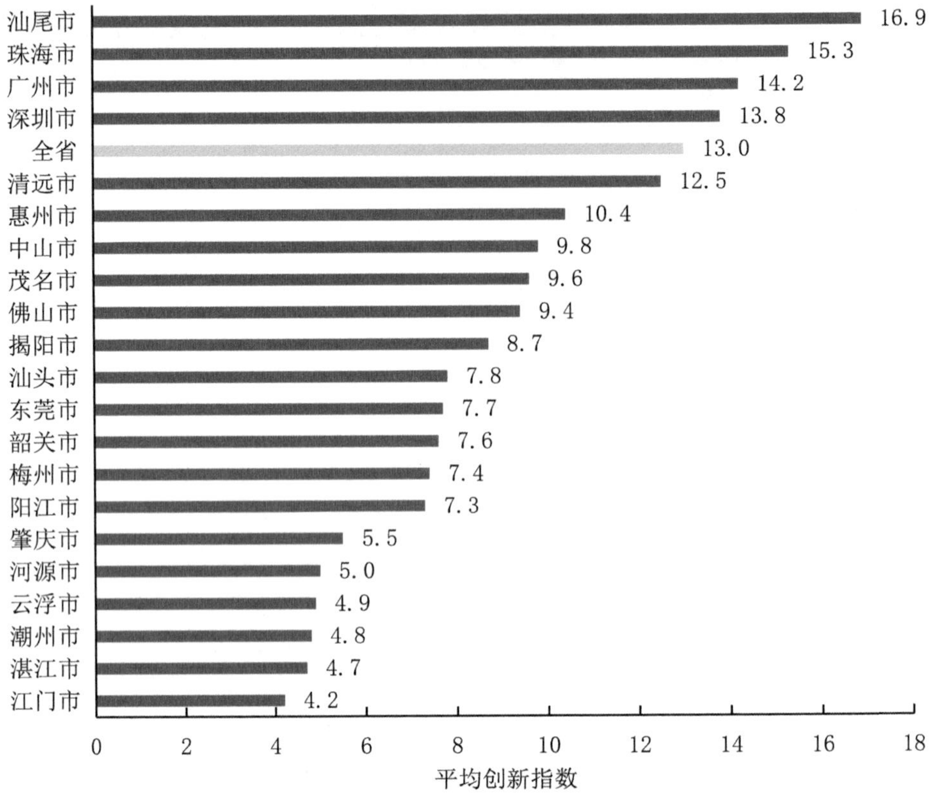

图6-16 广东省各市工业互联网平均创新指数

数据来源：南方Plus客户端。

第三节 广东省信息基础设施建设趋势

一、5G覆盖广度和深度进一步提升，“5G+”加速推进

1.5G网络实现规模引领，覆盖广度和深度进一步提升

步入2023年，我国5G基础设施建设进程迈向中后期，尽管已构建了全球最大的5G网络体系，但在网络的全面性与深度覆盖上仍有待强化。根据《广

东省制造业数字化转型实施方案（2021—2025年）》，广东将加快建设覆盖全省的高质量外部公共网络，深化“5G+工业互联网”融合发展，推动5G赋能战略性产业集群，加快典型应用场景推广，试点建设5G工业传输专网。《“数字湾区”建设三年行动方案》明确指出，推进大湾区5G网络深度覆盖，完善城际骨干传输网络，扩大粤港澳互联网络带宽，打造连接粤港澳三地的世界级无线城市群。未来几年，广东省5G建设将从“广覆盖”向“深覆盖”转变，重点推动农村、偏远地区及垂直行业的网络覆盖，结合“双碳”目标，通过共建共享和绿色节能技术降低能耗，打造全国领先的5G网络标杆，全面提升大湾区网络互联互通质量。

2.“5G+”场景化应用加速落地

当前，广东省在“5G+工业互联网”、个人消费、社会民生领域已形成示范效应。首批应用示范园区联合电信运营商及产业链企业，在汽车制造、电子信息等垂直行业打造标杆项目。个人消费领域，广东省一系列基于“5G+”的创新业务、模式与业态蓬勃兴起，显著提升了用户的体验与满意度；社会民生层面，5G技术赋能智慧教育、智慧医疗、文化旅游等多个领域，树立了标杆项目，并推动智慧城市整体建设质的飞跃。同时，5G技术正稳步迈向5.5G（即5G-Advanced）阶段，旨在满足更为复杂多元的全场景需求，为元宇宙、自动驾驶等前沿应用提供坚实支撑，有望开创5G独特应用的崭新篇章，引领行业进入杀手级应用的新纪元。未来，广东省将重点推动“5G+工业互联网”在电子信息、家电制造、汽车等优势产业的深度融合；同时，随着6G技术研发的全面提速，广东省将不断深化应用场景探索，融合通信与感知技术，拓展普惠智能新领域，实现空天地一体化的全球覆盖网络，引领全息通信、数字孪生、脑机接口、卫星互联网等前沿场景应用的创新发展。

3.5G安全成为重点工作，“5G+区块链”融合创新

伴随5G网络与应用深度融合的深化，网络暴露面的扩大也带来了日益严峻的安全挑战。5G网络标准已涵盖用户隐私保护、应用授权等安全要素，且随着应用生态的丰富，5G安全议题将持续受到高度重视。广东省工业和信息化厅发布的《广东省5G基站和数据中心总体布局规划（2021—2025年）》明

确提出，完善5G基站和数据中心的信息网络安全体系，推广新一代信息技术创新应用产品，确保信息网络安全运行。当前，广东省将5G安全纳入工业互联网安全保障体系，推动“5G+区块链”在供应链金融、跨境贸易等场景的应用。例如，广州、深圳数据交易所探索区块链数据交易模式，结合5G高速传输特性，提升跨境支付和工业数据可信度。未来，广东省将重点推动“5G+区块链”在跨境贸易、供应链金融等领域的应用；结合粤港澳大湾区政策优势，探索数据跨境流动的安全机制，打造全国领先的5G安全与区块链融合创新示范区。

二、物联网产业全链布局，场景落地与生态协同并进

1.聚焦全产业链布局，打造高端高智的物联网产业集群

广东省作为全国物联网产业的重要基地，已初步形成了以深圳、广州为核心的物联网产业集群，物联网产业链已形成覆盖“感知层—传输层—平台层—应用层”的完整体系。感知层以海思半导体、中兴微电子等为代表的芯片设计企业，以及以深圳、广州为核心的传感器产业集群，为物联网设备提供了高性能、低功耗的硬件支持。广州市发布的《广州市推动物联网产业高质量发展行动计划（2024—2028年）》明确提出，到2028年，建设2个以上物联网产业相关的特色园区。未来，广东省将加快推进核心软件攻关和应用推广，将依托粤港澳大湾区国家技术创新中心工业软件产业发展中心、中国工业互联网研究院广东分院以及华为（白云）工业互联网创新中心等重要平台，推动工业软件、工业互联网与开源鸿蒙生态的融合创新，实现物联网产业链自主可控，通过政策引导和资金支持，吸引更多产业链上下游企业入驻，进而形成规模化、高端化的物联网软件产业集群。

2.强化基础设施与数据要素支撑，推动应用场景落地

广东省高度重视物联网基础设施的建设，广州、深圳等城市已建成覆盖广泛的5G网络，通过政策引导和技术支持为物联网设备的低延迟、高带宽通信提供了坚实的基础。根据《广东省数字经济促进条例》，县级以上人民政府及有关部门正在推进物联网建设，推进基础设施、城市治理、物流仓储、

生产制造、生活服务、应急管理、生态保护等领域感知系统的建设应用、互联互通和数据共享。接下来，广东省将持续依托大数据和人工智能技术，推动物联网数据的采集、处理和应用，强化基础设施与数据要素支撑；物联网将与5G、工业互联网深度融合，在智能制造（如汽车电子）、智慧城市（如智能电网）、智能网联汽车、低空经济、农业数字化等领域形成规模化应用场景，并通过数据要素市场化释放产业价值。

3.推动标准化与生态协同，破解中小企业发展瓶颈

当前的物联网产业主要是以各大厂家为主体的分散模式，各厂家间采用不同的协议进行连接，设备间无法兼容，不同厂家的设备之间无法连接使用，未形成一个统一的、标准化的模式，影响了物联网产业的规模化发展。但随着物联网用户的不断增加，物联网需求的不断扩大，技术的不断发展成熟，物联网产业将迎来大发展。产业的不断壮大、产业链的不断扩大，需要一个统一的物联网标准来统一整个物联网产业。针对物联网中小企业面临的研发成本高、生态壁垒等问题，广东省将加强产业支撑，打造标准体系，从产业的前端传感设备、网络传输协议的标准化到平台间协调的标准化都将迎来一个完全兼容的统一模式。重点推动物联网协议标准化，依托广州、深圳的国家级工业互联网标识解析节点，实现跨行业产品全生命周期管理，加快推进物联网技术的全球互联互通，特别是在智能家居、智慧城市、工业物联网等领域，打造全球领先的物联网生态体系；通过开放共性技术平台和产业链协作生态，降低中小企业创新门槛，推动形成“大企业引领+中小企业协同”的产业格局，提升整体竞争力。

三、工业互联网加速推进数字化转型，产业发展拓宽新领域

1.加快打造跨行业、跨领域的工业互联网平台与生态体系

广东省在全国率先出台工业互联网地方政策，如《广东省深化“互联网+先进制造业”发展工业互联网的实施方案》，明确到2025年建成1～2家国际水准的工业互联网平台。《广东省制造业数字化转型实施方案（2021—2025年）》明确指出，打造5家左右国家级跨行业、跨领域工业互联网平台，

20家左右特色专业型工业互联网平台。未来，广东省将致力构建多层次、多类型的工业互联网平台体系。一方面，加快打造技术水平先进，集成能力强大，应用范围广泛的跨行业、跨领域工业互联网平台；另一方面，针对重点行业和区域，建设具有特色的工业互联网平台，同时聚焦特定技术领域，培育专业型工业互联网平台。在此基础上，广东省将进一步深化国家工业互联网示范区的建设工作，持续推进产业集群的数字化转型工程，构建以“工业互联园区+行业平台+专精特新企业群+产业数字金融”为核心的新制造生态系统。

2.工业互联网与制造业深度融合，加速驱动数字化转型

广东省作为全国制造业大省，正通过工业互联网推动制造业全链条的数字化、智能化升级。根据《广东省制造业数字化转型实施方案（2021—2025年）》，到2025年，广东省工业互联网国家引领作用显著，推动超过5万家规模以上工业企业运用新一代信息技术实施数字化转型，带动100万家企业上云用云降本提质增效，重点在电子信息、家电、汽车等行业推广工业互联网应用。接下来，广东省将重点推动工业互联网与电子信息、家电制造、汽车等优势产业的深度融合，推动中小型制造企业加快数字化普及应用，加快“上云上平台”；推动面向重点区域的特色型工业互联网平台在“块状经济”产业集聚区落地，打造全国领先的数字化转型示范区。

3.技术融合催生新赛道和新业态

《广东省制造业数字化转型实施方案（2021—2025年）》指出，广东省将突破一批工业互联网网络、平台、安全领域关键技术，工业芯片、工业软件、工业控制系统等供给能力将显著增强。当前，广东省通过实施“铸魂工程”和“强芯工程”，重点突破工业软件和芯片“卡脖子”技术，推动工业软件和自主可控工业级芯片的研发，推动华为鸿蒙、腾讯云等平台在制造业的深度应用。未来，随着数字技术的迅猛融入与渗透，工业互联网领域的革新步伐显著加快，工业大数据与人工智能技术的深度结合成为关键驱动力。广东省将积极推进IPv6等核心技术的攻关突破，并着力推动边缘计算、人工智能、增强现实、虚拟现实以及区块链等新兴前沿技术在工业互联网中的应

用研究与实践探索。同时，致力培育和发展智能化制造、网络化协同、个性化定制、服务化延伸以及数字化管理等新模式与新业态，为工业转型升级注入新的活力。

第四节　广东省信息基础设施建设存在的问题

一、5G覆盖深度及广度有待提高

1.基站分布不合理

珠三角经济带作为经济引擎，5G基站密集，网络覆盖广泛，而粤东粤西粤北地区则相对匮乏。这种区域间的不均衡，不仅影响了广大用户的网络体验，也制约了偏远地区的数字经济发展。同时，城乡差异显著，城市区域5G覆盖完善，而农村地区则明显滞后，这加剧了城乡间的数字鸿沟。此外，部分区域5G基站布局未充分考虑实际需求，导致部分高流量区域信号拥挤，而低需求区域则资源闲置，则影响了网络资源的优化配置。因此，广东省需进一步优化5G基站布局，促进区域协调发展，缩小城乡差距，确保5G网络的均衡覆盖与高效利用。

2.应用场景开发不足

尽管广东省在5G技术的商业应用上已经取得了一定的成果，如在智慧工厂、智能交通、远程医疗等领域有初步的实践，但这些应用往往停留在技术展示层面，深度挖掘行业痛点、优化业务流程、提升运营效率等方面的应用探索还不够深入。例如，在智慧工厂中，5G技术的使用主要集中在设备监控、远程操作等基础层面，而对如何通过5G实现供应链协同、产品全生命周期管理等更高级别应用的探索较少。广东省的5G应用场景开发还面临着创新生态建设不完善的问题。这包括缺乏有效的跨行业合作平台，难以形成从技术研发、产品孵化到市场应用的完整链条。此外，对于初创企业和中小微企业，缺乏足够的资金支持和政策引导，导致创新资源分散，难以形成规模效应和持续竞争力。

3.技术标准与设备依赖进口

广东省的5G技术发展在很大程度上依赖于国际标准，尤其是在核心技术和标准制定方面。尽管我国在5G标准制定中发挥了重要作用，但与国际领先水平相比，广东省在5G技术标准方面的自主创新能力仍有待提高。这可能导致广东省在未来的技术竞争中处于不利地位，尤其是在面对国际技术封锁时。在广东省的5G基站建设过程中，部分关键设备和核心零部件仍依赖进口，这包括高端芯片、基站设备等。进口依赖使得广东省在供应链安全、成本控制和产业升级方面面临挑战。广东省虽然拥有较为完整的5G产业链，但在关键环节上仍存在短板。例如，在芯片设计、制造和封测等领域，广东省的企业与国际领先企业相比仍有较大差距。这种产业链的不完善使广东省在5G技术标准制定和设备生产上缺乏话语权。

二、物联网安全问题成为进一步发展的阻碍

1.物联网应用场景和需求碎片化

物联网应用领域分散，大部分仍处于不完全、不成熟阶段，在细分领域的应用仍有待创新与突破，还需不断“做加法”积累解决思路与方案，然后在此基础之上进行标准化建设以及“做减法”。这种现象在智慧家居领域最为普遍——当用户购买了不同品牌的家居设备，例如华为智慧生活、米家、美的、格力电器等品牌，往往需要下载各自的App才能进行操控。因此，需建立统一、规范的标准体系，打通不同设备之间的“任督二脉”。

2.物联网芯片与底层软件自主研发能力较弱

广东省作为全国通信产业发展最快的地区之一，网络传输层规模在全国优势凸显，主要得益于华为技术有限公司、中兴通讯股份有限公司等通信巨头企业的带动效应。广东省物联网产业链呈中间强、两头弱的态势。上游缺芯问题一直是制约广东省物联网产业发展的主要难题，原因是电子设计自动化软件长期被国外垄断，导致芯片国产化率低。广东省在平台层的中小企业数量多，但是不具备龙头企业那样雄厚的资金能力，导致大部分企业更愿意

购买引进平台服务而非自主设计操作系统。

3.物联网安全与隐私令产业发展面临阻碍

万物互联时代，网络威胁已然成为物联网应用场景中必须关注的问题。2023年6月，广东省电信网络出现罕见的重大故障，带来严重的通信阻断问题，对部分单位和个人都造成了损失。由于许多联网设备的软件、硬件来自不同供应商，各自系统之间存在传输拥塞风险，且芯片和软件保持安全稳定运行的时间有限，只要某个薄弱环节出现漏洞，整个物联网就将失去“免疫”功能而瘫痪。因此，亟须加大对物联网安全技术研发的投入与支持，对危害网络关键基础设施和隐私数据的潜在风险进行逐个化解。

4.部分省外单位成果在广东省转化动力不足

2018—2022年，科技部与广东省联合组织实施的国家重点研发计划“宽带通信与新型网络”重点专项，对B5G（Beyond 5G）无线移动通信技术等领域进行了全链条布局，并约定部省联动项目成果需在广东省落地转化。然而，部分省外高质量成果在广东省落地转化动力不足。一方面，部分已结题、未转化的国家级项目成果属于前沿技术领域，仍处于试验阶段，距离落地转化还有不少工作需要接续开展，且产品功能尚未适应现阶段市场应用需求，要实现产业化应用难度大；另一方面，尚无针对性的政策来引导物联网相关国家级科技项目在粤开展延展性研究和产业化应用，同时，广东省支撑项目成果落地的服务平台还不够完善，打通从成果到产业化应用的“最后一千米”仍需努力。

三、工业互联网与传统产业融合难以推动

1.企业内及上下游企业间难以统一协作

工业互联网的本质，就是通过互联网式的构架，实现人、材料、机器彼此间的相互协同。这个过程不仅涉及企业的研发、生产和销售等各个部门，也涉及上下游企业和产业链。然而，一方面，现代企业部门制的生产方式使得部门与部门之间的协同存在巨大摩擦；另一方面，出于商业秘密等因素的考虑，上下游企业之间交互存在巨大困难，统一数据和协议标准难以实现。

2.安全问题始终制约着工业互联网的深入应用

工业企业普遍对安全的要求较高，特别是涉及重要行业及关键领域的工业企业，其生产研发过程中，安全往往是首要问题。而工业企业一旦上云，其安全性会变得非常复杂，安全防范节点必然大量增加，包括云安全、边缘安全、内部协议安全、数据安全等。不少企业在确定性与效率之间倾向于选择确定性，对安全的顾虑往往是工业企业应用工业互联网的首要障碍。

3.难以推动传统产业转型

许多传统企业在数字化转型方面进展较慢，缺乏数字化转型意识和经验。因此，企业需要制定合适的战略规划和实施方案，将工业互联网应用到实际的生产和管理中，并推动企业转型和升级，而这个过程对于传统产业而言是很大的变动，牵一发而动全身，是具有一定难度的。

第五节　广东省信息基础设施建设的对策建议

一、加速推进5G覆盖深度和广度，发挥“千兆城市”示范作用

加强规划统筹，制定科学合理的5G基站建设规划。综合考虑城市与农村、发达地区与欠发达地区的平衡发展，于人口密集的城市中心和商业区域，增加基站密度以满足高流量需求；对于偏远农村和山区，也要确保基本的5G覆盖。同时，采用更先进的天线技术、频谱利用技术等，提高基站的覆盖范围和容量，优化基站布局。建立有效的监测和评估机制。定期对5G基站的覆盖效果和使用情况进行监测和评估，根据实际情况及时调整基站分布，确保5G网络的服务质量和覆盖效果能够满足广东省各地区的发展需求。

聚焦应用需求场景，推动5G网络深度覆盖。加快5G网络建设步伐，推动5G技术在各行业的应用，提升通信速度和网络容量，促进数字经济发展。针对广东省产业特点，聚焦智能制造、智慧城市、远程医疗、智能交通等重点领域，开展5G应用场景的试点和示范。建设更多现代化、安全可靠的数据中

心，提升数据存储和处理能力，支持大数据、人工智能等新兴技术的发展。建立政府、企业、科研机构等多方参与的5G应用场景合作平台，促进信息交流和技术共享，推动产业链上下游协同创新。

推动5G核心技术自主研发，构建本土产业生态。鼓励创新，推动核心技术的自主研发，这包括但不限于无线通信技术、网络架构、芯片设计、终端设备、网络安全等关键领域的突破。通过持续的技术创新，降低对外部技术的依赖，提升国产5G技术的竞争力。通过制定标准和规范，引导市场向国产5G技术与设备倾斜，促进产业链完善和优化。通过构建开放的生态系统，鼓励跨界合作，加速5G技术的商业化应用，形成规模效应，降低整体成本。培育5G应用市场，推动5G技术在各个行业领域广泛应用，如应用于智能制造、智慧城市、远程医疗、自动驾驶等，以此促进5G技术的快速迭代和成熟。

二、培育物联网核心技术“根能力”，强化安全保障体系

加强产业生态培育，促进产业数字化转型。培育一批技术领先、资源整合能力强的企业，深化产学研联合创新，促进创新链、产业链、资金链高效配置，推动物联网规模化、集约化发展。推动建立物联网应用示范区和项目，通过实际案例展示物联网技术的融合应用潜力，带动行业内的整合与协同，提升产业集聚发展水平，结合粤港澳大湾区建设，构建和完善物联网产业链，做好新产品、新服务、新模式的试行，优化政策人才、技术、资金等资源要素配置，推动地方数字化转型和智能化升级。

加强核心技术的创新，实现完全自主创新。要实现物联网产业链的完全自主创新，摆脱核心芯片、操作系统对国外的依赖，需要做到以下两点：一是鼓励和支持骨干企业加大关键核心技术攻关力度，支持面向物联网应用的芯片、传感器、中间件、物联网操作系统等核心研发能力的提升。二是加强关键芯片技术攻关项目的部署，提高芯片国产化率，加大力度扶持物联网关键芯片与底层软件的自主研发，继续完善国产操作系统应用功能，积极推动技术融合创新，进一步拓展物联网应用场景，加快在各行业的普及应用，牢牢掌握物联网核心技术“根能力”，抢占物联网产业发展制高点。

完善物联网安全保障体系，牢筑网络安全基座。加强物联网安全保障措施，防范生产、生活中的各类安全隐患。一是加强物联网安全政策布局。依据《中华人民共和国网络安全法》《关键信息基础设施安全保护条例》《网络安全等级保护条例》等政策法规，建立针对不同应用场景的物联网安全体系。二是统一产业链各环节安全防护意识，形成产业合力，培育网络安全标杆企业并推广先进案例。三是以设备安全为抓手，提高不同操作系统和产品的兼容性，制定典型场景的安全解决方案，为广东省物联网设备高效运作保驾护航。

完善成果落地转化支撑政策与平台。一方面，应结合广东省产业发展出台有针对性的成果管理细则，推动项目成果在广东省开展延展性研究和产业化应用，促使更多已结题、未转化的国家级项目成果在广东省落地转化；另一方面，建立并完善项目成果转化支撑平台，打通从成果到产业化应用“最后一公里”。充分发挥广东省RFID标准化技术委员会、广州物联网检测技术服务中心、广州物联网研究院等机构在成果转化中的支撑作用，提供成果评价、技术验证、技术转移、需求对接等服务，推动更多高质量成果在广东省落地生根。

三、促进工业互联网融合应用

聚焦标准化建设，促进上下游协同互通。推动物联网、大数据、云计算、人工智能等技术与工业互联网的深度融合，提升企业内部及上下游企业的智能化水平。政府可主导建立统一的工业互联网标准体系，包括数据格式、接口规范、安全协议等，确保不同企业数据互通和设备兼容。加强行业交流与培训，提升企业对工业互联网的认知与应用能力，促进产业链上下游的协同创新与共同发展。

平衡安全与发展，筑牢安全防线。相较于传统互联网安全范畴，工业互联网的安全防护边界显著拓展，不仅涵盖更广泛的防护对象，还融入了更加多元化的安全场景，其连接触角深入更广阔领域，乃至将安全威胁的触角延伸至物理世界，使得网络安全与实体生产安全紧密相连。因此，必须实现安全与发展的并行不悖、协同并进。为此，需加速构建一套横跨国家、地方、企业三层次的工业互联网安全技术防御与管理体系，并激励安全企业聚焦工业互联网领域，加大安全技术研发力度，促进科研成果的高效转化及安全产品与服务的持续创新，以全面增强安全技术对产业发展的支撑与保障能力。

聚焦垂直行业发展，深化融合应用。应紧密围绕行业实际需求，推动工业互联网在实体经济多个维度的深入渗透，提升应用实效并扩大普惠效应。通过集成大数据、云计算、人工智能等前沿技术，精细优化生产作业流程，驱动生产效率的飞跃性提升，并严格把控产品质量标准。与此同时，激励企业加大技术创新力度，研发出与工业互联网生态高度契合的新型产品与服务，以满足市场日益增长的多样化需求。引导关键领域、重点行业及标杆企业加大投资力度，持续实施试点示范项目，不断拓展工业互联网的应用边界，加速融合应用产业的蓬勃兴起。

第七章
广东省创新基础设施建设*

创新基础设施作为科研、技术开发及产品研制的公益支撑平台，涵盖科技重器、科教资源及产业创新载体，是新型基础设施的核心构成部分。创新基础设施相较于信息基础设施和融合基础设施，更侧重于创新源头的培育，位于创新链条的起点。

近年来，广东省正加速推进创新驱动发展战略的深度实施，聚焦于构建国家级实验室体系、重大科技基础设施、省级科研平台及产业技术创新高地等多元化创新基础设施网络。同时，积极响应数字化转型的迫切需求，着力构建以超级计算中心为龙头的先进计算能力体系，旨在打造一个集创新能力培育、尖端算力支撑与通用技术赋能于一体的综合性创新基础设施集群，以此推动区域科技创新能力的全面提升与高质量发展。《广东省推进新型基础设施建设三年实施方案（2020—2022年）》提出要建设四大创新能力支撑集群，而四大创新能力支撑集群的合理布局是科学技术实现飞跃性突破、加速科技成果向现实生产力转化的关键基石，也是激发创新创业活力、强化国家科技竞争力与创新潜能的重要支撑。本章梳理和分析了广东省近年来创新基础设施建设的基本状况，并据此提出了广东省创新基础设施建设的若干对策与建议。

---

* 本章执笔人为暨南大学产业经济研究院廖婧萍。

第一节　广东省创新基础设施建设现状

科学技术是第一生产力，而创新基础设施则是科学技术中至关重要的部分。面对科技革命与产业转型的深刻变革，技术迭代日新月异，广东省亟须迈入以创新驱动为核心动力，以创新引领产业升级与经济发展的全新阶段。

一、大科学装置与创新平台协同发展，实现合作共赢

广东省积极倡导高等院校与科研机构深度融入国家重大科技基础设施建设和运行，强化相关学科体系构建与高层次人才培育，构建重大科技基础设施与顶尖实验室、高等院校及科研单位等创新平台紧密联结、相互驱动、共促发展的创新生态，有力支撑科技创新体系高质量发展。

中国散裂中子源已正式运行。散裂中子源的建设，实现了广东省在国家重大科技基础设施领域“零的突破”。迄今为止，中国科学院已在广东省内布局并建成了7个大科学装置，其中包括设在广州的冷泉生态系统研究装置和人类细胞谱系装置、地处惠州的加速器驱动嬗变研究装置与强流重离子加速器装置，以及江门中微子实验装置等一批重大科技基础设施，彰显了科研布局的战略深度与广度。广东省已投入使用的重大科技基础设施现状如表7-1所示。

表7-1　广东省已投入使用的重大科技基础设施现状

设施名称	概况	发展现状
中国散裂中子源	该项目于2011年10月投入建设，已正式运行，旨在为我国在物理学、化学、生命科学、材料科学、纳米科学、医药、新型核能开发等学科前沿领域的研究提供一个先进、功能强大的科研平台	该项目已完成9轮运行，注册用户超过4300人，完成课题1000余项。依托该装置，中国科学院高能物理研究所成功研制我国首台自主研发的加速器硼中子俘获治疗（BNCT）实验装置，为我国医用硼中子俘获治疗装置整机国产化和产业化奠定了技术基础

续表

设施名称	概况	发展现状
加速器驱动嬗变研究装置（CiADS）	该项目于2018年启动建设。CiADS研究领域为中子特性、物质微观结构和运动，可进行DNA、结晶材料、聚合物等物质的微观结构研究	该装置超导直线加速器前端样机在国际上首次实现了10毫安连续波质子束流稳定加速和百千瓦、百小时稳定运行
强流重离子加速器装置（HIAF）	该项目于2018年启动建设。HIAF研究领域为核物理和核天体物理基础	该装置已经完成了45 GHz超导ECR离子源六极线圈、高功率注入/引出组件的加工和测试，实现了基于全Nb_3Sn股线复合超导磁体的45 GHz高电荷态ECR离子源核心技术的突破
深圳国家基因库	我国首个、全球第四个国家级基因库	该基因库目前已存储生物资源样本1000万份，基因信息数据存储支持能力达到60 PB
国家超级计算广州中心	其超算系统“天河二号”于2013年建成并正式投入使用。该中心超算应用领域主要为大气海洋环境、天文地球物理、工业制造设计、新能源新材料、生物医药健康和智慧城市云计算	“天河二号”超级计算机在全球超级计算机500强中连续六次夺冠。此外，该中心的通用算力得到了大幅提升，新推出的“天河星逸”系统在通用算力上提升了5倍
国家超级计算深圳中心	该中心于2009年成立，由中国科学院与深圳市政府共建	该中心参与了智能计算平台的建设，包括鹏城云脑Ⅱ、横琴先进智能计算平台、东莞大科学智能计算平台等项目，旨在打造世界领先的超级计算高地

资料来源：根据网上公开信息整理。

此外，广东省凭借中国散裂中子源、加速器驱动嬗变研究装置、强流重离子加速器装置等重大科技基础设施的强劲支撑，成功培育出诸如松山湖材料实验室等顶尖科研平台，实现了重大科技基础设施与省级实验室之间的深度交融与协同共进，创造出“1+1>2”的协同效应；同时，倡导高等教育机构与科研院所深入重大科技基础设施的构建与运维体系之中，强化跨学科融合与特色学科建设，加大对相关领域人才培养的投入力度，以人才为基，创新驱动，从而为探索“无人区”重点产业科技创新平台提供技术支撑。

二、先进算力不断加强，推动人工智能发展

从基础设施侧看，广东省的数据中心、智能计算中心、超算中心加快部署。中国算力网粤港澳大湾区调度中心于2023年9月完成主体系统的集成与指挥中心建设，实现“鹏城云脑Ⅱ”、国家超级计算广州中心、联通云、广州人工智能公共算力中心、横琴先进智能计算中心等5家超算、智算、云计算中心的资源接入，并进入试运行阶段。未来，广东省致力构建全国领先的智能算力枢纽中心，同时在粤港澳大湾区内设立数据创新特区，并树立全国场景应用示范标杆，促成“算力广泛织网、算法开放生态、数据深度融合、创新应用层出不穷”的协同发展新生态，从而进一步强化广东省在数字经济领域的核心竞争力，推动其基础设施算力实现质的飞跃。

1.数据中心规模大幅提升

截至2022年底，广东省大中型数据中心机架规模已跃升至62.5万个标准机架，平均上架率超过65%，在建的大型及超大型数据中心集群总规模突破16.9万个标准机架，已运营数据中心机柜总量突破30万架。在能效优化方面，电能利用效率（PUE）持续走低，行业内先进绿色数据中心引入冷板式液体冷却技术，单系统PUE值降至1.1，达到国际先进水准，有效赋能智能制造领域，提供强大的AI算力支持。

为构建世界领先的算力设施集群，广东省明确了六大核心建设使命，首要聚焦于构建数据中心集群体系，特别是加速韶关数据中心集群的标杆性建设，同时强化城市数据中心布局优化，促进网络架构的深度融合与互联互通，提升算力供给的效能与服务质量，加固网络数据安全防护体系，并推动数据流通机制的完善与数据应用价值的深度挖掘。预计至2025年，韶关数据中心集群将达到50万个标准机架的庞大容量，承载约500万台服务器，上架率稳健提升至80%，奠定了其作为国家骨干网络核心节点的坚实地位。此布局旨在吸引并汇聚广东省内大型及超大型数据中心，形成集聚效应，同时实施差异化策略，限制非集中区域新增同类数据中心，以高效配置资源，优化空间

布局，驱动算力产业迈向高端化、集约化发展道路。

2.智能计算中心加快布局

广东省目前拥有鹏城实验室、韶关数据中心集群、横琴先进智能计算平台、广深超算中心等重大算力设施平台。要发挥横琴、前海、南沙、河套等四大合作平台桥头堡、试验田的作用。广东省目前拥有7家国家新一代人工智能开放创新平台和16家省级新一代人工智能开放创新平台，国家新一代人工智能开放创新平台数量占全国的比重为30.4%。其中，“鹏城云脑Ⅱ”可提供支撑近千个国产AI模型的训练任务，成为国家最重要的AI大模型训练平台之一。地方依托智能计算中心：一方面广泛赋能本地科研机构与企业实体，提供普惠性算力资源，以强化科研创新能力与人才培育机制；另一方面紧密对接本地智能产业的实际需求，精心培育人工智能产业生态体系，从而加速人工智能技术的创新应用进程，推动产业转型升级与高质量发展。

以广州为例，国家超级计算广州中心是全球最具应用影响力的超算中心之一，其研制的国产超级计算多模式应用支撑平台获2022年广东省科技进步奖特等奖，服务用户超过5000家，其中约20%为先进制造、生物医药、新材料等产业的企业用户。广州人工智能公共算力中心作为科技部首批遴选的国家新一代人工智能公共算力开放创新平台典范，已成功赋能超过220家行业企业，其卓越的运营成效在2023年世界人工智能大会上荣获“人工智能计算中心运营优秀奖”。

3.广东省整体算力发展水平领先全国

根据《中国算力发展指数白皮书（2023年）》，从整体来看，广东、北京、江苏、浙江、山东、上海、四川等算力发展指数（中国算力发展指数评价体系见图7–1）在40以上（见图7–2），位于第一梯队。广东省依托雄厚的经济基础，把握算力发展机遇，在先进计算关键技术创新、算力产业提振、算力基础设施建设、算力发展环境优化、算力创新应用推广等维度均取得突出成果，整体算力发展指数领先。

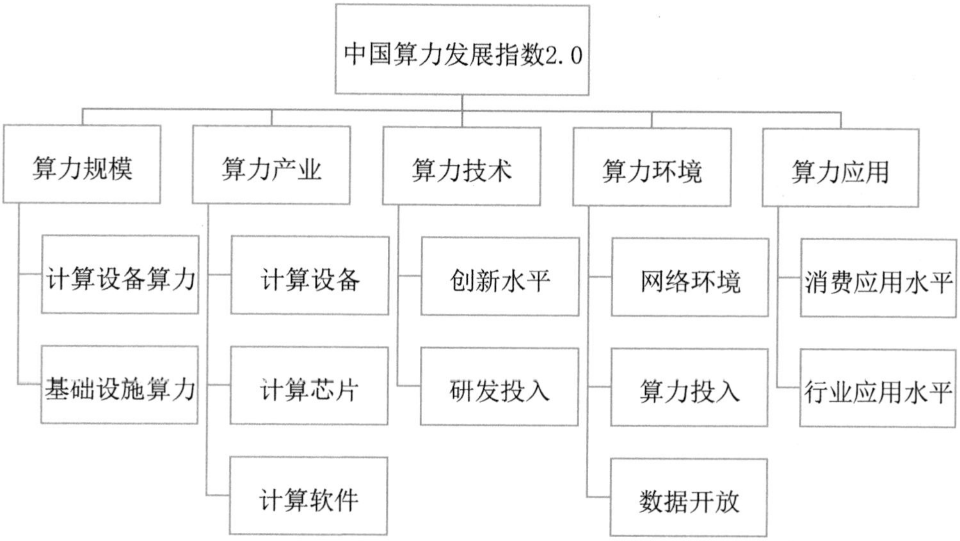

图7-1　中国算力发展指数评价体系

资料来源：《中国算力发展指数白皮书（2023）》。

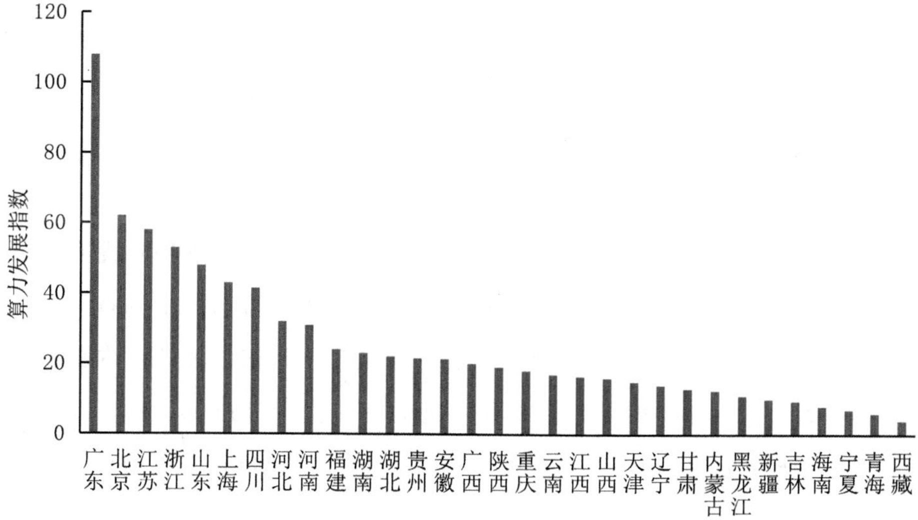

图7-2　2022年中国部分省（区、市）算力发展指数

资料来源：《中国算力发展指数白皮书（2023）》。

从算力规模分指数来看，北上广等地区算力规模分指数仍然遥遥领先，其中广东位列第二，江苏、浙江、河北、山东、贵州跻身第一梯队，算力规模分指数在20以上（见图7-3）。广东省通过集约化发展和新建大型/超大型算力中心，尤其是智能算力基础设施的建设，使算力规模平均增速达到44%，超过全国平均水平（36%）。

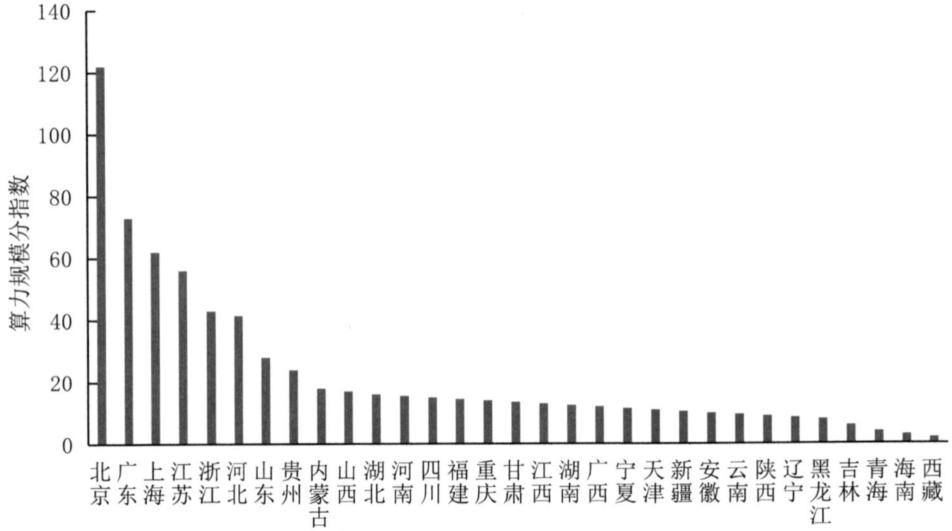

图7-3　2022年中国部分省（区、市）算力规模分指数

资料来源：《中国算力发展指数白皮书（2023）》。

具体到基础设施算力而言，广东省基础设施算力规模发展稳步提升。从基础设施算力分布来看，2022年我国基础设施算力规模排名前十的省（区、市）依次为上海、江苏、广东、河北、北京、山东、贵州、浙江、内蒙古和山西，这些省（区、市）的基础设施算力规模均超过了5 EFlops，而广东的基础设施算力规模超过了16 EFlops（见图7-4）。广东省基础设施算力规模具有前期积累的明显优势，随着智算中心的快速部署，广东省基础设施算力将进一步提升。

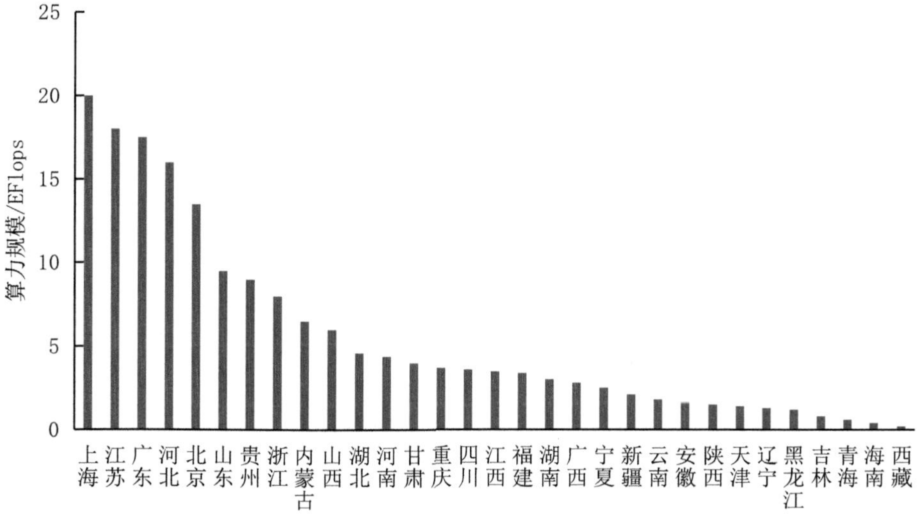

图7-4　2022年中国部分省（区、市）基础设施算力规模

资料来源：《中国算力发展指数白皮书（2023）》。

从算力技术分指数来看，广东省位居前列（见图7-5），算力创新水平和研发投入均处于全国第一。在算力创新水平方面，广东省2018—2022年计算发明专利申请数和发明授权数分别达到6万个和1.7万个。在算力研发投入方面，广东省在计算机、通信以及其他电子设备制造领域的R&D（研究与试验发展）经费接近1400亿元，遥遥领先于其他省份。

从算力环境分指数来看，广东省持续优化算力网络生态环境，不断加大算力资源的投入强度，整体发展环境不断完善。2022年广东省算力环境分指数在100以上，位列第一（见图7-6）。在算力网络环境方面，广东省相关指数在90以上，其中互联网省际出口带宽领先上海、北京、天津、山东，而且广东省在5G覆盖率方面居全国前列，在45%以上。在算力投入力度方面，广东省相关指数在60以上，其中IT硬件、软件和服务支出规模均超过2700亿元，算力投入力度领先于其他省（区、市）。

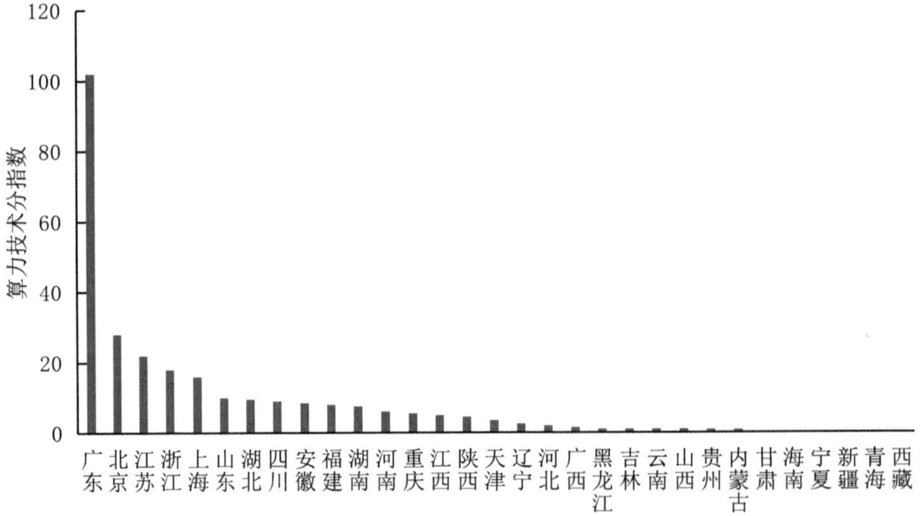

图7-5　2022年中国部分省（区、市）算力技术分指数

资料来源：《中国算力发展指数白皮书（2023）》。

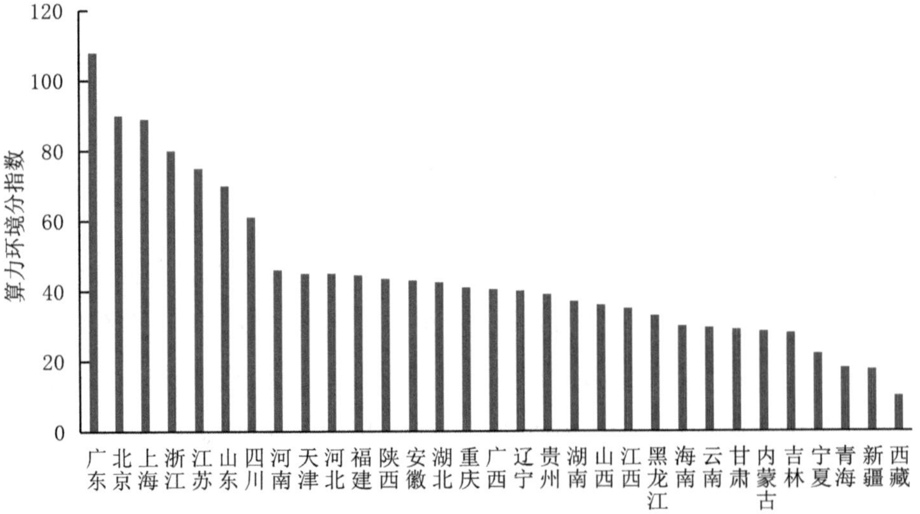

图7-6　2022年中国部分省（区、市）算力环境分指数

资料来源：《中国算力发展指数白皮书（2023）》。

总的来说，广东省依托雄厚的经济基础，把握发展机遇，大力布局算力基础设施建设，整体算力发展领先于全国其他地区。

三、夯实产业技术创新基石，提升自主原始创新能力

广东省聚焦于产业发展中的基础理论与关键技术瓶颈，已初步架构起由鹏城实验室、广州实验室领航，涵盖10家省级实验室、31家国家重点实验室、430家省级重点实验室、20家粤港澳联合实验室、4家“一带一路”联合实验室以及高级别生物安全实验室的多层次高水平实验室网络，并紧密围绕战略性新兴产业布局，系统性引入国家科技战略力量，创建一批顶尖创新研究院，从而夯实产业技术创新的基石，显著增强自主原始创新能力。

1.科技创新平台建设稳步推进

广东省重点实验室数量自“七五”时期的8家迅猛增至430家，广泛覆盖高端电子信息、新材料、新能源、医药健康及农业技术等高新技术领域，国家重点实验室数量则高达31家，实验室整体实力稳居全国领先地位。科技产业创新平台建设成效显著，建成33个省级制造业创新中心、4个国家级制造业创新中心、23个国家工程研究中心（工程实验室），为区域科技创新与产业升级奠定了坚实的基础。

从研究与开发机构来看，2022年广东省拥有县级以上政府部门属研究与开发机构192个，其中自然科学及技术领域有171个研究与开发机构，占比最大，为89.1%，社会及人文科学领域有12个研究与开发机构，科技情报和文献领域则有9个研究与开发机构（见图7–7）。从纵向来看，广东省县级以上政府部门属研究与开发机构数量总体呈上升趋势。

2.孵化器和众创空间规模和质量稳步提升

科技企业孵化器是高新技术中小企业的孵化与扶持机构。众创空间则是由政府、企业界及社会其余各界联手为创新创业者打造的基础设施和服务平台。孵化器通过为初创科技型中小企业提供物理空间与基础配套设施，辅以多元化服务策略，削减创业者的初期风险与成本，并加速科技成果商业化进程，提高创业成功率，进而推动科技型中小企业稳健成长，培育出成功的企业和企业家。

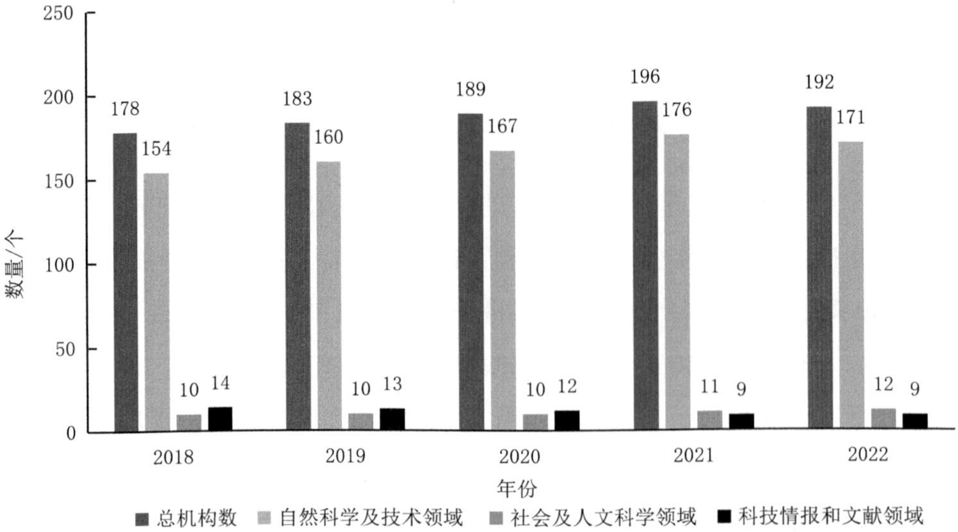

图7-7 2018—2022年广东省各领域县级以上政府部门属研究与开发机构数量
数据来源：2019—2023年广东统计年鉴。

近年来，广东省持续推出一系列重大政策举措（见表7-2），深入推进科技体制机制的革新，旨在为“四个走在全国前列”及“两个重要窗口”的发展蓝图奠定坚实基础。2021年，广东省科学技术厅制定并颁布《广东省科技孵化育成体系高质量发展专项行动计划（2021—2025年）》，聚焦强化省属高等教育机构、科研单位、省级科研平台及顶尖创新研究院等多元化创新主体的协同合作机制，构建专业孵化生态系统，激发技术创新的源头活力，实现孵化载体“量稳质升”，进而驱动科技孵化体系的全面升级。

表7-2 2016年以来广东省有关孵化器的部分政策

出台时间	名称
2016年10月	《广东省建设大众创业万众创新示范基地实施方案》
2016年12月	《广东省促进科技成果转化条例》
2017年1月	《广东创新型省份建设试点方案》

续表

出台时间	名称
2018年2月	《广东省科学技术厅 广东省财政厅关于科技企业孵化器、众创空间后补助试行办法（修订）》
2018年8月	《广东省人民政府关于加强基础与应用基础研究的若干意见》
2020年5月	《广东省科技企业孵化载体管理办法》
2021年12月	《广东省科技孵化育成体系高质量发展专项行动计划（2021—2025年）》

资料来源：根据广东省人民政府、广东省科学技术厅公开资料整理。

在壮大科技型企业集群规模方面，广东省构建了涵盖初创科技型企业、科技型中小企业、高新技术企业以及科技领军企业的多层次、梯度化培育体系。此体系紧密衔接众创空间的创意萌芽阶段、孵化器的初创孵化阶段、“加速器”的成长加速阶段，以及“大学科技园”的产业融合与升级阶段，形成了一条完整且高效的科技创新孵化全链条路径。《广东省科技孵化育成体系建设发展报告（2023）》（简称《报告》）显示，广东省内科技企业孵化器的总数已达1066家，同时拥有1050家众创空间，这两类创新孵化平台的数量均在全国范围内名列前茅，成为推动科技企业茁壮成长、实现规模化发展的坚实摇篮。2016—2023年，广东省科技企业孵化器和众创空间数量大致呈增长趋势（见图7–8）。相较于2016年，科技企业孵化器的数量在2018年实现了显著增长，增幅高达67%；而众创空间则在2019年展现出更为迅猛的增长势头，其数量增幅相较2016年高达87.4%。这表明，2016—2019年，广东省的科技企业孵化器和众创空间进入高速发展阶段，并在规模上逐步显现出经济效益，随后其数量呈现出轻微的上升趋势。

从广东省孵化载体的总体规模来看，1066家科技企业孵化器中，省级以上孵化器占比30.7%，其中国家级孵化器222家，总量位居全国第二。省级以上众创空间占比41%，其中国家备案众创空间274家，总量位居全国第一，“广东规模、广东质量”在全国形成影响。

从广东省孵化器优质企业培育质量来看，《报告》显示，全省孵化器在孵企业3.28万家，累计培育毕业企业达2.91万家，累计培育上市（挂牌）企业692家，其中2022年培育了广东联航智能科技有限公司等62家企业分别在港交所、上交所等板块上市挂牌。2022年，营业收入超5000万元的广东省孵化器毕业企业达700家，9家科创板企业来源于孵化器。

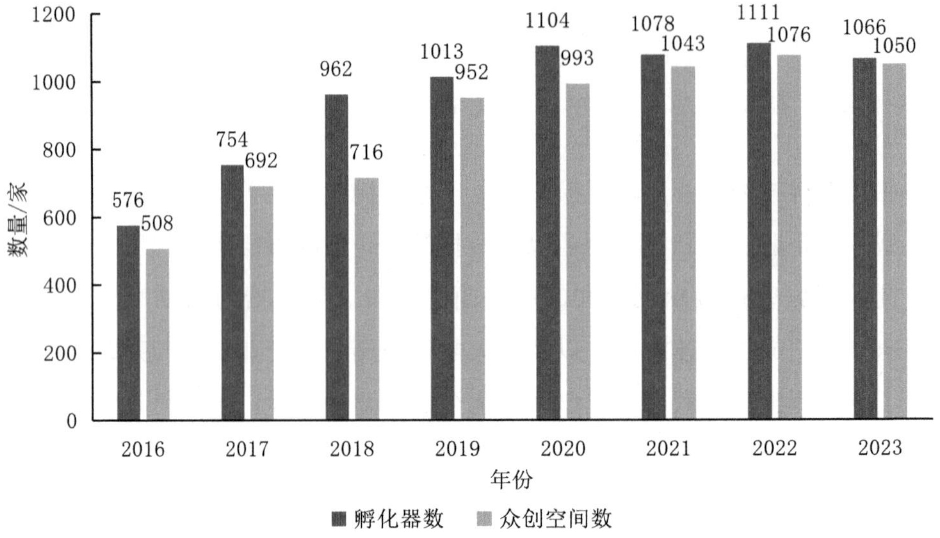

图7-8　2016—2023年广东省科技企业孵化器和众创空间发展情况

数据来源：2017—2024年中国火炬统计年鉴。

3.产业平台支撑作用加强

广东省各个战略性新兴产业细分领域正加强对创新资源的整合，依托重大平台实现技术突破（见表7-3），依托产业园区实现集约发展。如智能机器人产业的松山湖国际机器人产业基地等，区块链与量子信息产业的蚁米安居宝链享智造园、广东金融高新区“区块链+”金融科技产业孵化中心等核心产业孵化基地，正为战略性新兴产业的发展提供强有力的平台支撑。

表7-3　广东省战略性新兴产业重点依托平台

战略性新兴产业	重点依托平台
高端装备制造	广州机械科学研究院、中航通飞研究院、中国科学院深圳先进技术研究院等
新能源	先进能源科学与技术广东省实验室、中国科学院广州能源研究所、南方电网数字电网研究院等
激光与增材制造	广州市3D打印产业园、深圳激光谷产业园、激光打印机高端装备智能制造产业园（珠海）等
智能机器人	松山湖国际机器人产业基地、南山机器人产业园等
区块链与量子信息	广东金融高新区“区块链+”金融科技产业孵化中心、广州蚁米区块链创客空间、蚁米安居宝链享智造园等

资料来源：根据广东省工业和信息化厅公开资料整理。

四、把握发展机遇，构建区块链技术新优势

区块链基础设施是由一系列具备广泛接入潜力、公共服务支撑能力及灵活部署特性的公共区块链网络构成，并通过高度集成与互联的跨链解决方案相互连接的网络服务体系，是区块链理念工程实践的具体形态。随着“星火·链网”等国家级重大工程先后投入使用，全国范围内对于区块链基础设施的探索正逐步由部署建设阶段步入规模化应用阶段。在此背景下，广东省抢抓区块链技术发展先机，成为国内率先布局该领域的地区，通过一系列前瞻性举措，逐步构建区块链技术与产业并进的新优势。

1.科研力量雄厚

广东省高度重视区块链领域的教育与研究，推动省内中山大学、华南理工大学，以及南方科技大学、深圳大学等设立区块链专项研究平台与课程，形成了多维度的教育与研究网络。其中由广州大学的李进教授领衔申报的“广东省区块链安全重点实验室”成功获批学科类省级重点实验室，项目获资助高达300万元。这是广东省首个区块链专项实验室，进一步彰显了广东省对区块链技术创新的坚定支持与前瞻布局。

广东省内多家领军企业积极投身区块链技术研发。例如：深圳市迅雷网络技术有限公司研发的具备百万TPS高并发、秒级确认能力的迅雷链，显著提升了区块链处理效能；鼎铉商用密码测评技术（深圳）有限公司构建了涵盖

区块链底层至应用层的国产密码全面应用体系，为区块链技术安全自主可控贡献力量。

2.龙头企业带动，中小企业联动

广东省区块链领域企业已初显龙头企业引领、中小企业协同的蓬勃态势。国家网信办披露的数据显示，广东省区块链信息服务备案项目数量高达572项，约占全国备案项目数量的15%，彰显了其在区块链技术创新与应用推广中的领先地位。

同时，广东省汇聚了以华为、微众银行为代表的行业巨头，这些企业深耕区块链底层平台技术的研发，为中小企业区块链开发者构筑了坚实的底层技术支撑体系。与此同时，平安科技、众安科技及矩阵元等领军企业则聚焦行业应用层面的深度挖掘，致力为中小企业量身打造全方位、定制化的区块链综合解决方案，以创新驱动行业变革。此外，网心科技独树一帜，创新性地将共享计算理念与区块链技术深度融合，推出了集高性能、高扩展性于一体的品牌化智能硬件——“玩客云”，不仅丰富了区块链产品的形态，更强化了区块链技术在硬件层面的基础支撑，为区块链技术的广泛应用开辟了新路径。

3.逐步推进“区块链+”

广东省在孵化中心的启动上取得了重要突破，加速了推进“区块链+”融合发展的战略步伐。特别是广东金融高新区的“区块链+”金融科技产业集聚基地及其孵化中心正式启动，同时与中关村区块链产业联盟等业界前沿组织深度合作，签约引入一系列多元化“区块链+”项目，涵盖安全强化、技术教育等前沿领域。这些项目将深度融入中小型制造业生态，通过精准对接应用场景，促进金融、科技与产业的深度融合与协同发展。

从纵向来看，在“区块链+”相关企业成立的数量方面，2019—2023年，广东省“区块链+”相关企业成立数量大致呈增长趋势（见图7–9）。其中，2021年“区块链+”相关企业成立数量增幅高达46.82%，之后数量大致保持小幅增长。

从横向来看，对比经济较为发达的京沪江浙一带，广东省“区块链+”相关企业成立数量和注册资本在1000万～5000万元的企业数量远高于其他省市（见图7–10），可见广东省“区块链+”孵化体系逐步完善，吸引大中小企业在粤发展。

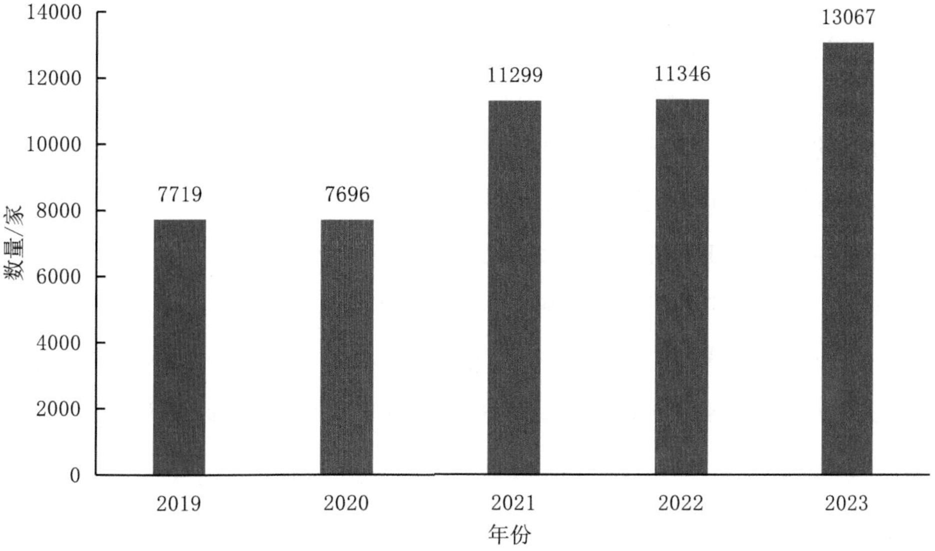

图7–9　2019—2023年广东省“区块链+”相关企业成立情况
数据来源：企查查。

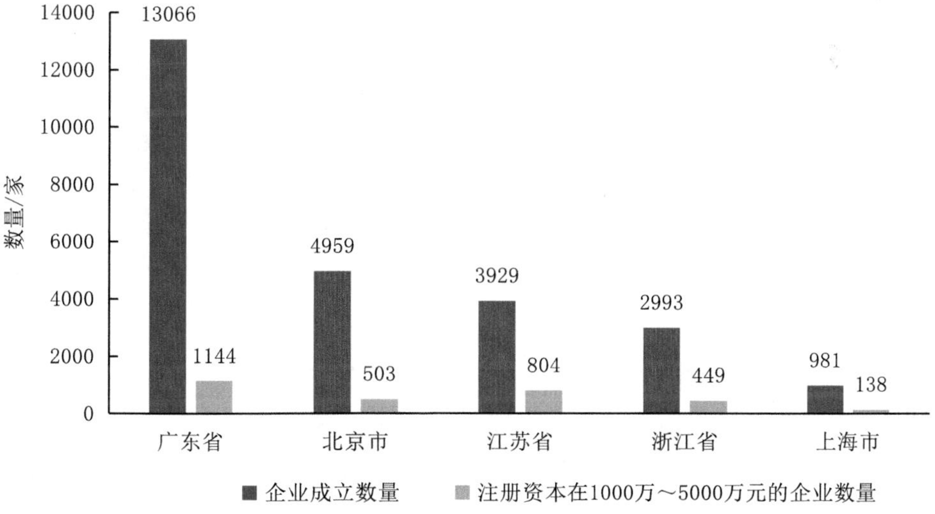

图7–10　2023年广东省与京沪江浙一带的“区块链+”相关企业对比情况
数据来源：企查查。

总的来说，广东省正在积极推动区块链创新平台的建设，加快区块链基础设施布局，以期在区块链技术领域取得更大的突破和发展。

五、要素保障日益强化，创新环境逐步改善

1.资金保障不断完善

广东省致力夯实基础研究与应用基础研究的根基，坚决弥补在原始创新能力上的不足。广东省率先颁布旨在加强这两大研究领域的指导性政策文件，并创新性地设立了省级自然科学基金委员会，持续加大投入力度，基础研究经费从2017年的109.42亿元稳步增长至2021年的274.27亿元（见图7–11）。另外，广东省策划实施了3批省级基础研究重大项目，旨在催生引领性、原创性科技成果。其中，中山大学王猛教授团队在超导体领域的突破性发现——液氮温区镍氧化物超导体的首次发现，成功入选2023年度中国科学十大进展。

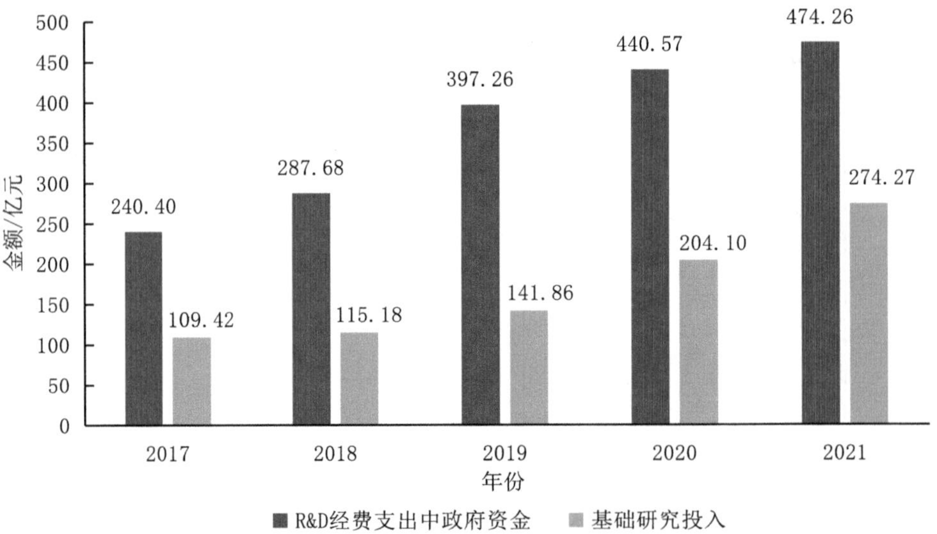

图7–11　2017—2021年广东省研究投入情况

数据来源：2018—2022年广东统计年鉴。

目前，广东省已架构起一套多元化、层次分明的基础研究资助体系。该体系由四大核心板块构成，即国家基金委–广东联合基金、省基础研究重大项

目、省市和省企联合基金、省自然科学基金项目，形成了自十万元级至千万元级科研经费支持的“金字塔”式梯度布局，实现了基础研究的广泛覆盖与深度发展。

在科技信贷方面，广东省大力打造科技金融深度融合地，推动省创新创业基金实体运作，开展“补投贷”联动试点，2023年新增50家科技型企业上市，科技信贷余额超2.3万亿元，规模居全国首位，科技保险为8.96万家企业提供风险保障2万亿元，知识产权质押融资达2307亿元，同比翻了一番。

同时，广东省联合金融平台共同助力高新技术企业打通融资堵点。2021年，广东省出台《培育发展战略性产业集群专属融资服务方案》，逐步加强政银战略合作。广东省工业和信息化厅将联合中国农业银行广东省分行等5家金融机构，在未来5年内为战略性产业集群企业及上下游产业链提供1.95万亿元融资支持（见表7-4）。2024年2月，广东省人民政府办公厅印发《关于加快推进科技金融深度融合助力科技型企业创新发展的实施意见》，旨在加快推进科技与金融深度融合，助力科技型企业创新发展，进一步完善全过程创新链。

表7-4　广东省战略性新兴产业配套金融支持方案

部门	方案	支持额度
广东省工业和信息化厅、中国农业银行广东省分行	培育发展战略性产业集群专属融资服务方案	5000亿元
广东省工业和信息化厅、中国建设银行广东省分行	培育发展战略性产业集群“智造之光”综合金融服务方案	6000亿元
广东省工业和信息化厅、中国光大银行广州分行	培育发展战略性产业集群专属融资服务方案	500亿元
广东省工业和信息化厅、上海浦东发展银行广州分行	培育发展战略性产业集群专属融资服务方案	2000亿元
广东省工业和信息化厅、中国工商银行广东省分行	培育发展战略性产业集群专属融资服务方案	6000亿元

资料来源：根据广东省工业和信息化厅公开资料整理。

2.人才高地加速形成

广东省聚焦顶尖人才与稀缺领域专家，全力构建高层次人才聚集高地。广东省高等教育体系正处于稳步拓展与优化的进程中。截至2022年底，全省共有161所普通高校（见图7–12），其中8所高校入围国家“双一流”建设行列，28所高校的220个学科入围ESI全球排名前1%，27个学科入围ESI全球排名前1‰。华南理工大学、南方科技大学获批建设国家卓越工程师学院，中山大学等6所高校立项建设省高等学校基础研究卓越中心，香港科技大学（广州）首次招收本科生。深圳、佛山入选首批国家市域产教联合体，深圳职业技术大学成为“十四五”期间全国首家获批的公办本科层次职业学校。

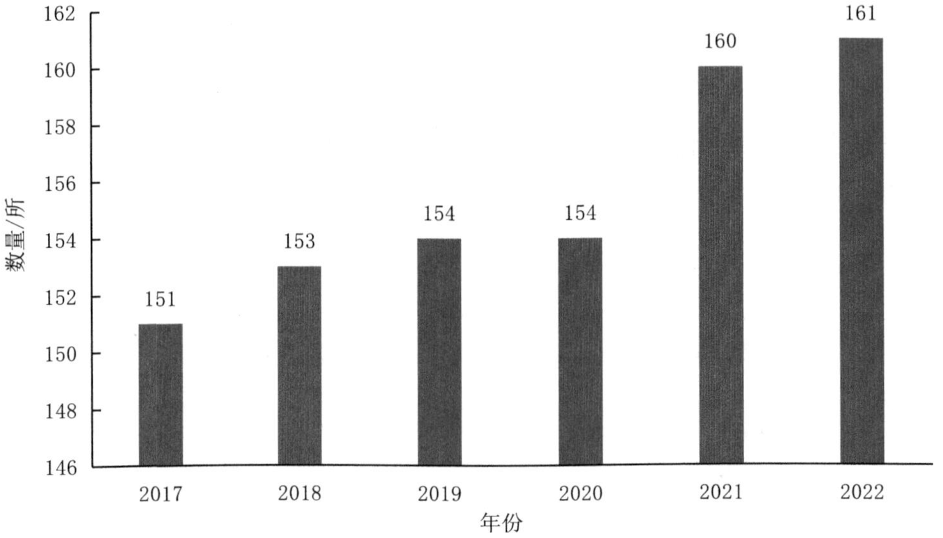

图7–12　2017—2022年广东省普通高等学校数量

数据来源：2018—2023年广东统计年鉴。

2024年，中共广东省委办公厅、广东省人民政府办公厅联合印发了《关于加强新时代广东高技能人才队伍建设的实施意见》，该意见详细规划了21项政策行动，全面推行“新型技能人才分级体系”（即“新八级工”制度），有效突破了传统技能人才职业发展的局限，为广东高技能人才队伍的建设与发展开辟了广阔空间，以培育并汇聚更多具备卓越技能的人才力量。2023年，广东省创新性地实施了人才优粤卡制度，这一制度精准面向高层次人才群体，通过发放专属的人才优粤卡，赋予符合条件的人才与广东省内居民同等的权益享受资格，并提供一系列定制化的优惠与便利服务，进一步优化了人才发展的生态环境。

此外，广东省还积极吸纳海外顶尖人才资源，对于入选国家海外引才计划的顶尖人才以及创新、创业、外国专家项目入选者，都有相应的配套设施供其开展研究。在R&D活动人员数方面：从横向来看，对比经济较为发达的京沪江浙一带，广东省R&D活动人员数处于较高水平，综合影响力强；从纵向来看，2017—2021年广东省R&D活动人员数稳定增长（见图7-13），可见广东省吸引全国高精尖缺人才在粤开展研究。2023年，广东省专业技术人员总量跃升至972万人，而技能人才规模达1980万人，其中高层次技术人才突破94万大关，高技能人才则稳步攀升至约690万人，有效持有相关证件的外国人才数量达4.5万人，一大批海内外人才纷至沓来，彰显了广东省开放包容的引才环境及强大的国际人才吸引力。

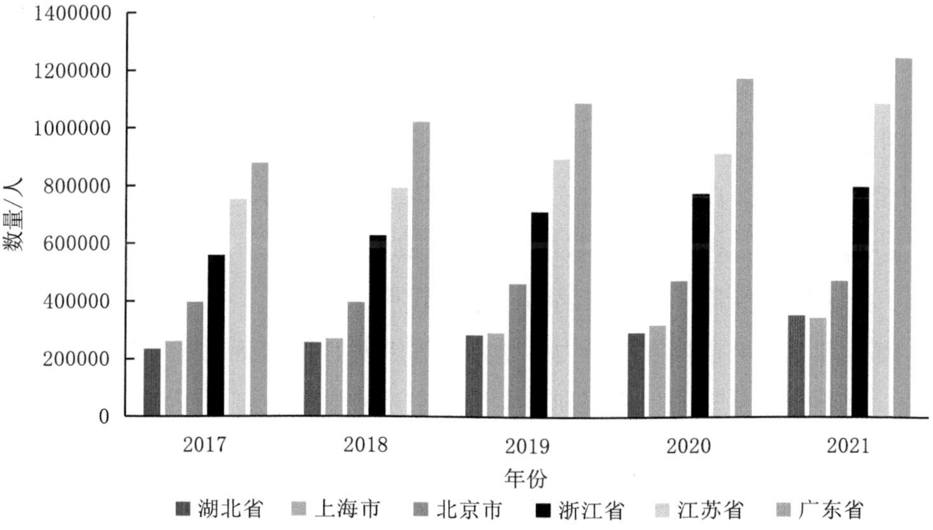

图7-13　2017—2021年广东省与京沪苏浙鄂R&D活动人员数对比

数据来源：2018 —2022年相关省份统计年鉴。

第二节　广东省创新基础设施建设空间布局

2019年，广东省委和省政府印发《关于构建“一核一带一区”区域发展新格局促进全省区域协调发展的意见》，旨在依据功能区定位，重塑区域发展蓝图，形成以珠三角地区为核心，沿海经济带与北部生态发展区为两翼的“一核一带一区”区域发展新格局。此布局实行差异化发展战略，依托广深港、广珠澳科技创新走廊，构建创新帮扶机制，通过企业扩张、园区合作及协同创新模式，强化珠三角国家自主创新示范区对粤东粤西粤北高新区的辐射效应，促进产业深度融合与转型升级，构建梯度有序、互补共进的产业协同发展体系，实现全省区域经济的均衡与高效增长。

一、珠三角核心区引领能级进一步扩大

珠三角城市群作为我国改革开放前沿阵地、经济增长极和科技创新高地，其建设乃国家区域发展战略的重中之重，在国家发展大局中发挥着引领性作用。为此，广东省致力构建以广深港与广珠澳科技创新走廊为双主轴，辐射带动港深莞、广佛、澳珠三大创新极核，同时联动其他城市形成多点支撑、协同发展局面的“双廊三极多节点”创新网络格局。

1.共享创新资源，协同布局科研基础设施

基于珠三角城市群发展潜力，整合广深港澳科技创新走廊及其周边创新资源，聚焦光明科学城、松山湖科学城、南沙科学城及惠州四大核心区域，构建“空间紧凑、设施互联、深度协作、开放共享”的四大科技基础设施集群，进而吸引并汇聚全球顶尖的新兴学科、创新人才、研发机构与创新企业，以提升广东省在国内外科技创新体系中的核心引领地位与全球竞争力。

此外，在突出总体核心战略地位的同时，珠三角各城市的新型研发机构发展定位各有侧重。其中，广州需持续强化科研基础设施建设，推动中国科学院广州生物医药与健康研究院、军事医学科学院华南干细胞与再生医学

研究中心等一批大型科研机构落地，同时，加速浙江大学华南工业技术研究院、清华珠三角研究院及中新国际联合研究院等产学研融合平台的构建，促进知识向生产力高效转化。深圳要将焦点置于新型研发机构的制度创新，旨在成为具有全球影响力的创新枢纽与科技变革试验田，引领科技体制革新与开放合作新风尚。珠海要加快建设珠海（横琴）食品安全研究院、珠海诺贝尔国际生物医药研究院等一批新型研发机构，推动中山大学珠海校区迈向国际一流大学，加快建设天琴计划、核工程与技术、海洋、生物医药和食品安全领域国家级科学研究平台（检测中心）。佛山要重点建设佛山中国科学院产业技术研究院、美的全球创新中心等新型研发机构，加速科研成果的本地产业化进程。东莞应深化创新型城市地位，成为中国制造的标杆与华南科技成果转化基地。惠州要建成世界级云计算智能终端产业集聚区、国家智慧城市、高新技术成果转化基地。中山需成为珠江西岸的创新引擎，聚焦智能装备制造创新研发。江门需依托独特的华侨华人资源，打造小微企业创新创业的沃土与华侨华人创业创新的聚集地。

总的来说，珠三角城市群正积极构建综合性国家科学中心创新资源的共享机制，通过协同规划与共建，推动重大科技基础设施的互联互通与高效利用。采用“核心引领、基地支撑、网络辐射”的创新模式，充分发挥广州与深圳作为区域龙头城市的示范效应，携手珠海、佛山、东莞、中山、惠州、江门、肇庆等七市，共同打造珠三角国家自主创新示范区，成为区域发展的强劲引擎与技术创新高地。

2.依托广深“双超算”，推动其他地区建设数据中心集聚区

广东省凭借广深“双超算”与省内智能计算资源，致力构建全球领先的超级计算体系。珠三角城市群驱动广深超算中心升级，拓宽高性能计算与云平台应用边界，深度赋能鹏城云脑Ⅱ、横琴先进智能计算平台、东莞大科学智能计算平台等智能计算平台。在数据中心布局策略上，广东省引导广深两地聚焦低延迟边缘计算与中小型数据中心发展，并有序引导其他地区形成数据中心集聚区，推动老旧、分散数据中心向集约、绿色方向转型，显著提升数据中心能效与运营效能，构建国家级区域数据中心网络。此外，广东省合

理规划边缘计算资源池节点布局，优先在广州、深圳、珠海、佛山、东莞、中山等地部署集成内容分发、网络加速、数据存储与计算处理能力的边缘计算节点，以高效响应交通、医疗、教育、制造等行业对实时性、智能化及安全隐私保护的迫切需求，同时鼓励行业领军企业引领鲲鹏、昇腾等技术创新生态发展，构建安全可控、高效协同的算力集群。

3.新技术基础设施区域错位发展，布局日趋合理

珠三角城市群已构建起一个涵盖底层技术支撑、培育与孵化以及垂直行业深度融合的区块链产业生态体系。深圳专注于区块链底层架构与基础设施建设，孕育出联盟链、Trust SQL等一批优秀底层开发平台，其中金链盟开源平台FISCO BCOS尤为突出，它不仅支撑了数百项底层研发项目，还稳定运行于超过60个应用场景中。广州则在区块链产业配套与孵化服务方面取得了显著成效，通过设立广州黄埔区块链学院、广州区块链国际创新中心等产业培育机构，为区块链产业的蓬勃发展提供了坚实的人才与技术支持。此外，珠三角各城市正积极探索“区块链+”多元化融合应用模式，如广东金融高新区率先推出了基于“区块链+物联网”技术的“中机联工业智能联盟链”项目，为工业领域带来了前所未有的智能化变革；佛山禅城区则创新性地建立了“区块链+工业设计”版权交易平台，开辟版权保护新路径。

二、沿海经济带前瞻部署释放产业潜力

广东省正积极推动汕头、湛江等城市迈向省级创新型城市行列，以省域副中心城市的战略定位，引领粤东粤西地区实现区域创新的突破性进展。同时，广东省还积极引导潮州、揭阳、阳江、茂名、汕尾等城市依托独特的产业优势，深化区域创新体系的建设，充分挖掘并发挥后发优势，以形成一股强大的合力，共同驱动粤东与粤西沿海经济带实现创新驱动的转型升级。

汕头和湛江是沿海经济带的两大增长极。汕头正积极融入“双区”建设和“双城”联动。依托汕头大学、广东以色列理工学院的科教资源优势，引入外部创新资源开展协同创新，升级创新平台。汕头高新区升级为国家高新区，汕头市5G产业园入选广东省首批5G产业园区创建名单，广东智能化超声

成像技术装备创新中心、汕头化学与精细化工广东省实验室项目（一期）等大批创新平台也正加快发力。湛江重点依托海洋资源优势，推动“海上云”平台和南方海洋科学与工程广东省实验室（湛江）的建设，支持广东海洋大学在构建高水平大学体系与强化重点学科建设中发挥积极作用，积极探索设立广东海事大学及广东海洋工程职业技术学院，以进一步丰富海洋教育与研究版图。湛江还致力搭建高等院校与科研院所间的科技成果转化桥梁，推动海洋工程装备、海上风电、海洋生物技术与医药等前沿产业的蓬勃发展，并加速新一代信息技术与海洋产业的深度融合进程。同时，加快数字化平台载体建设，依托湛江国家高新区等创新载体，主动承接粤港澳大湾区科技溢出项目，重点引进一批5G、云计算、大数据、工业互联网等项目或企业落地发展。

汕尾和阳江作为衔接东西两翼和珠三角的战略支点，在创新基础设施建设方面已经取得了一定的进展。阳江市委、市政府提出了深入实施“四大工程”、打造“三张名片”、加强“三项建设”的“433”工作安排，重点依托阳江海上风电实验室等前沿创新平台，聚焦基础科学探索、应用技术研发与核心技术突破，着力解决能源领域的重大科学难题，以此驱动国家清洁能源产业的稳健前行。同时，支撑阳江打造世界级风电产业高地与清洁能源研发创新中心。目前，阳江海上风电实验室已完成了80～140 MPa等多系列的高强粘聚材料研发，对于促进海上风电场建设降本提效具有十分重要的意义。汕尾依托广东省实验室项目（一期）和先进能源科学与技术广东省实验室汕尾分中心建设项目，推动科研技术和创新能力的提升。同时，加速推进数字化平台与基础设施的构建，率先启动并实施“四数联动”示范项目，该项目聚焦数字政府、数字城市、数字社会以及数字经济的协同发展与深度融合。截至2023年底，汕尾电信、联通共建共享5G基站1653个，汕尾移动、广电共建共享5G基站2631个，汕尾成为全国新增的97个达到千兆城市建设标准的城市之一。

总的来说，广东省正积极推动汕头、汕尾、阳江、湛江、茂名、潮州及揭阳等地的高新技术产业园区升级为国家高新区，旨在通过构建创新对口帮扶机制，优化中心、支点与增长极间的联动机制，强化辐射与引领效应，构建“一心两极双支点”的沿海经济带发展格局。

三、北部生态发展区依托帮扶致力探索发展新模式

北部生态发展区各城市正根据自身资源禀赋探索出各有特色的绿色战略性发展路径，借助广深港、广珠澳科技创新走廊帮扶，重点聚焦新能源、大数据等领域。

韶关正加速构建以华韶数据谷、华南数谷鹰硕大数据中心为核心的先进算力基础设施集群，深度融入国家“东数西算”战略部署，稳固其作为粤港澳大湾区算力枢纽的关键地位。在此基础上，韶关积极规划人工智能产业园，围绕数据中心集群优势，主动与广州、深圳等科技创新中心对接，探索实施人工智能产业“飞地”模式，以促进省内人工智能产业资源的优化配置与协同发展。清远在广东省内率先实施了具有前瞻性的科技创新券试点项目，创造性地将财政科技资助资金转化为“有价证券”的形式，对包括企业、高等教育机构及科研机构在内的多元化创新主体实施事后补贴策略，提升创新资源分配的效率与灵活性。在清远高新区的支撑下，设立首家创业投资基金，首家独角兽企业猪八戒网成功入驻，成功培育并认证了多个国家级科技企业孵化器，培育高新技术企业超百家，实现新型研发机构从无到有的历史性突破。梅州将依托广东梅兴华丰产业集聚带等生态产业园区以及梅州（广州）科技创新中心，重点发展新能源、新材料等新兴产业。河源总投资额高达180万元的阿里巴巴广东云计算数据中心项目，预计将于2028年全面竣工。该项目将成为吸引电子商务服务、互联网金融、云计算及大数据等前沿产业集聚的强大磁石，加速河源以数据为核心驱动力的数字经济体系的形成与发展。云浮凭借在新能源领域的深厚积累，依托先进能源科学与技术广东省实验室云浮分中心这一高端科研平台，精准布局并大力发展新能源产业，目前已成为氢能产业基础最为坚实、发展速度最为迅猛、产业集聚度最为显著的地区之一。

第三节　广东省创新基础设施建设趋势

一、以科创基础设施为依托，科技创新平台体系进一步完善

1.关键核心技术自主可控，应用基础研究和前沿研究成为重点方向

广东省推动出台科技创新条例，强化关键核心技术自主可控能力，将应用基础研究与前沿研究置于战略高地。深入实施十年“卓粤”计划，聚焦于量子科技、脑科学与类脑、半导体器件和集成电路等尖端领域中的核心科学难题，以增强产业发展迈向创新“无人区”的攻坚力量。深入推进“广东强芯”“璀璨行动”等工程，着力攻克技术瓶颈。此外，广东省正深化省域重点研发计划，在新型储能、海洋科技等关键领域部署一系列专项旗舰项目，强化原创性技术供给与储备。实施一系列基础与应用基础研究重大项目，系统布局战略导向的体系化基础研究、前沿导向的探索性基础研究与市场导向的应用型基础研究，以突破性技术与前沿科技催生新业态，引领未来发展新方向。

2.依托重大科技基础设施，推动实验室体系更高层次发展

实验室是前沿基础研究与高水平应用基础研究的基石，因此，必须加大全省实验室体系建设力度，以在相关研究领域抢占先机，实现从追随者向并行者乃至引领者的角色转变，推动广东省成为世界一流的创新策源地。依托国家在广东省部署的重大科技基础设施，充分发挥其聚集、辐射和平台优势，深化与国家级科技创新主体的合作，共筑广东国家大科学中心，促进资源高效整合与协同创新。聚焦重大科技基础设施交叉学科前沿，设立精密离子物理实验室、白光中子源国防应用实验室、先进能源与材料研究中心等联合实验室和研究中心，同时，重点布局中子科学城、离子科学城、民用核技术产业园、新材料产业园等产业化枢纽，强化重大科技基础设施研究成果产业化的集群效应。

二、完善算力网络布局，提升网络节点层级

1.算力结构优化，智能算力受高度重视

随着算力发展迎来高潮，广东省正致力算力规模尤其是智能算力规模的持续扩增，计划到2025年实现算力规模跃升至38 EFlops，并预设智能算力占比过半。同时，结合产业发展需要，广东省拟在全省范围内，特别是在人工智能基础雄厚的区域，集中资源高效部署智算中心建设，预计到2025年建成智能计算中心10个，逐步提升智能算力在整体算力结构中的占比，从而促进多种计算架构（包括但不限于智能算力、通用算力及超级算力）间的协同发展，形成与经济社会数字化发展相适应的算力资源和算力供给。

2.存力规模不断扩大，先进存力建设稳步加快

广东省数据存储规模不断扩大，以全闪存储技术为代表的先进存力正在快速发展。到2025年，广东省目标存储总量超过260 EB，先进存储容量占比在30%以上。目前，广东电信在广东省域内实施了全面覆盖的城市化泛在战略部署，不仅在省市县三级构建了密集的服务网络，还在省内设立了超过10个中心算力节点与超过100个边缘计算节点，实现了对全省21个地级市的广泛覆盖，构建起强大的算力基础设施网络。与此同时，广东移动则将目光聚焦于韶关，将其定位为中国移动全国一体化算力网络布局中的关键战略支点，正加速推进相关建设进程，旨在进一步强化区域算力资源的整合与调度能力。阿里云亦在粤港澳大湾区内积极布局，于广州、深圳及东莞等城市建立了多个数据机房，目前已服务粤港澳地区近75万付费客户。

可以看出，广东省坚持“算力”与“存力”建设并举，不断夯实先进算力基础设施建设，以推动“数字湾区”的建设进程。

3.运力质量提升，算力网络加快布局

广东省持续加快运力建设，电信运营商已成功部署覆盖粤港澳大湾区的超高速400 G全光传输网络，显著缩短了韶关至广深等核心城市的数据传输时延，实现了从韶关至广州、深圳单向时延分别在2毫秒内、3毫秒内的优异性能，为算力产业发展和“数字湾区”建设提供有力保障。2024年，广东省通

信管理局等九部门印发了《广东省算力基础设施高质量发展行动暨“粤算”行动计划（2024—2025年）》。该计划表示，要支持建设粤港澳大湾区算力枢纽节点到其他枢纽节点、周边城市数据中心、城市边缘算力的直连链路，提升运力网络的服务能力和调度能力，充分释放粤港澳大湾区枢纽节点算力服务。

下一步，广东省将依托400 G/800 G高速光传输网络研发部署和全光交叉、SRv6等技术应用，支持光芯片等光通信产品和设备研发，从而实现网络传输智能高效，成功打造全省算力“一张网”。

三、新技术进一步拓展，支撑数字经济加速赋能

1.通用人工智能成为新趋势

随着AI技术的不断进步和应用领域的拓展，通用人工智能（AGI）被视为未来人工智能发展的一个重要方向。2023年，广东省人民政府发布了《广东省人民政府关于加快建设通用人工智能产业创新引领地的实施意见》（简称《实施意见》），旨在将广东省打造成为国家AGI产业创新引领地。

广东省着力构建AGI算力生态体系，专注于研发兼具普适性与可编程特性的高端训练与推理芯片，以及实现多模态、多精度并行计算能力的算力芯片。同时，积极探索创新可重构、算存融合的计算架构技术，以提升系统效能。配套开发高效、用户友好的开源AI芯片编译器与工具链，强化自主AI芯片与国产服务器的适配能力，从而构建一个全面自主可控、协同优化的人工智能软硬件生态体系。

在《实施意见》中，大模型已经成为AGI的首要攻关技术。广东省将围绕基础架构搭建、高效训练算法研发、精准调优与对齐策略实施，以及智能化推理部署等环节，培育出千亿级参数规模的人工智能通用大模型，形成完整且技术自主的技术生态，以增强AGI技术创新实力；同时，引导龙头企业打通现有云计算资源，集成打造广东“AI云”，支持调用各方大模型，倡导“模型即产品、模型即服务”模式。

2.攻关区块链重点技术，共建区块链开源生态

广东省整合省内外顶尖企业、高校及研究机构等创新资源，针对数学、物理学、信息科学、密码学及材料科学等基础与应用前沿领域，展开深入探索并启动省级重点研发项目计划，引导行业内的创新领军企业，将研发重心聚焦于共识协议机制、智能合约技术、高级加密算法、分布式数据存储架构、跨链互操作性解决方案及区块链分片技术等核心领域的突破性进展上。

强化可信数据服务网络基础设施建设，集合行业领军企业与科研机构，共同研发高效、安全、可扩展且合规的区块链底层技术开源架构，为各领域应用解决方案的开发、部署提供底层基础支撑，逐步构筑起以广东省为中枢，进而向全国范围拓展的“粤链”，推动构建更加高效、透明、协同的数字经济治理体系。

第四节　广东省创新基础设施建设存在的问题

尽管广东省在创新基础设施建设上已获得阶段性成果，然而，相较于建设科技创新强省的宏伟蓝图，当前发展仍显不足，具体问题如下。

一、高端科技供给能力较弱，创新成果质量有待提高

1.科技创新平台效能未充分凸显

在科技创新平台构建过程中，广东省的科研规划缺乏连贯性与系统性顶层设计，导致在科技创新全链条中的引领作用不足。同时，针对高水平科技创新平台的培育及对其建设强度略显薄弱，需增强前瞻规划，强化建设力度。从国家级科技创新平台来看，2022年广东省拥有国家重点实验室30家，但和北京市、上海市存在差距；从省级科技创新平台来看，2022年广东省拥有省级以上科研机构201家，远少于北京市（见图7–14）。同时，国家超级计算广州中心和深圳中心、江门中微子实验室等国家重点科技创新平台仍需一定时间才能成规模推出重大原创性基础研究成果，平台效能还未充分凸显，且平台常态化运作欠缺协同整合的机制，导致建设分散、管理权限碎片化明显。

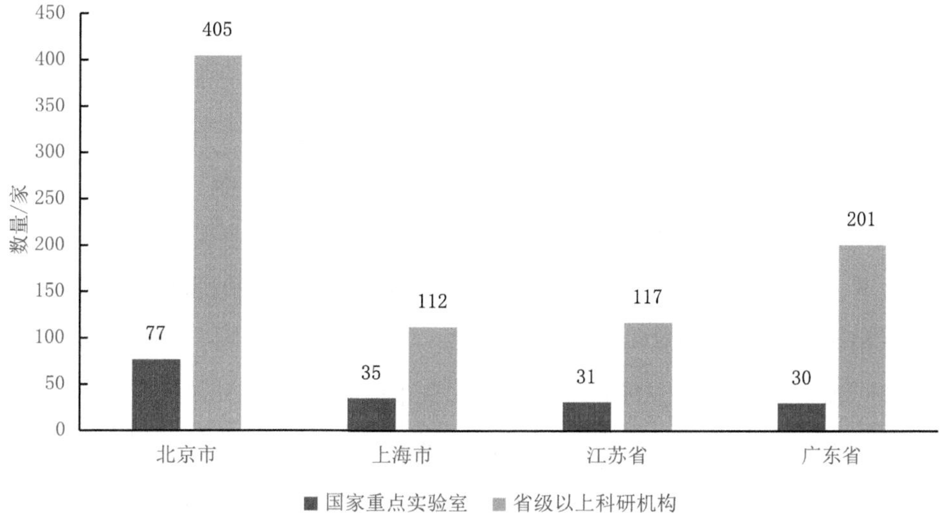

图7-14 2022年广东省与京沪苏科技创新平台数量对比

数据来源：《北京统计年鉴2023》《上海统计年鉴2023》《江苏统计年鉴2023》《广东统计年鉴2023》，以及其他网上公开信息。

2.关键核心技术被“卡脖子”，科技成果转化存在障碍

广东省部分战略性新兴产业关键核心技术领域的“卡脖子”情况较为突出（见表7-5），核心基础零部件（元器件）、高端通用芯片、基础软件产品以及高端装备等主要依赖进口，限制产业迈向中高端价值链。

表7-5 广东省战略性新兴产业“卡脖子”环节

战略性新兴产业领域	“卡脖子”环节
高端装备制造	高档数控系统、高可靠性电主轴、海上钻井动力系统、光栅、轴承、光刻机
智能机器人	减速器、伺服电机和系统、控制器等关键零部件和部分系统集成技术
区块链与量子信息	量子芯片规模制备与集成
激光与增材制造	特种光纤、激光芯片、扫描振镜、激光器、高端装备等的关键材料和核心零部件
安全应急与环保	大气监测设备和水处理反渗透膜等材料
精密仪器设备	离子源、激光器、传感器等零部件，计量检测、封装测试等高端仪器

资料来源：根据广东省工业和信息化厅公开资料整理。

同时，广东省在拓宽科技创新平台成果转化渠道、提高创新成果辐射能力等方面有待探索创新。在科技成果转化体系中，针对中介服务机构的有效激励架构尚不完善，而且成果转化过程中的风险防控机制存在漏洞，潜在的风险因素抑制了科研人员的积极性与主动性，所以科学技术“变现”能力需要进一步提升。从国家实验室和科研机构数量来看，2022年广东省有30个国家实验室，与北京市、上海市仍有差距；2021年广东省有201家科研机构，与北京市相比差距较大（见图7–15）。从技术合同成交额来看，2022年广东省技术合同成交额为4525.42亿元，远低于北京市的7947.50亿元（见图7–16）。因此，广东省需构建全面的激励体系与健全的风险管理策略，以激发科研创新的转化活力，提高创新成果转化质量，进而提高创新成果辐射能力。

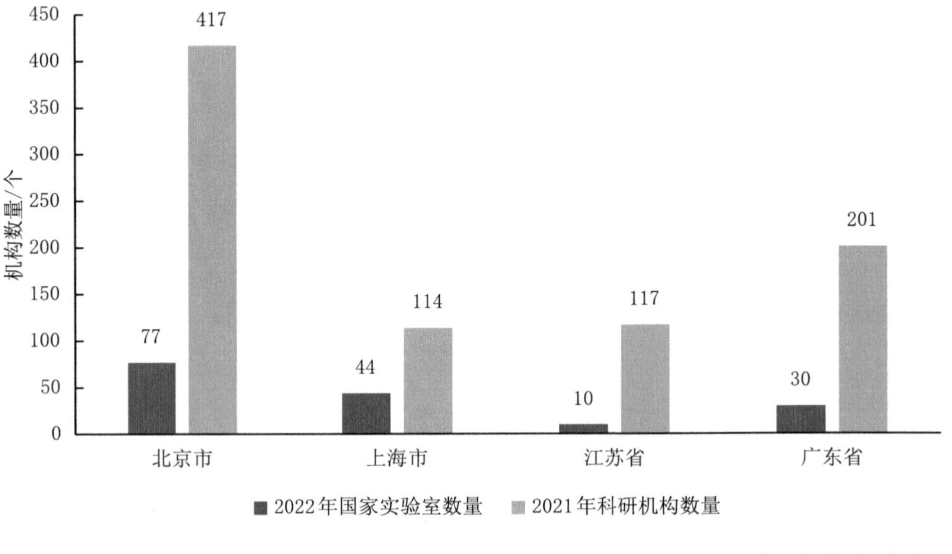

图7–15 广东省与北京市、上海市、江苏省科技创新平台实验室和科研机构数量对比

数据来源：《北京统计年鉴2023》《广东统计年鉴2023》《2022上海科技进步报告》《新华日报》。

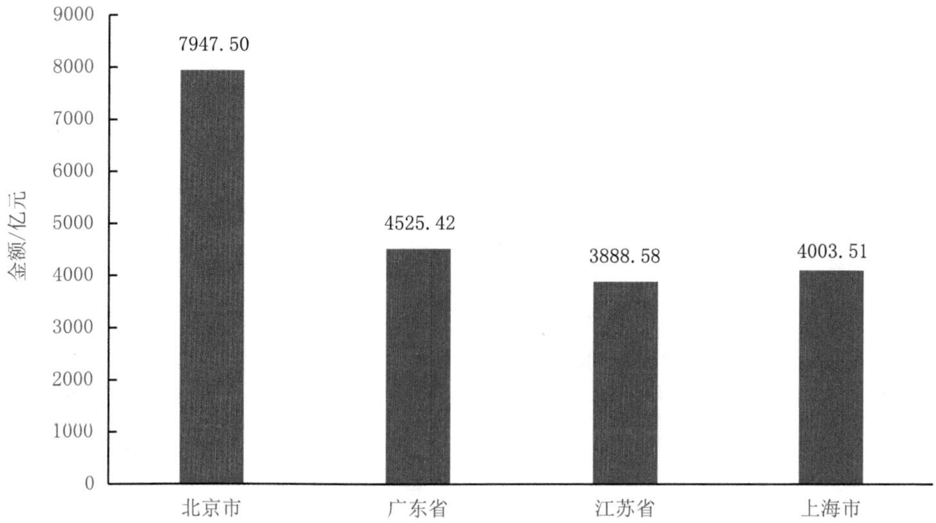

图7-16　2022年主要省市技术合同成交额对比

数据来源：《北京统计年鉴2023》《广东统计年鉴2023》《上海统计年鉴2023》及江苏省人民政府官网。

二、高端创新要素不足，配套设施不能满足整体发展需要

1.高端人才发展环境欠佳

广东省虽然作为建设科技创新强省的排头兵，但其人才发展环境有待改善。广州、深圳是全省研发创新的两大龙头，但与京沪相比，广州存在规模不足、结构不均衡的问题，缺乏世界领先级科创企业，而深圳虽拥有华为等科创龙头企业，但是缺乏科研实力雄厚的高校。

在中国人才发展现代化指数2024综合排名中，广东省仅广州、深圳两地的人才发展现代化程度相对较高，综合得分入围前十（见图7-17）。深圳综合得分（87）排名前三，但人才服务（75）方面是其一大短板，明显低于北京（84）、南京（81）；广州综合得分（79）仅排名第六，其在人才平台（72）方面明显落后于北京（87）、上海（82）。

因此，从人才发展环境来看，广东省存在针对人才的医疗保健、教育、配偶就业等配套不足，人才引进的主体和平台单一等问题。

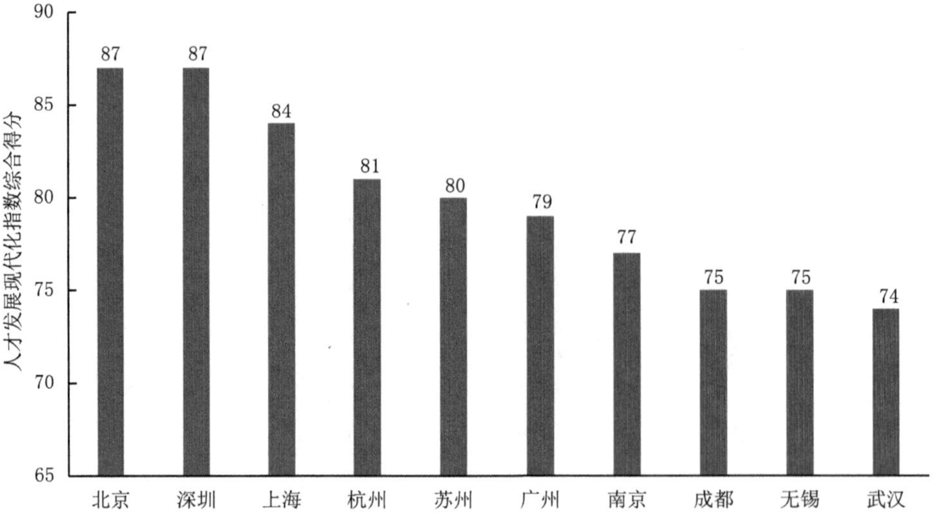

图7-17　中国人才发展现代化指数综合得分2024前十位城市

数据来源：《中国人才发展现代化指数2024》。

2.“一流”高校建设质量尚需加强

从高校及科研机构来看，广东省内高层次院校和科研院所的数量较少，影响力尚需增强。2022年，广东省仅有8所高校和21个学科入选国家“双一流”建设高校及建设学科名单（见图7-18），对比京沪名校圈，广东省综合影响力偏弱，且与江苏省、湖北省相比也略有逊色。

高校及科研机构是科研人才的蓄水池、科研成果的孵化器，是发展新兴产业的重要依托，因此广东省仍需夯实校级科研院所基础研究、应用基础研究力量，打通科技创新转化体制机制的头部环节。

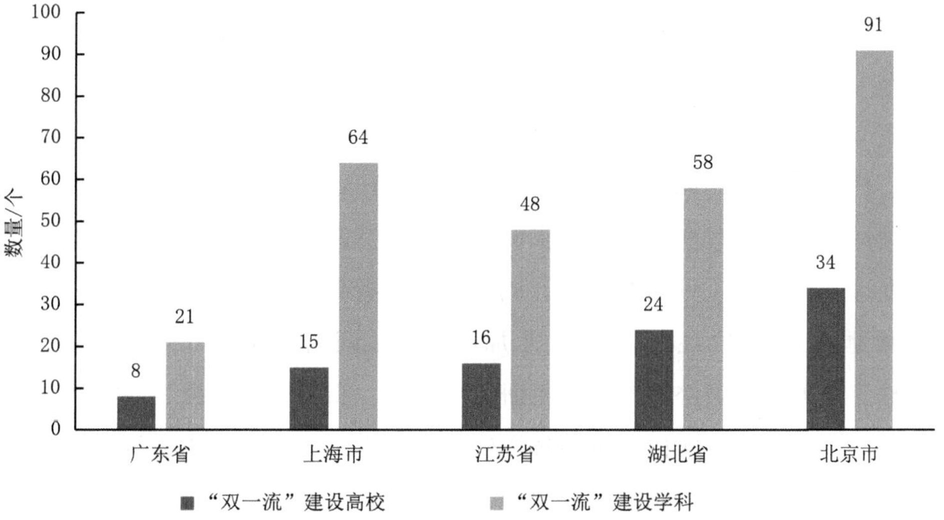

图7-18　2022年广东省与北京市、上海市、江苏省、湖北省的国家“双一流”建设高校和“双一流”建设学科数量对比

数据来源：根据第二轮“双一流”建设高校及建设学科名单整理。

3.科技创新与金融服务融合力度不够

在科技金融支撑方面，珠三角地区中仅广州、深圳两地的科技金融发展水平位于全国前列，而粤东粤西粤北地区科技金融配套单一，服务产品和模式不够丰富，从而导致科技创新企业运用资本市场发展不足，难以有效支撑战略性新兴产业发展。此外，广东省科技金融“投早、投小、投硬科技”力度不够，即在支持初创科技型企业，尤其是那些处于早期阶段、规模较小或涉及高新技术领域的项目时，投入的资源相对较少。这可能导致一些有潜力的科技创新项目无法得到足够的资金支持，从而影响其发展和成长。

同时，广东省在科技信贷方面缺乏有效的风险分担机制。这可能导致金融机构在面对高风险、高回报的科技创新项目时持保守态度，不利于科技创新和金融服务的深度融合。因此，未来仍需进一步完善科技金融体系建设，从而支撑粤港澳大湾区成为国际科技创新中心。

三、区域发展严重失衡，粤东粤西粤北布局匮乏

当前，广东省在创新基础设施的建设上呈现出显著的地域性不均衡特

征，这已成为阻碍全省创新能力全面提升的关键因素，也是科技产业创新路径中的一大掣肘。具体而言，创新资源的分配显著向广州、深圳、东莞等珠三角核心区域倾斜，特别是广州与深圳，而粤东粤西粤北地区的布局则相对匮乏，构成了明显的创新洼地。已投入运营及在建的大科学装置均坐落于珠三角地区，而粤东粤西粤北地区在此方面尚属空白。新型研发机构绝大部分集中在珠三角地区（见图7-19），同时，广东省高新技术企业亦高度集中在珠三角地区（见图7-20），进一步加剧了区域间的创新能力鸿沟。主要原因是珠三角地区凭借经济繁荣、科研实力雄厚、高端人才汇聚、高等教育资源丰富、产业基础坚实以及创新环境优越等多重优势，自然成为承接国家级及省级重大创新基础设施的理想之地，而粤东粤西粤北地区由于创新资源积累有限，基础设施建设的基础条件相对薄弱，难以有效吸引和承载高端创新活动。

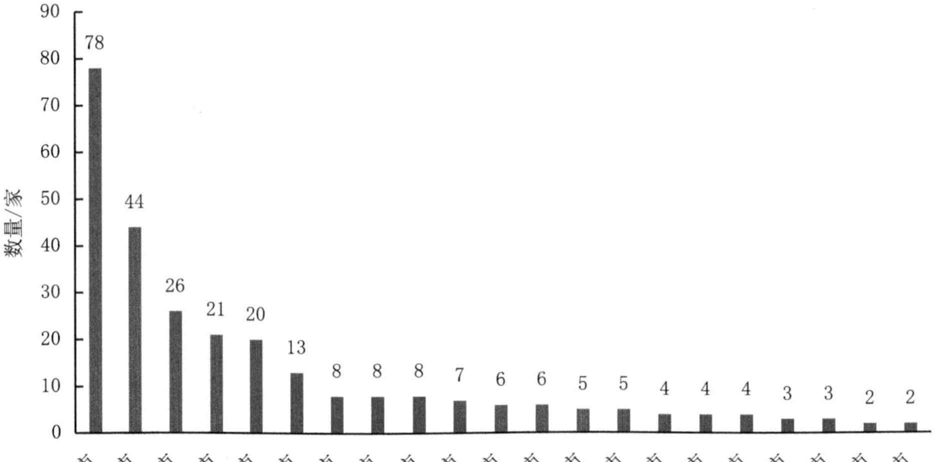

图7-19　2024年广东省各地级市新型研发机构数量

数据来源：广东省科学技术厅。

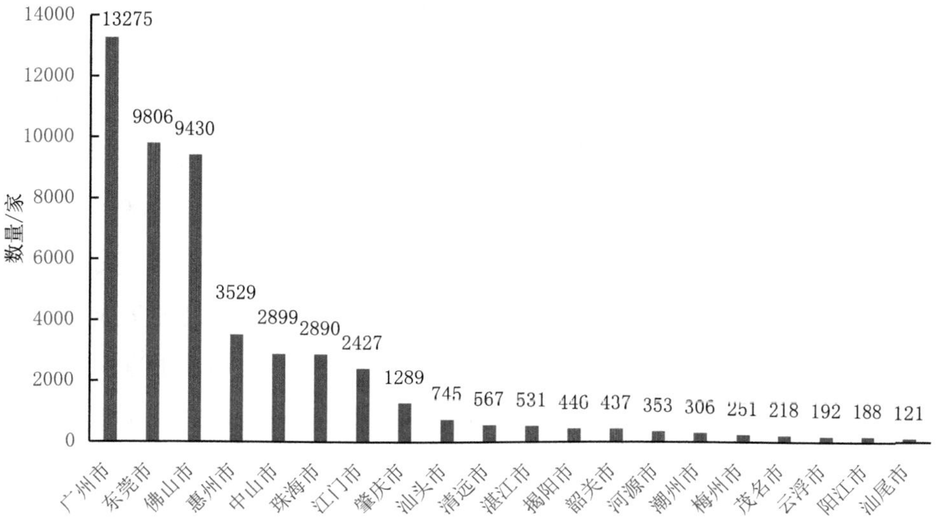

图7-20　2024年广东省各地级市高新技术企业数量

数据来源：广东省科学技术厅。

此外，以智算中心为代表的先进算力基础设施基本分布在珠三角地区，粤东粤西粤北地区则大部分为低小散旧的数据中心，粤东粤西粤北地区较为落后的算力基础设施很难支持人工智能、区块链等新技术迅速发展，从而也导致珠三角地区与粤东粤西粤北地区的发展差距越来越大。

第五节　广东省创新基础设施建设的对策建议

基于广东省创新基础设施建设中存在的以上问题，提出如下相应的对策建议。

一、攻关核心技术，加快完善科技创新平台体系建设

广东省应强化顶层设计，构建层次分明、定位精准的实验室体系架构，以驱动科技创新的深入发展。一要积极筹划并申报国家实验室。紧密围绕国家重大战略需求，聚焦于尖端材料、航空航天通信、生命科学与健康等前沿

领域，遴选一批具备潜力的国家重点实验室群与国家工程研究中心群作为重点培育对象，实施“同步申报、建设并行、持续优化、能力跃升”策略，即在申报国家实验室的同时，加速建设进程，不断完善设施与机制，并持续提升科研创新能力，打造具备国际顶尖水准的重大科技创新高地。二要汇聚力量推进广东省实验室体系建设。设立专项发展基金，精准对接并高效整合广东省内的优质科技资源，同时依托省内各领域顶尖的创新主体，在前沿科技探索与战略性新兴产业领域，筹建一系列引领性、跨学科、高度集成的广东省实验室，以培育未来国家实验室的“候选梯队”。三要稳步推进国家重点实验室的倍增战略实施。积极引导并动员行业内领军企业针对行业标志性的前沿技术与关键共性技术难题，开展深入探索与协同研发，从而催生一批企业主导的国家重点实验室。同时，加速推进省部共建模式的国家重点实验室建设，积极鼓励粤港澳地区参与国际合作，申报并建设联合实验室。四要深化省重点实验室的“质量提升与结构优化”行动。秉持“建设与管理并重，动态调整”的原则，实施“优化重组、淘汰落后、提升等级、新增布局”的综合策略，针对研究方向相近、资源重叠的省重点实验室进行整合与重组。同时，保持年度新建省重点实验室的常态化机制，对于表现卓越的实验室，优先推荐其申报国家层次的重点实验室。

广东省要深入推进产业技术创新联盟的建设与发展，促进创新要素的高效流动与优化配置。一要推动核心企业、高等院校及科研机构携手，引领跨界产业技术创新联盟的组建，构建贯穿产业全链条的产学研深度融合平台，以强化新技术、新型产品与市场领域的联合研发力度。同时，进一步健全联盟的协同研发机制与利益分配体系，通过构建综合性产业专利群，参与并主导产业技术标准的制定，从而全方位提升整个产业链条的核心竞争力与市场话语权。二要倡导符合条件的联盟采取市场化运作模式，主动发起并设立专项基金，通过多元化投融资策略、精准产业孵化与深度资本整合，有效促进创新要素的汇聚与高效配置。三要支持联盟作为核心力量，引领或深度参与科技发展战略规划的制定以及重大科技项目与计划的执行与管理，同时，鼓励具备整合能力的产业技术创新联盟有效整合成员单位的独特优势资源，共建具有强大影响力的骨干产业技术创新联盟集群。四要构建完善的科技成果激励体系。深入探索并实施高效的成果激励机制，赋予产业技术创新联盟充分的科技成果自主决策权，加速科技成果的市场化进程。同时，全面执行科研人员激励政策，显著提升其在成果转化过程中的收益分配比例。

二、优化创新生态系统，完善相关配套设施

广东省应坚定不移加速人才引育进程，依托“珠江人才计划”等人才工程，加大顶尖人才和团队的引进力度，同时深化人才保障体系建设，以促进人才链与创新链的深度融合与协同发展。一是持续深化产教融合模式，鼓励包括南方科技大学、中山大学、华南理工大学等在内的高等院校，以及行业领军企业的创新平台与科研机构共同完善产业人才孵化与培育体系，支持校企合作新机制，深度融入并引领职业教育改革，共同培养适应产业发展需求的高素质人才。二是对于顶尖人才、战略科学家等高端人才以及急缺人才，可以通过“一事一议”“一人一策”的形式进行引进，针对不同高端人才的具体情况和需求，制定个性化的引进政策措施，充分考虑人才的专业背景、工作经验、个人偏好以及家庭需求等因素，为高端人才开辟绿色通道。三是打造更有竞争力的人才发展环境。完善科技创新园区的基础设施，改善公共服务配套与生活配套，同时在人才户籍、住房、子女教育等社会保障层面予以政策倾斜，打造一个更舒适的工作环境，提升人才的工作与生活质量。

广东省要依托“冲一流、补短板、强特色”提升战略，提升高等院校与科研单位的数量与质量，强化原始创新能力。一要确立高校“冲一流”的宏伟目标，与国家“双一流”标准相契合，聚焦构建“中国烙印、世界顶尖”的学科体系，倾力打造一批具备卓越原始创新能力的学科高峰，使之成为驱动高水平基础科学研究的战略科技引擎。二要确立高校“补短板”的导向，聚焦于弥补自身及区域高等教育体系中的薄弱环节，通过显著提升教学设施条件与师资队伍质量，精心培育一批紧密对接区域经济社会发展需求的重点学科与特色专业，以此强化教育服务地方经济社会发展的能力，促进教育资源的均衡配置与质量的全面提升。三要树立高校“强特色”的核心理念，致

力培育一批独具特色、在国内具有显著竞争力的学科与专业，通过深化学科专业与区域产业发展的紧密联动，构建起服务产业特色鲜明的学科专业集群，以促进教育与产业深度融合。

广东省要大力发展科技金融，从而加快科技成果转化。一是构建综合性的科技创新投资生态体系。该体系深度融合天使投资、创业投资及并购重组的多层次资本运作模式，强化省市创新创业基金引导撬动作用，引导更多金融机构“投早、投小、投硬科技”。同时，加强科技成果与资本市场的深度融合机制，通过优化对接流程与平台，赋能科技型企业借助公开发行上市、资本再募集及战略并购重组等多元化融资渠道，加速成长步伐。二是积极发展技术交易市场，推进区域股权市场“科技创新专板”和“专精特新专板”建设。打造符合科技型企业特点的科技信贷产品体系，优化省市联动科技信贷风险分担和补偿机制。三是深入开展知识产权质押融资，发展科技保险，优化科技金融产品，提升深交所科技成果与知识产权交易中心发展能级。

广东省要加大对创新基础设施建设的财政资金支持力度。一是管理好各类财政扶持资金、创新基础设施专项基金，支持四大创新能力支撑集群发展，将资金保障落到实处，将资金“用在刀刃上”。二是加强省市之间的联动，发挥国家级、省级创新基础设施基金的引导作用，支持关键环节、重点领域、重大项目创新发展。三是发挥好政府引导基金作用，吸引社会资本设立四大创新能力支撑集群子基金，通过政府与专业机构合作，引入市场化的投资管理机制，利用市场手段促进基建项目的投资引导。

三、系统布局创新基础设施，缩小区域创新发展鸿沟

广东省要加大对四大创新能力支撑集群创新基础设施建设的政策统筹力度。一是加强省市统筹协调，增强政策合力，依托各市科技创新服务平台，统筹土地、资金等资源要素，推动优质资源向战略性支柱产业、战略性新兴产业企业倾斜配置，进一步完善四大创新能力支撑集群发展投融资服务、土地供给、科技创新、人才激励等政策体系。二是建立创新基础设施项目库，对项目进行动态管理和调整，并通过优先安排用能、用地、用海指标等方式

支持符合条件的项目。

广东省应持续优化创新基础设施的区域布局策略，秉承全省协同发展的“整体性”思维，通过系统规划与有序推进，引导创新基础设施的健康发展，防范各地无序竞争与盲目投资，有效遏制重复建设与资源冗余现象。一是鉴于粤东粤西粤北地区在经济社会发展中的独特需求及其对于吸纳创新资源的潜在能力，优先在该区域部署一系列重大科技基础设施、科教基础设施及产业技术创新基础设施项目，以弥补该地区在创新基础设施方面的不足。二是积极探索构建珠三角地区与粤东粤西粤北地区间的对口帮扶机制，倡导并支持珠三角地区的科研机构及顶尖创新平台以整体性、系统化的方式迁移至粤东粤西粤北地区，实现知识、技术与资源的有效转移与共享，进一步优化广东省创新基础设施的空间布局，促进全省创新能力的整体跃升与区域间协同创新生态的构建。

广东省要系统布局先进算力基础设施，从而支撑人工智能、区块链等新技术发展。一是合理全面推进先进算力基础设施建设，充分利用好园区建设，进行算力产业的集群化布局，统筹调度广东省算力资源，优化算力资源配置以提升面向广东省的算力服务能力。二是加快固态硬盘等存储设施建设，降低存储技术对外依存度，提升广东省在数据存储领域的全国竞争力。三是加速5G基站、大带宽接入网等网络基础设施建设，持续推进重点园区、重点场所、行政村及新地域的网络规划建设。

在支撑新技术发展方面，广东省要加强人工智能、区块链等新技术研究与中长期科技规划，提升综合算力的技术支撑能力。一是建立综合算力技术培训机制，构建综合性的算力技术培训体系，并针对性地实施人工智能、区块链等前沿领域的人才培育专项计划，通过鼓励和支持专业培训机构深化教育内容与模式，以满足行业对高技能人才日益增长的需求。同时，积极促进产学研深度融合，将学术界的前沿研究与产业界的实际需求相结合，共同推动算力技术的创新突破与成果转化。二是加快芯片算力、AI大模型、下一代存储、大带宽低时延等算存运技术研发部署，推动计算存储网络核心技术底层研发和技术攻关，提升数据计算、数据流通、数据防护等关键技术水平。

三是精准解锁AI与区块链技术，针对性部署应用场景，深化数据需求挖掘，推动成熟解决方案迭代升级，跨政务、金融、教育、交通等多领域，稳步推广成熟产品与服务。

第八章
广东省融合基础设施建设*

融合基础设施作为新型基础设施建设的关键，通过深度整合互联网、大数据、人工智能等技术，推动传统基础设施转型升级。这种基础设施的覆盖面广泛：其核心在于构建高速互联的网络，实现基础设施的互联互通；其精髓在于智能化，通过智能计算提升数据信息的处理能力；其目标是提升城乡发展品质，增强民众的幸福感。

广东省是数字经济的先锋，在物流、交通、环保、应急等领域的数字化转型处于全国领先地位。2020年，广东省人民政府办公厅印发了《广东省推进新型基础设施建设三年实施方案（2020—2022年）》，旨在推进包括智慧能源工程、智慧教育工程等在内的十大智慧工程（见表8-1）。本章将分析这些智慧工程的发展现状、空间布局、趋势以及存在的问题，并提出促进高质量发展的对策建议。

表8-1　广东省十大智慧工程

工程	内容
智慧能源工程	以多种能源的利用为基础，以信息技术为抓手，促进能源间的多能互补和协同优化，加强源-网-荷-储的高效互动，提高能源系统运行的灵活性和适应性，满足新能源开发和多样互动用能需求
智慧教育工程	依托云计算、物联网等新一代信息技术打造的一种物联化、智能化、感知化、多媒体化的新型教育形态与教育模式
智慧交通工程	人工智能、物联网、大数据等新一代信息技术与交通运输深度融合的新业态，是推动交通运输质量变革、效率变革和动力变革的重要途径

* 本章执笔人为暨南大学产业经济研究院冯昕。

续表

工程	内容
智慧环保工程	依托现代物联网技术，通过对监测地区的环境信息进行感知、分析与整合，同时对环保需求进行智能反应，使决策者能够更好地制定契合环境发展需要的各项措施，进而实现环境保护的精细化管理
智慧城市工程	通过物联网、云计算、大数据、人工智能等先进技术，实现城市各项功能的数字化、网络化、智能化，从而提升城市治理水平、促进城市经济发展、提高居民生活质量的新型城市发展模式
智慧医疗工程	一种基于现代信息技术，将医疗设备、医疗服务、医学知识等进行智能化、网络化、数据化的新型医疗模式。通过人工智能、物联网、大数据等技术，将医疗资源进行优化配置，并提高医疗服务的质量和效率，为患者提供更好的医疗保障
智慧应急工程	在应急管理信息化建设的基础上，进一步应用5G、人工智能及大数据和云计算等先进技术，向数字化、智能化转型升级，提高应急管理的科学化、专业化、智能化、精细化水平
智慧物流工程	通过智能软硬件、物联网、大数据等智慧化技术和手段，提高物流系统分析决策和智能执行的能力，提升整个物流系统的智能化、自动化水平的现代化物流模式
智慧农业工程	将物联网技术运用到传统农业中去，运用传感器和软件，通过移动平台或者电脑平台对农业生产进行控制，使传统农业更具有“智慧”。从广义上讲，智慧农业工程还包括农业电子商务、食品溯源防伪、农业休闲旅游以及农业信息服务等方面的内容
智慧水利工程	一种采用互联网、云计算、GIS（地理信息系统）等先进技术，以“数字化、网络化、可视化、智能化”为主线，以资源整合共享和技术创新应用为抓手的管理模式

第一节　广东省融合基础设施建设现状

一、智慧能源工程示范引领，数据共享促转型

1.积极推进智慧能源示范项目建设

广东省近年来积极推进智慧能源工程的发展，取得了一系列示范性成果。广州和珠海的多个项目被评为全国首批“互联网+”智慧能源示范项目，如广州的特大城市电网能源互联网示范和能源管理平台、珠海的城市-园区双级“互联网+”智慧能源示范项目。此外，广州南沙的智能低碳微电网和珠海大万山岛微电网项目被列为国家新能源微电网示范项目，为智慧能源的推广

提供了宝贵经验。

广东省还积极促进新型储能发展，其中佛山市顺德德胜电厂和科陆–华润电力（海丰小漠电厂）两个储能辅助调频项目被列入国家首批科技创新（储能）试点示范项目，五华县70 MW/140 MWh锂离子电池储能示范项目和广东省新型储能创新中心创新实证示范项目入选新一批国家科技创新（储能）试点示范项目。

2.能源消费高效清洁，智能化领先

2022年全省能源消费总量达3.6亿吨标准煤，原煤、原油、天然气、一次电力及其他能源消费的比重分别为33.5%、26.2%、11.3%、29.0%（见表8–2）。与2017年相比，原煤消费比重下降5.2%，天然气消费比重上升3.1%。能源利用效率全国领先，单位地区生产总值的能耗仅为全国平均水平的一半。在能源清洁化方面，非化石能源消费占比接近30%，是全国平均水平的两倍，而煤炭消费占比则显著低于全国平均水平。此外，能源智能化水平也位居全国前列，电网和油气管网的升级改造、区域综合能源供应系统的建设以及海上风电大数据中心等数字化示范项目的投入使用，展现了先进的智能化水平。

表8–2　广东省能源消费总量及构成

年份	一次能源消费量/万吨标准煤	构成				终端能源消费量/万吨标准煤	构成			
		原煤	原油	天然气	一次电力及其他能源		原煤	油品	电力	其他
2017	29253.74	38.7%	25.4%	8.2%	27.7%	31645.79	8.1%	17.7%	54.5%	19.7%
2018	30154.66	37.2%	28.1%	8.3%	26.4%	32760.73	7.2%	17.2%	54.6%	21.0%
2019	31122.99	34.2%	25.9%	8.7%	31.2%	33359.42	6.4%	16.9%	57.1%	19.6%
2020	32818.22	31.3%	27.2%	10.3%	31.2%	33774.90	6.3%	15.6%	58.0%	20.1%
2021	36221.32	35.0%	26.8%	11.4%	26.8%	35955.63	5.2%	13.6%	61.0%	20.2%
2022	36230.97	33.5%	26.2%	11.3%	29.0%	35700.97	4.8%	11.3%	61.3%	22.6%

数据来源：广东省统计局。

广东省推进能源高质量发展主要指标如表8-3所示。

表8-3　广东省推进能源高质量发展主要指标

类别	指标	2022年数据	2025年数据	累计增长
供应保障	能源综合生产能力/万吨标准煤	9200	10000	800
	电源装机规模/亿千瓦	1.7	2.6	0.9
	灵活调节电源装机占比	12.3%	12.5%	0.2个百分点
清洁低碳	非化石能源消费比重	27%	29%	2个百分点
	电能占终端能源消费比重	38%	40%	2个百分点
安全储备	天然气储备占消费量比重	4.8%	8.3%	3.5个百分点
产业发展	新能源产业营业收入/亿元	7100	10000	2900
	新型储能规模/万千瓦	71	300	229

数据来源：广东省能源局。

3.推动能源数据共享

广东省在电力大数据的采集与融合方面取得了显著进展，促进了跨能源、交通、气象等行业的数据集成与共享。通过建设能源管理驾驶舱和大数据分析平台，广东省能源集团整合了多种数据接口，实现了数据共享，为远程诊断生产设备、辅助经营决策提供了有力支持，显著提升了企业管理水平和效率。

此外，广东省在数字能源和碳排放数据市场建设方面也走在了全国前列。自2012年起开展碳排放权交易试点，至2022年交易规模达到全国第一、全球第四。经过多年的探索，广东省已将钢铁、石化、电力、水泥、航空、造纸等六大高排放行业约250家企业纳入碳市场，通过配额有偿发放机制，激励企业进行节能环保改造，推动了绿色低碳转型。

二、长远布局，智慧教育工程“先试先行”

1.长远布局，加强教育数字化转型

2021年《广东省教育发展“十四五”规划》中明确提出，推进人工智能时代学校创新发展，建设智慧课堂，丰富优质慕课资源。“5G+智慧教育”被列入《广东省教育发展“十四五”规划》，并被立项成为广东省重点领域研发计划重大专项。此外，《广东省教育数字化转型行动方案（2023—2027）》指出，要以数字化转型开辟广东省教育高质量发展的新赛道、新范式，着力推进和形成具有湾区特色和全国影响力的广东教育数字化转型模式，力争在2027年实现教育优质数字资源充分供给和全省普及应用，基本形成数智赋能的人才培养模式、数智融合的教与学模式、数智支撑的教育评价方式。

2.积极推进智慧教育工程建设

广东省凭借政策、技术和教育资源的优势，在智慧教育领域率先探索，快速推进“智慧教室”的建设。以广州市为例，2020年已建成94所省信息化中心学校、100所智慧校园实验校、260所智慧阅读实验校、3个人工智能课程改革实验区、147所实验校。

广东省还积极推动通信技术与教育的深度融合。2021年5月，“5G+智慧教育”项目启动。截至2023年2月，该项目已在高清直播互动、VR（虚拟现实）/MR（混合现实）教学、教育质量监测等方面取得关键技术突破，并研发了相关软件系统，获得5项软件著作权和12项专利受理，发表了6篇学术论文，结项报告被广东省科学技术厅收录。2022年12月，该项目荣获“2022年粤港澳大湾区5G应用案例征集大赛”优秀奖，广东省教育研究院荣获5G联盟“突出贡献单位”奖。

广东省的智慧教育实践不仅提升了教育质量和效率，也为全国智慧教育的发展提供了宝贵经验。

3.不断加大对智慧教育工程的资金投入

随着国家对教育的重视程度的不断提升，国家对教育行业的经费投入也在持续增长。2017—2022年，国家财政性教育经费支出呈逐年上升的趋势。

同时，广东省财政性教育经费支出占全国财政性教育经费支出的比例也呈总体上升的态势，自2019年来占比9%以上（见图8-1）。

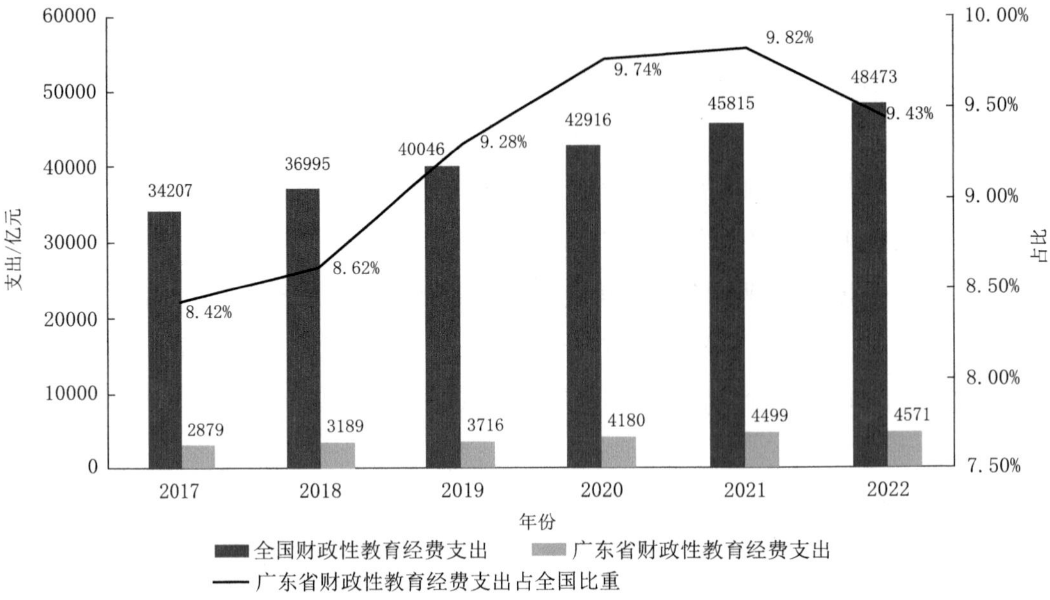

图8-1　2017—2022年全国及广东省财政性教育经费支出情况

数据来源：广东省教育厅。

三、智慧交通工程数字化水平不断提升，服务便民

1.基础设施数字化水平不断提升

广东省在基础设施数字化方面取得了显著进步，建立了全面的数字交通感知网络，覆盖了主要城市，并在车载监控、卫星定位等基础上，扩展了智能道闸、地磁断面、微波设备等先进交通感知技术。

2.数字化出行便民服务体系不断完善

广东全省三级以上客运站实现联网售票，广深城际铁路推出移动支付乘车服务，电子客票在铁路客运站广泛应用，提升了旅客出行体验。同时，交通一卡通和ETC系统的广泛应用，让出行更加畅通无阻。

3.信息化基础设施持续优化

广东省初步建立了支持全省交通大数据高可靠高安全的存储、计算、传输基础保障体系，网络安全保障实质提升。同时，广东省还建立了全面的网络安全管理体系，积极开展信息安全等级保护工作。

4.顶层设计规划和标准规范建设与时俱进

广东省积极响应“数字中国”战略，推进数字政府改革，开展数字交通规划设计，制定交通基础设施工程建设的标准、规范、政策。例如，广东省推动了自动驾驶等智能交通项目的实施，并通过产业联盟等形式，促进了智慧交通工程的全面发展。

四、智慧环保工程成效显著，智慧平台助力治理

1.生态环境明显改善

广东省十四届人大常委会第九次会议审议省人民政府关于2023年广东省环境状况和环境保护目标完成情况的报告披露：全省大气六项主要污染物浓度连续9年全面达标；全省149个地表水国考断面水质优良比例92.6%，劣Ⅴ类断面全面消除；受污染耕地安全利用率达92.04%；全省自然村生活污水治理率提升至64.7%；全省森林覆盖率达53.03%，红树林面积达1.06万公顷；全省碳排放配额累计成交量和金额均居全国首位；核电、抽水蓄能、生物质能装机规模居全国第一，海上风电装机规模居全国第二。

2.打造智慧平台，提升环境治理效率

智慧平台能够解决基层生态环境执法中遇到的众多难点，显著提升城市生态环境治理的智能化水平和效率，在超大城市社会精细化品质化治理中发挥重要作用。例如，中山市的中山智慧环保平台以其创新技术和全面数据服务，成为广东省环保数字化的标杆。广州市白云区和黄埔区通过各自的智慧环保平台，实现了数据共享和业务协同，黄埔区还建立了污染防治指挥系统，为环保监管提供了有力支撑。这些平台的构建，有效解决了执法难题，推动了广东省环保治理的现代化进程。

3.政策引导智慧环保工程发展

广东省在智慧环保工程建设方面提出了多项措施。《广东省生态环境保护“十四五”规划》提出，要引导环境治理企业加强技术研发，推进智慧环

保监管系统等新型生态环境基础设施建设。《广东省生态环境厅关于优化重点项目服务助力经济高质量发展的十项措施》提出，要大力发展环保产业，推动智慧环保设备、环保监管执法装备研发制造和基础能力建设。《实施支持“百县千镇万村高质量发展工程”的生态环境保护政策措施》将绿色低碳发展作为解决生态环境问题的治本之策，支持产业融合，推动区域绿色低碳发展。

五、智慧城市工程加速升级智能化城市治理模式

1.网络建设领先，建成“全光网省”，5G发展居全国首位

广东省在网络基础设施建设上持续领先，自2017年建成“全光网省”后，2020年的“百城千兆”行动和2021年的“双千兆”网络协同进一步巩固了其地位，使广州和深圳成为全国首批“双千兆”城市。截至2022年7月，广东省宽带用户数已达4493.6万户，其中千兆以上用户675.9万户，用户规模全国领先。

广东省的移动通信技术也持续领跑全国，2017年4G用户数率先破亿，5G基站建设同样领先，在2022年5月提前完成了广电5G网络互联互通。截至2022年7月，广东省已累计建成5G基站19.8万个，5G用户达5363.7万户，5G终端连接数达7393.1万户，规模均为全国第一。

2.全域智能化城市治理模式加速升级

“网格化”一盘棋基层治理模式向智能化迈进，基层治理模式正向智能化升级。广东省通过网格化服务管理体系，实现了与省级平安建设云平台和市级技术支撑体系的链接。城市管理通过“大城管”体系，利用视频智能分析技术，自动处理超载运输等城市管理问题。生态环境治理通过智慧化手段，实现了环境质量监测与预警，以及机动车排气和河涌风险的监测。同时，智慧司法走在全国前列，广州仲裁委员会开发的ODR平台（跨境商事争议在解决平台），为跨境电商企业提供法治服务，成为商务部优秀实践案例之一。

3.区域数字化协同发展成效显著

粤港澳全面合作示范区建设进展顺利，广州与深圳的“双城联动”、广

州与佛山的“极点带动”效应不断显现。例如，广州通过与周边城市的协同发展，已成功构建了超高清视频和智能家电、智能装备、高端医疗器械等三大主导产业集群，并荣获2022年工业和信息化部认定的45个国家先进制造业集群之一。此外，在商务部开展的“2022年跨境电子商务综合试验区”评估结果中，中国（广州）跨境电子商务综合试验区连续两年位列第一档。

六、智慧医疗工程配套体系不断完善

1.积极完善“智慧医疗”政策体系

广东省先后出台《广东省建设“互联网+医疗健康”示范省行动方案》《广东省推进新型基础设施建设三年实施方案（2020—2022年）》《广东省人民政府办公厅关于推动公立医院高质量发展的实施意见》等政策，以促进智慧医疗工程的发展。在这些政策的引领下，广东省加快推进“互联网+医疗健康”示范省建设，鼓励医院发展互联网医疗服务。到2023年初，全省所有三甲医院均已建立互联网医院。

2.夯实“智慧医疗”发展基础

广东省积极构建“互联网+医疗健康”服务新模式，推动远程医疗、在线诊疗和智慧医院建设。广东省卫健委披露的数据显示，截至2023年9月，广东省远程医疗平台已接入4547家医疗机构，实现了医联体的远程医疗全覆盖，4504家机构通过平台提供远程会诊、远程影像、远程手术指导和远程教育等服务。到2023年5月，全省已有206家非营利性医院开展在线诊疗，253家医院试点“互联网+护理”服务。同时，广东省还推行了“互联网+医保结算”服务，实现了基本医疗保险、医疗救助和大病保险的“一站式”结算，为患者带来了极大的便利。

3.建立和完善紧密型县域医共体智慧医疗配套体系

一是依托广东省第二人民医院成立了广东省“互联网+家庭医生”指导服务中心，推动智慧家庭医生签约服务应用探索。二是推动县域医共体建立多个专业中心，如慢病管理、消毒供应、胸痛救治等，以进一步构建完善的闭环服务体系。三是2019年印发“1+2+N”的系列文件，包括《广东省加强紧密型县域医疗卫生共同体建设实施方案》《广东省城市医疗联合体建设试点工作指南》等，明确了广东省医联体建设的7项重点任务。这些措施旨在通过紧密型医共体建设，解决分级诊疗中的难题，提升医疗服务的全流程管理和远程医疗协作效率，发挥智慧医疗的优势。

七、智慧应急工程融合信息技术，应急能力大幅提升

1.信息化解决应急难题

广东省应急管理厅致力科技提升，将前沿信息技术与应急管理深度融合，打造了“一网统管”数字化平台（见图8–2、图8–3）。该平台经过58次迭代升级，集成了包括强降水、台风在内的多个精细化模块，提升了实时响应能力。

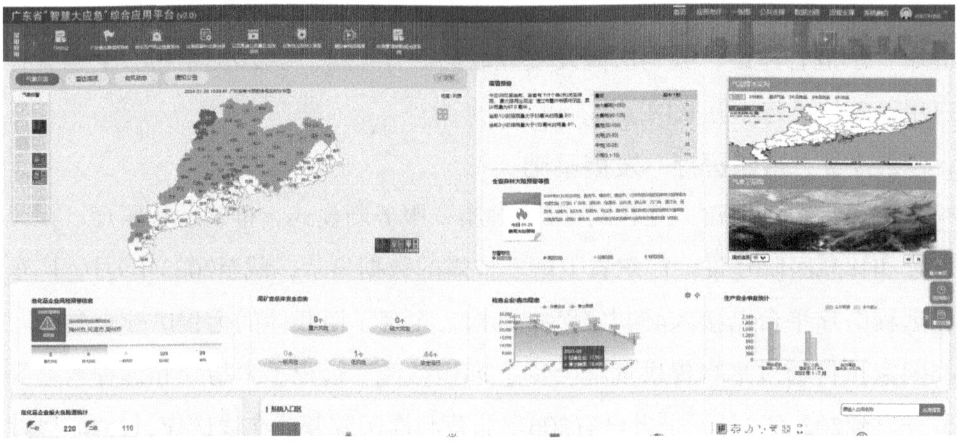

图8–2　“智慧大应急”综合应用平台

图8–3　广东应急一键通

广东省应急管理厅坚持需求导向、研用结合、开放创新，通过联合创新和研究基地，不断提升智慧应急能力。2023年，广东省应急管理厅推动了“智慧应急”在不同设备端的协同应用，实现了系统整合和任务高效完成。大屏端利用互联网、电力和车流量数据辅助决策；中屏端整合了大量数据和视频资源，增强了智慧应急基础；小屏端的“一键通”功能为基层提供了强大支持，服务超过72.54万活跃用户。自2023年起，平台发布超过1642万条天气预警信息，有效提升了预警效率。

2.坚持创新，应急科技支撑能力显著提升

深入实施智慧应急工程，成功构建了一个集成24个部门、57大类数据的应急管理大数据平台。该平台成功推出十大信息化系统，包括自然灾害应急指挥、危险化学品监测预警、尾矿库“天眼地眼”监控以及安全生产执法等，全面提升了风险管理能力。同时，广东省还实现了风险监测预警的全面可视化、指挥调度的一体化和应急响应的快速联动。这些举措均标志着广东省在应急管理领域迈出了坚实的步伐。“数据智能+”十大攻关如表8-4所示。

表8-4　“数据智能+”十大攻关

序号	攻关方向	序号	攻关方向
1	“数据智能+”基于互联网位置大数据热力分析的精准调度指挥	6	“数据智能+”极端强降雨大数据智能风险识别及可视化
2	“数据智能+”台风综合风险监测预警	7	“数据智能+”“两客一危一重货”重点车辆监控预警
3	“数据智能+”应急救援辅助决策	8	“数据智能+”工矿商贸安全风险分级及事故预测
4	“数据智能+”地质灾害临灾预警	9	“数据智能+”精准物质调拨
5	“数据智能+”安全生产执法	10	“数据智能+”事故统计信息化和数据治理

资料来源：广东省应急管理厅。

3.建设扁平化应急指挥体系

为有效解决应急指挥能力不强、应急指挥调度体系不完善问题，广东省

加强融合指挥技术攻关，以“融合指挥”为方向，早在2021年底就建设打造了省、市、县、镇、村五级贯通的扁平化应急指挥体系，将全省21个地市、206个县区、1637个乡镇、84万名应急责任人，通过云视频会商系统、应急“一键通”纳入应急指挥视频调度体系。

八、智慧物流工程模式创新，信息化水平不断提升

1.物流互联网逐步形成

随着云计算、大数据、物联网等新技术在物流领域的应用不断深入，广东省物流信息化建设步伐不断加快。例如，2018年相关数据显示，广东省每百家企业拥有网站数60个，有电子商务交易活动企业数比重为9.8%，电子商务销售额达27829.9亿元，互联网宽带接入端口多达6482.3万个，接入用户数达到3246.8万户。与全国相比，广东省每百家企业拥有网站数比全国多4个，互联网宽带接入端口、互联网宽带接入用户占全国比重分别为9.4%、8.8%。同时，自2013年以来，广东省大力推进如南方现代物流公共信息平台和物联网示范工程等现代物流信息平台建设，有效提升了物流信息化水平。

2.协同共享助推模式创新

智慧物流工程以“协同共享”为核心理念，促进了资源共享和企业间的深入合作，最大化利用了存量和闲置资源。近年来，“互联网+物流”服务成为实现这一理念的典范。利用互联网技术推动互联网与物流业深度融合，不仅重塑了产业的发展和分工体系，还为物流企业转型提供了方向指引，其典型场景包括高效运输、智能仓储、便捷配送及智能终端等。例如，广东自贸试验区推出国际贸易“单一窗口”、“线上海关”、进出口商品全球质量溯源体系等一批标志性改革措施，显著提升了通关效率，其中“互联网+易通关”改革更是全国首创。

3.政策引导智慧物流工程发展

《2022年广东省数字经济工作要点》强调要发展智慧物流，实现县域城乡物流的无人化、绿色化和智能化。《广东省人民政府关于加快数字化发展的意见》和《广东省“十四五”现代流通体系建设实施方案》均提出加强

智能物流设施和国家物流枢纽信息服务平台的建设，以及推动物流园区和仓储设施的智慧化升级。在这些政策的推动下，广东省的智慧物流工程持续发展。以广州为例，为推动低空物流项目落地和推进低空经济创新发展，广州采取一系列积极措施大力发展无人机（车）物流，推动低空经济创新，构建了全域的“枢纽+网格+终端”三级无人物流配送网络，提升了物流效率和同城配送速度。

九、智慧农业工程发展成果显著

1.农业信息化建设总体水平居全国前列

近年来，广东省在农业信息化方面取得了显著进展。一是加强基础设施建设，建立了“一网、一图、一库、一平台”的省农业综合信息化管理系统，将46个农业信息业务系统整合到一个大数据平台，推动了“互联网+现代农业”的发展。二是深入推进信息进村入户。早在2020年，广东省就已建立1640个省级惠农信息站，涵盖多种服务模式，激发农业创新活力。三是建立健全了农业信息监测体系，初步建立了集数据统一采集、全产业链协同、产业专家会商、信息动态发布、数据服务管理于一体的管理机制。

2.数字农业试点发展成果显著

数据和数字技术为农业粮食体系转型提供创新，也为整个农业食品价值链中的市场失灵和挑战提供解决方案。2022年，广东省内多个数字农业试点和跨境电商试验区取得初步成效，成功打造了增城、阳西、梅县三个“互联网+”农产品出村进城工程国家级试点县，阳西、连山、罗定、濠江四个省级数字农业试点，佛山里水、汕头澄海两个农产品跨境电商综合试验区。同时，新兴县数字农业农村试点、番禺区国家数字农业创新应用基地建设也取得了初步成果。

3.技术研发与应用

广东省的智慧农业发展得益于先进的技术装备和信息处理能力。例如，在农机化技术装备研究方面，以罗锡文院士为首的专家团队在水稻精量直播、农业航空、精准农业等领域取得了国际先进成果，并成功实现产业化。

在无人农场关键技术研究方面，广东省攻克了导航定位、路径跟踪等技术难题，实现了农机在复杂环境下的高精度自动导航，发明了全区域覆盖的作业路径规划和控制算法，提高了作业效率，并开发了具有自主知识产权的农机导航产品。这些成果为广东省智慧农业的进步打下了坚实的基础。

十、智慧水利工程坚持创新发展并取得新突破

1.扩大水利有效投资，积极建设激活水经济

2023年，广东省水利建设投资历史性突破1000亿元，成为全国第一个且唯一一个突破千亿元的省份，再创历史新高。珠江三角洲水资源配置工程正式启用，环北部湾广东水资源配置工程全面展开，粤东水资源优化配置二期等项目也在稳步推进。同时，珠中江水资源一体化配置和粤东水资源优化配置三期等工程的前期工作也在加速进行。随着这些重大水利工程的实施，广东区域经济、人口重心和水资源禀赋的“错配”现象得到显著改善。

2.大力发展智慧水利

新阶段水利高质量发展，需要水利科技创新的支撑和引领。近年来，广东省水利厅将智慧水利建设作为推动新阶段水利高质量发展的重要实施路径之一，充分发挥科技创新引领驱动作用，助力广东省智慧水利建设取得新突破。例如：在2023年，广东省完成“广东智慧河长”项目建设，标志着智慧水利工程一期的全面实施；数字孪生流域试点成效显著，东江、北江成果亮相第二届数字峰会，数字孪生北江入选水利部典型案例和十大样板；“一网统管”水利专题持续深化，荣获智慧城市先锋榜优秀案例二等奖，并被评为省政务服务创新案例。

3.数字孪生工程建设取得新突破

2024年1月30日，珠江三角洲水资源配置工程正式启用，开启了生态智慧水利的新时代。该工程利用云计算、大数据等技术，实现了智能化全生命周期管理，并通过数字孪生平台和高效机电设备，提高了工程管理的自动化和智能化水平。此外，该工程还探索了大型泵站的“关门运行”模式，实现了智慧监测、智能疏浚、科学调度和实时巡检等功能。

目前，广东省正在推进粤港澳大湾区数字孪生水网试点建设，该建设以粤港澳大湾区为核心，围绕水资源配置、水安全管理、水生态治理三大目标主线，选择东江、北江、西江三大水系，以及珠江三角洲水资源配置工程和东深供水工程两条骨干输配水通道，连接广州、深圳、惠州和东莞等城市，构建了一个跨流域、跨区域的多层级联合调度体系，打造了具有“四预”（预测、预警、预防、预案）功能的省级数字孪生水网先行试点，体现了广东省在科技创新和智慧水利工程建设方面的坚定决心和显著成就。

第二节　广东省融合基础设施建设空间布局

一、因地制宜布局新能源，多地智慧能源工程协同发展

广东省各地因地制宜发挥当地优势，建设适合当地发展的新能源工程，以推动广东省能源高质量发展。广东省新型能源体系建设项目如表8-5所示。

表8-5　广东省新型能源体系建设项目

项目	建设现状
可再生能源	新增建成阳江沙扒、汕尾甲子、汕头勒门、揭阳神泉、惠州港口、湛江外罗、珠海金湾等约800万千瓦海上风电项目；开工建设阳江青洲、阳江帆石、汕尾红海湾、珠海高栏等约1200万千瓦海上风电项目；新增投产太阳能光伏发电项目约1200万千瓦
核电	新增投产惠州太平岭核电一期项目；建设陆丰核电5、6号机组，廉江核电一期项目；推动惠州核电3、4号机组和陆丰核电1、2号机组项目核准开工；积极推动后续核电项目开展前期工作
抽水蓄能	推进梅州二期、云浮水源山、汕尾陆河、肇庆浪江、惠州中洞、阳江二期、河源岑田、茂名电白抽水蓄能电站项目建设；争取开工建设肇庆说山、清远水晶背、清远天湖、肇庆长滩抽水蓄能电站

续表

项目	建设现状
新型储能	推进新能源发电配建新型储能，按需推进独立储能电站布局建设，新增投产佛山南海、梅州五华电网侧独立储能电站、万里扬端州独立储能电站等项目，鼓励工商业企业、产业园区等配建用户侧储能电站，到2025年建成投产约300万千瓦新型储能
煤电	新增投产华电丰盛汕头、神华国华清远、华润西江等约1300万千瓦煤电；推进建设华能海门5号、6号机和华润海丰3号、4号机等煤电项目
气电	新增投产广州珠江二期、广州开发区东区热电、粤华（黄埔电厂）“气代煤”、大唐宝昌热电扩建、惠州丰达二期等约2000万千瓦气电项目；开工建设华能东莞谢岗、广州发展增城旺隆、深圳福华德“上大压小”等气电项目
数字电网	建成南沙国家级“5G+数字电网”示范区、南方电网数字生产示范——南沙明珠湾起步区智能运维体系、广州光储充检一体化智能充电站示范项目等重点项目，加快珠海、横琴、东莞松山湖等示范数字电网建设

资料来源：《广东省推进能源高质量发展实施方案（2023—2025年）》。

二、智慧教育工程区域均衡化推进

1.5G+教育质量监测与改进

为深入推进课堂教学评价改革，助力提升教师课堂教学能力，广东省教育研究院于2022年9月启动了“5G+智慧教育”第三场景“5G+教育质量监测”成果推广工作。截至2023年2月，已在广州、深圳、东莞、佛山、中山、梅州、肇庆、珠海、江门、潮州、湛江、茂名、汕头、河源、韶关、清远等16个地市的83所中小学和7所中职学校，开展“5G+教育质量监测与改进”技术应用推广试点研究，利用人工智能和大数据进行教育质量监测与提升。通过线上与线下结合的方式，该项目共举办了40多场数字化教研活动，计划生成2368份课堂大数据报告、885份大单元分析报告、90份学科类报告，形成了新型数字化教研模式。

2.基于欠发达地区教学需求开发“爱种子”平台

自2015年起，广东省启动了“以信息化推动义务教育教学改革研究与推广”项目（又称“爱种子”项目）。该项目致力利用“互联网+教育”平台，改革教学资源供给和课堂模式，同时运用大数据技术，实现教学的精准化和个性化，以促进广东省欠发达地区的教学改革，并扩大优质教育资源覆盖面，减少教育不平等。截至2023年底，该项目已惠及广东省内378所学校的4813个班级，覆盖了30多万名师生。

3.基础教育高质量发展实验区与示范区

2023年1月，《广东省教育厅关于公布基础教育高质量发展实验区、示范区名单的通知》发布，全省共选出13个实验区和15个示范区（见表8-6），旨在通过3年的实施周期，推动基础教育信息化，打造一个互联互通、共建共享的优质网络资源体系。

表8-6　广东省基础教育高质量发展实验区与示范区名单

类型	名单
基础教育高质量发展实验区	市级：汕头、韶关、梅州、汕尾、阳江、湛江
	县级：河源市东源县、茂名市信宜市、肇庆市高要区、清远市连南瑶族自治县、潮州市饶平县、揭阳市揭东区、云浮市新兴县
基础教育高质量发展示范区	市级：东莞、中山
	县级：广州市越秀区、番禺区、南沙区，深圳市南山区、福田区，珠海市香洲区、金湾区，佛山市禅城区、高明区、南海区、三水区、顺德区，江门市恩平市

资料来源：《广东省教育厅关于公布基础教育高质量发展实验区、示范区名单的通知》。

三、智慧交通工程规划全面，但地区发展不均衡

1.广东省智慧交通企业分布

中国企业数据库企查猫数据显示，2022年广东省智慧交通企业主要分布在深圳和广州等地。截至2022年6月24日，深圳市共有相关智慧交通企业708家，占广东省智慧交通企业数量的66.42%；另外，广州市共有155家智慧交通企业（见表8-7），占比达到14.54%。

表8-7　广东省智慧交通企业数量区域分布（截至2022年6月24日）

地区	智慧交通企业数量/家
广州	155
深圳	708
东莞	51
珠海	38
佛山	17
惠州	24

数据来源：企查猫、前瞻产业研究院。

截至2022年6月24日，在广东省智慧交通企业的平均注册资本区域分布中，深圳市相关企业的平均注册资本最高，达到2.46亿元。除此之外，广州市、东莞市和汕尾市的智慧交通企业平均注册资本相对也较高。

2.广东省综合交通规划

《广东省综合交通运输体系“十四五”发展规划》提出，要在广东省强化2个国际性综合交通枢纽功能和建设3个全国性综合交通枢纽。广东省的高速公路网与铁路网都十分完善，连接全省各个城市。同时，省内有多个国际机场，也有优良的海港。总之，广东省交通发展已经基本成型。高速公路、铁路、航空和海港网络的完备，为广东省经济发展提供了可靠的交通保障。

四、智慧环保工程深入社区，“无废城市”试点区域化开展

1.广东省绿色社区

智慧环保的推广与应用需要基层执行，只有在基层社区最小单元中找到环境治理的最大公约数，发动社区各方共同参与，建立起美好生活环境共建共治共享的思想共识，才能进一步促进基层环保事业的发展，从而推动全省环保事业的进步。截至2021年6月27日，广东省各地级市绿色社区数量如图8-4所示。

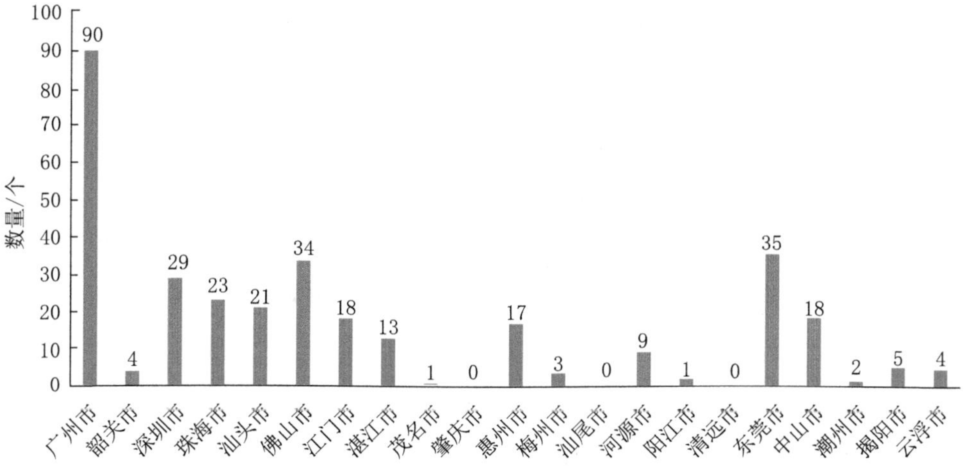

图8-4　广东省各地级市绿色社区数量（截至2021年6月27日）

数据来源：广东省生态环境厅公众网。

2.无废城市

广东省自2021年起积极推进“无废城市”建设，珠三角9市及梅州市、信宜市成为首批试点。到2022年4月，珠三角9市全部纳入国家“十四五”时期“无废城市”建设名单。2022年6月，深圳因显著成效获得国家认可和奖励。同月，《粤港澳大湾区生态环境保护规划》明确提出建设“无废”湾区，探索“无废城市”区域共建模式。

广东省积极探索“无废城市”建设模式，推动试点城市因地制宜开展“无废城市”建设。截至2022年8月底，广东省不仅在珠三角9市发布了实施方案，还明确了217个制度体系任务、95个技术体系任务、103个市场体系任务和130个监管体系任务，同时部署了263个固体废物领域的重点工程项目，总投资超过700亿元。

此外，“无废”湾区建设还被纳入国家探索创新任务。根据生态环境部办公厅印发的《2023年度“无废城市”建设工作推进计划》，广东省将利用前海深港、横琴粤澳、南沙等合作机制，借鉴试点经验，完善固体废物管理体系，探索共建模式，并建立跨省非法转移联防联控机制。同时，推动生活垃圾综合处理设施建设，鼓励采用“互联网+回收”和智能回收方式，建立内河船舶垃圾与陆上垃圾分类的衔接机制，以推进“无废城市”建设。

五、智慧城市工程试点广泛，大湾区智慧城市群建设活跃

2012年，住房和城乡建设部公布了首批90个国家智慧城市试点名单，广东省共有6个市、区、镇成为试点城市，即广东省珠海市、广州市番禺区、广州市萝岗区、深圳市坪山新区、佛山市顺德区、佛山市乐从镇。

到2023年，广东省在智慧城市工程建设上取得了显著成效。《2022—2023年度全球微笑城市百强和中国新型智慧城市（SMILE指数）百强成果》报告显示，广州、深圳在“全球微笑城市百强”中位列前15，佛山、东莞也上榜全球百强。佛山市南海区、珠海市香洲区、佛山市禅城区入选“中国新型智慧城市百强县”前10。广州越秀区、白云区、黄埔区入选“中国新型智慧城市五十强区”前10。其中，广州市白云区自2019年启动智慧白云项目建设以来，至今已搭建了覆盖区、镇街、村居三级的“7+2”城市数字底座，建成集视频接入、治理、运维、应用于一体的统一汇聚平台，实现了区内视频资源的统一汇聚和管理。

此外，综合开发研究院（中国·深圳）的李恩汉副主任指出，数据、人才、技术、资本等要素的高效流动是智慧城市群建设的关键。粤港澳大湾区是我国经济活力最强、开放程度最高的区域之一，为各类要素的畅通循环提供了得天独厚的区域和制度环境，而广东省也具有底座与技术双重优势。一方面，新型基础设施建设是智慧城市打造的基石，广东省地区生产总值连续34年居全国第一，在基础设施建设方面也位居全国前列，可以更低的成本、更强的动力转型升级，打造智慧城市数字底座。另一方面，广东省科技研发和成果转化能力全国领先，不仅汇聚一大批实力较强的研发机构，更具备完整的成果转化产业链条，为智慧城市建设铺设了从理论研究到实践应用的完整通路。

在粤港澳三地共同推动下，大湾区智慧城市群建设正稳步推进。2023年广东省分别与港澳签署了智慧城市群合作协议，未来三地将在智慧医院、智慧社区等方面加强合作，推动平台联通、数据流通和应用场景创新，共同构建智慧城市评价指标体系，稳步推进大湾区智慧城市群的建设。

六、智慧医疗示范单位遍布全省，“互联网+护理服务”试点普及

为深入贯彻落实党中央、国务院及广东省委、省政府关于促进“互联网+医疗健康”发展的决策部署，加快“互联网+医疗健康”示范省建设步伐，探索新型医疗健康服务模式，推动全省卫生健康事业高质量发展，广东省先后确定了两批共计50家“互联网+医疗健康”示范医院建设单位，它们分布于17个地级市（见图8-5）。

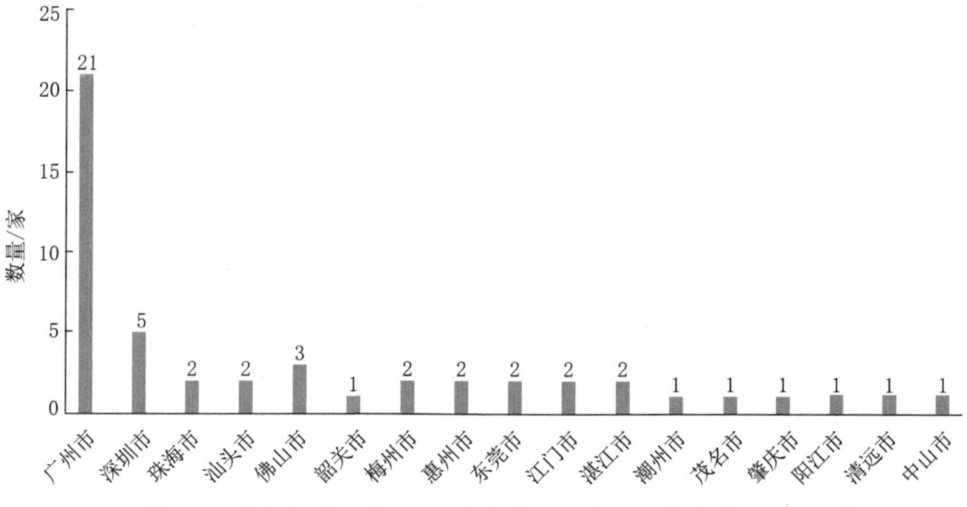

图8-5　广东省“互联网+医疗健康”示范医院建设单位地区分布

数据来源：广东省卫生健康委员会。

“互联网+护理服务”是智慧医疗工程的重要组成部分。“互联网+护理服务”是一种新型的医疗服务模式，它依托互联网技术，将传统的医护服务与现代科技相结合，实现了医疗资源的共享和优化，让护理服务更加便捷、高效、专业。国家卫生健康委员会于2019年决定开展“互联网+护理服务”试点工作，广东省成为全国6个“互联网+护理服务”试点省份之一。同年，广东省部分地市开展了“互联网+护理服务”试点工作，在创新护理服务模式、扩大服务供给、防控执业风险、建立医疗服务价格和医保支付政策等方面进行了有益探索，并取得了一定成效。据统计，截至2020年12月，广东省共计开展“互联网+护理服务”44476人次；截至2021年6月，广东省有177家医院开展试点工作（见图8-6），参与注册护士数11968人。

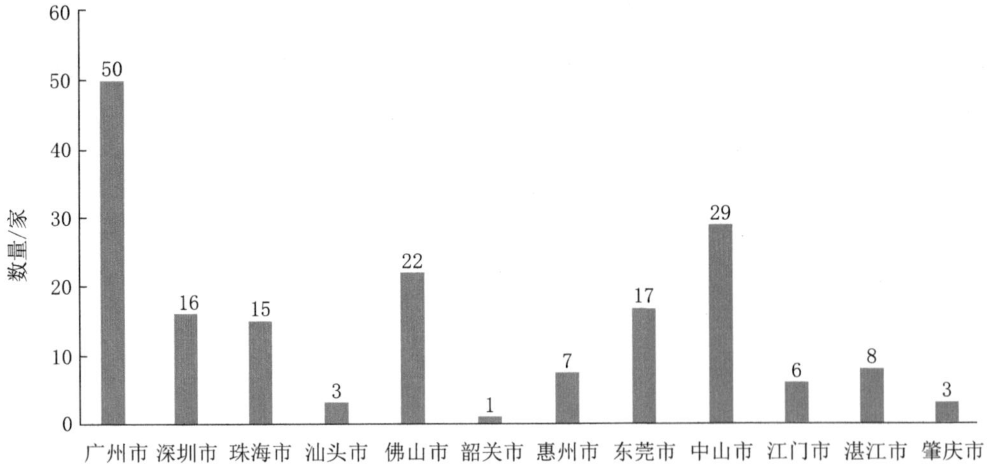

图8-6 广东省“互联网+护理服务”试点医院地区分布

数据来源：广东省卫生健康委员会。

试点医疗机构覆盖了各类医疗机构，包含综合医院、基层医疗卫生机构、中医医院、妇幼保健院等。以上医疗机构通过“线上申请、线下服务”的模式，为出院患者或行动不便的特殊人群提供护理服务，满足群众多样化、多层次健康需求，进一步保障了医疗质量和护患双方合法权益。

七、智慧应急工程覆盖全省，各市构建特色应急指挥与监测系统

广东省遵循应急管理部信息化发展战略规划框架和建设任务书要求，坚持以信息化推进应急管理现代化，推动各地各级应急管理部门开展信息化建设。然而，因广东省各地市经济发展水平不一，各地市智慧应急工程发展阶段与现有成果也各不相同（见表8-8）。

表8-8 广东省部分地市智慧应急工程发展情况

地市	发展情况
广州	聚焦“实况、实时、实用、实战”目标，推动应急管理综合应用平台建设，实现数据融合和远程调度指挥
深圳	通过科技创新促进安全应急产业发展，建设“圳应急”App，汇聚风险、隐患等数据，提升查询效率
汕头	购置应急通信指挥车，利用先进技术构筑应急融合通信支撑服务，投入资金建设信息化应用平台
珠海	应急救援指挥中心实现基层应急指挥平台打通，接入多个系统实现安全信息同屏监控
佛山	作为国家试点城市，构建全域覆盖的应急管理感知网络，提升综合监测能力
江门	建设智慧应急创新平台，实现实时监测和指挥调度，汇聚多部门数据，完成监测预警一张网
惠州	推进数字应急，完善应急指挥调度平台，实现五级平台贯通和全域感知信息数据融合共享
汕尾	启动监测预警指挥中心建设，打造高标准监测预警中心，汇聚多单位信息化系统和资源数据

八、智慧物流工程在主要城市发展迅速，区域分布不均

物流是现代经济中优化资源配置的关键环节。根据《国家物流枢纽布局和建设规划》，物流枢纽是集货物集散、存储、分拨和转运功能于一体的重要设施和组织中心，主要分为六种类型：陆港型、港口型、空港型、生产服务型、商贸服务型和陆上边境口岸型。自2019年起，国家发展改革委和交通运输部已公布了5批国家物流枢纽建设名单，其中共计125个枢纽。广东省共有位于广州、深圳、佛山、珠海、湛江等地的9个枢纽入选（见图8-7），覆盖空港型、港口型、商贸服务型、生产服务型等4个类型，总量位于全国前列。

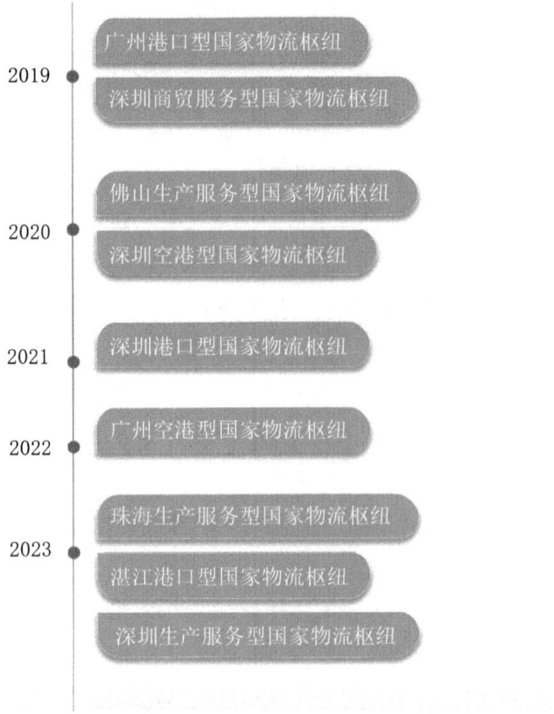

图8-7　2019—2023年广东省入选的国家物流枢纽

广东省交通基础设施建设较完善，汕头、湛江、广州南沙、珠海、惠州、深圳盐田等地的港口已经与多条铁路相连，多式联运正在顺利推进。在内陆港建设方面，广东省已规划并建设了广州东部国际物流港、佛山国际陆港等重要项目。在港口发展方面，2022年广州港、深圳港、珠海港和东莞港均已跻身亿吨大港行列。根据《广东省港口布局规划（2021—2035年）》，预计到2035年广州港和深圳港将全面建成世界一流港口，而珠海港、汕头港、湛江港总体也将达到世界一流水平。但智慧物流工程在广东省的发展存在地区发展不平衡的情况，仅部分地市在智慧物流工程发展方面取得了进展（见表8-9）。

表8-9　广东省部分地市智慧物流工程发展情况

地市	发展情况
广州	物流行业营收超1200亿元，正推动物流园区改造升级，发展智慧物流等，重点项目如石湖智慧供应链物流总部已投入运营
深圳	开建深国际智慧物流港坪山项目，旨在填补高标准物流设施空白，构建智慧物流共享中心
珠海	空港国际智慧物流园是国内最大的单体多层航空货站，拥有广泛的业态涵盖，预计年处理能力达50万吨
佛山	深国际佛山顺德智慧物流产业园项目预计2025年竣工，总投资约30亿元，将发展高标准仓储、智慧物流和冷链物流业态
湛江	湛江空港经济区推进智慧物流产业园等基础设施项目建设，总投资约29.34亿元，部分项目已动工

九、智慧农业工程遍布全省，地区特色鲜明

2023年中央一号文件强调了推进数字乡村发展的重要性，鼓励研发和推广数字化应用。作为数字经济大省，广东省正推进数字技术与农村农业深度融合，通过技术赋能，推动“百县千镇万村”高质量发展，为乡村振兴描绘了一幅新蓝图。

在全省数字乡村建设热潮中，各地市充分发挥自身优势，结合地方特色，采取创新措施，涌现了一批数字乡村建设的首创经验和优秀案例，为全省数字乡村建设提供了示范，也为全面推进乡村振兴贡献了强大动力。广东省各地市智慧农业工程发展情况如表8-10所示。

表8-10　广东省各地市智慧农业工程发展情况

地市	发展情况	地市	发展情况
广州	从化区利用5G+AI技术升级荔枝产业，增城区结合大数据推动品牌化生产	珠海	2019年建立了5G技术的智慧渔业示范区
汕头	龙湖区桑椹产业园实现数字农业的精准管理	惠州	海纳现代农业生态园采用无人机技术实现水稻种植的机械化管理
东莞	整合5G等技术服务三农，推动乡村振兴	肇庆	创建农业数字政务官，实现全天候农业服务
潮州	凤凰山“智慧茶园”实现远程监管，官塘镇佛手果产业园促进信息技术与农业融合	汕尾	海丰县丝苗米产业园建立智慧农业体系，保障产品质量
湛江	启动渔业大数据中心，统一管理养殖数据	梅州	建设现代设施农业示范基地，提供技术支持
茂名	与广东移动合作建设荔枝大数据平台，服务产业链企业	阳江	智慧农业应用推进，智能设备与信息技术广泛应用于农业生产
韶关	仁化县实施“5G+智慧农业”体系，提升荔枝产业科技水平	中山	小榄镇运用5G和物联网技术革新脆肉鲩产业
清远	连州建立数字农业推广平台，提升菜心知名度和销售	河源	东源县运营5G智慧无人农场，优化种植决策
云浮	通过“5G+数字农业”云平台优化农产品管理	揭阳	揭西县利用智慧农业平台实现农业全链条服务
佛山	智慧农业园优化农机作业，高明丝苗米产业园提高农业效率	江门	新会区建立大数据平台，促进特色农业数字化
深圳	建立了全面的农业科研创新体系，拥有多家国家级科研机构		

十、智慧水利工程实现全省智能化升级

自党的十八大以来，习近平总书记提出了以“节水优先、空间均衡、系统治理、两手发力”为核心的治水新思路，并确立了国家的“江河战略”，为新时代的水利发展指明了方向。广东省委和省政府高度重视这一战略，召开了水利高质量发展大会，全面部署并推动了广东省水利事业的高质量发

展。为此，各地市积极响应，发挥自身优势并大力推进智慧水利工程（见表8-11），以科技创新助力水利事业的现代化发展。

表8-11　广东省各地市智慧水利工程发展情况

地市	发展情况	地市	发展情况
广州	提出建设智慧水务网，利用先进技术构建高效管理体系，目标是到2025年实现排水智能化领先全国	珠海	发布“智慧水利”构想，加强水文监测和水利服务，构建“五个一”格局
汕头	依托省市数字政府基础，建设智慧水利项目一期，融入整体数字体系	惠州	推进水利专题建设，目标是到2025年实现全域智慧感知和应用协同
东莞	建设智慧水务，完成水利站点自动监测，提升自动化覆盖率	肇庆	启动智慧防汛平台，推进算据、算法、算力建设，构建防御体系
潮州	推动智慧水利建设，整合水资源和监管，融入智慧城市发展	汕尾	启动“一网统管”平台，实现水利对象动态管理和数据实时更新
湛江	重点建设智慧水利平台，利用大数据提升数据处理能力	梅州	建立5G智慧监测系统，实现数据实时监控和远程传输
茂名	强化智慧水利建设，严格监管河道采砂，完善安全监管体系	阳江	提出加快实施水资源优化配置等工程，构建五张水利网络
韶关	计划使用卫星遥感技术进行水利工程监管和河湖监测	中山	目标是到2025年建成现代化水利工程和治理体系，支持融入粤港澳大湾区
清远	利用“铁塔+5G+AI”技术构建智慧水利体系，实现“四预”功能	河源	发布文件加强水利工程监管，推动智慧水利发展
云浮	实施“5+2+1”方案，建设五大网络提升水资源利用和治理能力	揭阳	智慧水利二期平台试运行，构建数字孪生流域，提升管理数字化
佛山	制定信息化建设规划，提升水利设施感知和业务监管能力	江门	推进智慧水利工程建设，整合数据实现业务智能化管理，探索“四预”功能的智慧调度系统
深圳	通过数字孪生技术整合水利数据，推动管理数字化		

第三节　广东省融合基础设施建设趋势

一、智慧能源工程着重技术提升并优化智慧能源系统

技术是智慧能源工程发展的关键。智慧能源工程的核心目标是降低成本、提高效率，并确保系统的经济性。它需要在供给侧和用户侧同时进行技术创新和智能化改造，以满足技术与经济的双重可行性。其主要发展方向包括以下三个内容：

第一，供给侧智慧能源系统：提升火电、风电、光伏和储能技术的效率和成本效益。

第二，用户侧智慧能源系统：开发微电网的供能、储能设备和自动化技术，以及定制化应用方案。

第三，共性技术：开发微电网设计软件、通信技术和设备融合技术。

智慧能源工程通过这些方面的建设，可有效推动能源系统的智能化和经济效应，促进行业进步。

二、智慧教育工程进一步将信息化融入教育环境建设

智慧教育工程未来应着力建设智慧化的环境、融合新技术以及智慧化的管理服务决策，具体如下：

第一，智慧化的环境，即一体化的智慧校园建设，主要是强化学校网络等基础设施建设。第二，智慧化的教学，即智慧课堂、智能实践实训和科研创新基地建设，主要是利用信息技术等智能化手段开展教学和科研工作，促进教学的多元化和多样化。第三，智慧化的管理服务决策，主要是打造全校学生及教职工统一身份认证，建设校园管理和服务生态。

三、智慧交通工程着力融合新技术，加速交通行业转型

依据《广东省数字交通“十四五”发展规划》，智慧交通工程将有以下三个发展趋势。第一，5G通信创新融合应用，即加快5G与人工智能、车联网、物联网、边缘计算等基础共性能力融合，推动传统交通运输行业数字化转型升级。第二，北斗卫星导航创新融合应用，即充分发挥北斗卫星导航系统高精度定位、导航、授时服务功能，推动北斗卫星导航系统在交通运输各领域的广泛应用。第三，人工智能创新融合应用，即充分利用广东省人工智能产业政策、人才、企业等丰厚资源，加快人工智能与交通运输的融合发展，促进广东省智能经济发展。

四、智慧环保工程依托国家政策，继续提升环保行业智慧化水平

第一，政策利好智慧环保产业发展。国家政策支持智慧环保产业，国家发布了多项文件促进环保和绿色发展，如《中共中央 国务院关于深入打好污染防治攻坚战的意见》《国务院关于加快建立健全绿色低碳循环发展经济体系的指导意见》等，为智慧环保产业提供了方向和动力。第二，工业化与城市化的发展促进环保产业发展。随着工业化和城市化的快速发展，公众环保意识提高，环保产业得到发展。面对环境污染问题，传统治理方法存在不足。而利用互联网技术如大数据、云计算和物联网，智慧环保将成为行业新趋势。

五、智慧城市工程进一步提升技术融合创新水平

在新型城镇化建设深入推进、“数字中国”战略持续实施、数字化转型全面提速等背景下，智慧城市工程建设迎来新机遇。未来，智慧城市工程将呈现以下发展趋势。第一，数字孪生技术通过数据和模型，模拟城市全过程，连接现实与数字世界，推动智慧城市向更高级的数字孪生城市发展。第二，新一代信息技术如5G、物联网等与基础设施融合，推动智慧城市“新基建”的发展。第三，城市智能平台建设加速，各地建立数据中心，智能应用

从城市管理扩展到经济发展。第四，随着智慧城市基础设施的完善和数字技术应用的加速，重点将转向城市物理与数字空间的全面服务，包括规划、设计、管理、运维和安全等。

六、多元因素推动智慧医疗工程进一步加强医疗智慧化建设

第一，政策支持智慧医疗行业。广东省政府通过信息化政策和医改，推动医疗手段的信息化和智能化以解决医疗问题。第二，社会现状促使医疗行业向智慧化转型。广东省老年人口比例的增加进一步加大了医疗需求。智慧医疗通过应用新技术如传感器、物联网等，建立电子健康档案，整合医院业务流程，优化资源，提高医疗效率。第三，技术进步助推医疗智慧化建设。物联网、大数据、人工智能等技术使医疗决策和手段更智能，有效地简化了就医流程，促进了医疗信息共享，提高了医疗效率。同时，5G、云计算等新技术的发展为智慧医疗提供了更多应用潜力。

七、智慧应急工程着力完善智慧应急应用建设

智慧应急工程的发展趋势主要包括三个方面。第一，推进智能感知应用。利用传感器等技术实现风险和灾害的实时监测和数据传输。第二，建设数字应急大脑。实现应急管理流程的数字化，包括风险感知、信息分析、预警、决策支持和跨部门协同。第三，推进统筹智慧应急系统建设。随着智慧应急解决方案的增多，需要国家层面统筹建设智慧应急基础设施，如应急管理云、资源管理平台等，并确保网络安全。

八、智慧物流工程着力提升物流服务效率与绿色化水平

智慧物流工程的发展将呈现以下趋势。第一，一体化服务。智慧物流工程将扩展服务范围，与多个产业结合，提升资源流转效率，并通过信息共享加强企业间协同，提高供应链效率。第二，绿色化发展。智慧物流工程正向绿色化转型，包括建设绿色物流园区、使用新能源车辆、普及电子运单，以及注重可持续发展和低碳排放。第三，政策支持。“十四五”规划强调了

现代物流体系的建设，智慧物流作为其中的关键，预计将得到进一步的发展支持。

九、多元利好因素推动农业进一步实现智慧化转型

第一，政策利好。中央和广东省政府的文件和计划为智慧农业提供了明确的方向和行动指南，推动了数字化在农业中的应用。第二，技术革新。物联网、人工智能、GIS和大数据等技术正在转变传统农业，提高生产效率，同时注重环保和安全，扩大了智慧农业的网络覆盖范围。未来，随着新技术的进一步应用，智慧农业将在农业生产的各个环节得到更好的发展。第三，市场参与。政府、企业和农民的积极参与，特别是企业的积极投资，为智慧农业的发展注入了活力。

十、智慧水利工程继续利用新技术提高水利行业智慧化水平

智慧水利工程的发展正在受到以下因素的推动：第一，新技术应用。5G通信、人工智能、云计算等信息化新技术在智慧水利建设中得到应用，并将进一步促进智慧水利工程的技术迭代和业务模式变革。第二，智慧化升级。智慧水利目前处于信息化与部分智能化阶段，未来将通过技术升级，特别是在决策支持方面，实现更高层次的智慧化。第三，数字孪生技术。通过虚拟映射现实世界，数字孪生技术提高了认知精细度，并在智慧水利领域加速应用，未来将与智能模拟和精准决策技术融合。第四，综合化与集成化应用。智慧水利工程将提高信息采集的智能化水平，提高信息的完整性和时效性，实现不同专题的集成应用，提升跨部门协同能力。

简而言之，智慧水利正通过新技术应用、智慧化升级、数字孪生技术以及综合化与集成化应用，向更智能、更精准的方向发展。

第四节 广东省融合基础设施建设存在的问题

通过对广东省以十大智慧工程为代表的融合基础设施建设现状和空间布局的深入分析与趋势预测，可以看出广东省虽然在融合基础设施的建设上已取得可喜的成果，但仍面临着一些挑战和问题。

一、智慧能源工程科技创新能力与清洁能源利用效率不足，体制机制不够完善

第一，科技创新能力不足。广东省的能源科技创新能力有待加强，原创成果较少，关键技术如氢能、储能、碳捕捉等还在初步阶段。能源产业的竞争力不足，缺乏领军企业，产业链和配套设施不完善，创新平台建设缓慢，高端人才和研发投入不足，核心技术依赖进口。

第二，清洁能源利用效率不高。广东省对传统火电依赖较大，清洁能源的消纳和利用效率需要提升。煤炭消费比重超出世界平均水平，而天然气和非水可再生能源的消费比重低于世界平均水平，清洁能源发电量占比也低于全国平均水平。

第三，体制机制不够完善。尽管广东省在电力和油气改革方面领先，但还需要进一步完善体制机制，以适应能源高质量发展的需求，市场在能源价格形成中的作用尚未充分发挥。

二、智慧教育工程面临伦理风险和技术融合难题

第一，伦理风险。随着教育数据的快速增长，存在隐私泄露和数据侵权的风险。算法可能造成歧视和偏见。同时，对技术的过度依赖可能削弱人的认知能力和价值判断。

第二，平台整合问题。尽管国家智慧教育平台具有优势，但一些地区更注重本地平台，忽视了与国家和省级平台的整合。平台需要上下贯通，实现

建设主体和应用主体的双向互动。

第三，技术应用表面化。智慧教育的核心是培养创新人才，但智能技术的应用往往停留在表面，应用场景单一。一些产品使用复杂，反而增加了教师的工作负担，阻碍了智慧教育的深入发展。

三、智慧交通工程数字化感知能力、协同效率、服务整合和数据深度应用欠佳

第一，数字化感知能力不足。智慧交通数据采集存在类型单一、更新慢、覆盖不全面和质量不高等问题，老旧设备更新和国产技术应用进展缓慢，全域感知体系尚未完善。

第二，行业治理协同性欠佳。信息共享和业务协同不足，导致信息化效益未能充分发挥，缺乏一体化的行业协同应用。

第三，全链条一站式多元服务体系尚未形成。广东省已建立汽车客运、公共交通等出行服务系统，但以公路为主且独立发展，覆盖水路、铁路、民航、公交和共享单车等全类型运输方式的一体化公共服务平台尚未建立。

第四，缺乏数据高质量使用。数据分析主要停留在统计展示层面，缺乏深度挖掘和智能决策分析能力，同时，关键信息基础设施与关键数据资源安全防护能力不足，软硬件供应链安全威胁日趋增加。

四、智慧环保技术工程创新与产业应用滞后

第一，技术融合不足。互联网技术和智慧环保工程不足，导致相关新技术的创新应用尚不匹配环保业务的快速发展。同时，国内企业和机构亟待加强环境监测与智能化治理设施领域的技术研发和创新应用，以减少对国外技术的依赖。

第二，应用体系不完善。虽然环保主管部门已建立多种业务应用系统，但在“互联网+”智慧环保的标准化顶层设计、合作模式和跨界融合核心标准方面尚显不足，阻碍了“互联网 +”智慧环保技术的推广应用范围和力度。

第三，产业应用不足。智慧环保工程在产业层面存在着一些薄弱环节，

包括市场竞争无序、环保技术推广缓慢、缺乏权威环保服务平台，以及环境技术创新体系和服务业发展不足等。

五、智慧城市工程顶层设计和应用创新不足，“软硬”失衡

第一，顶层设计不足。一些地市在智慧城市建设中缺乏清晰的认识和符合实际的发展规划，导致智慧城市建设规划不能及时更新以适应发展需求，项目建设出现碎片化，造成资源浪费和数据孤岛现象。

第二，应用创新不足。智慧城市工程建设的应用场景创新不够，未能充分考虑技术水平、人的需求以及城市特点等因素，导致在建设中出现盲目跟风和超前建设等问题。

第三，硬件与软件服务不均衡。在智慧城市建设中，部分城市过分重视硬件设施的数字化改造，却忽视了数字化管理人才的培养和引进，特别是在经济发展相对落后的地区，人才缺口成为智慧城市建设的重要制约因素。

六、智慧医疗工程面临标准化不足、数据安全风险与资金短缺挑战

第一，标准化建设不足。医疗卫生机构的业务系统各自独立，导致信息孤岛现象，信息无法共享，数据需重复录入，增加了工作量并可能引起数据失真，妨碍了信息共享和部门协同，影响了资源的有效配置。

第二，数据安全风险。医疗健康数据在多种应用场景下面临网络攻击、非法访问等安全风险。同时，医疗健康信息化产品在兼容性、稳定性等方面存在挑战。

第三，资金短缺。公立医院在提供高质量医疗服务的同时，需要承担更多的社会责任。然而，由于财政限制和医保支付标准有限，公立医院的资金来源不足以支持其高质量发展。

七、智慧应急工程面临基层融合、监测预警体系和应急指挥平台不完善的挑战

第一，基层治理融合不足。乡镇和社区的治理与应急管理融合不够，数字化治理水平有待提高。尽管数字平台如企业微信和微信小程序在应急场景的应用方面有望改善这一状况，但目前仍需加强。

第二，监测预警能力有限。无论是安全生产还是自然灾害的风险监测预警平台，都存在系统不完善和智能化识别能力不足的问题。比如，危险化学品风险监测缺乏违规行为和异常情况的智能识别，而自然灾害监测则面临数据资源不足，缺乏多灾种综合风险监测和早期预警能力。

第三，应急指挥平台需改进。现有的应急指挥平台未能充分利用数字化预案库和数据共享，无法有效整合互联网和社会单位数据，影响了统一指挥和协同研判的能力。

八、 智慧物流工程面临数据管理智能化不足和数据共享程度低的挑战

第一，物流数据管理智能化不足。尽管大数据技术在物流行业有所应用，但物流数据仍面临传输慢、监测不力、有效性和准确性不高等问题，限制了大数据技术的实际效用。物流追踪的延迟性也影响了数据管理的一致性和准确性，进而影响整个行业的智能化管理。

第二，物流数据共享程度低。物流数据共享对于提高供应链各环节的运营效率至关重要。然而，由于物流应用场景复杂，涉及领域广泛，且企业间使用的终端设备差异大，数据传输和共享存在困难。数据传输过程中缺乏灵活的业务切片化调整和高精度的边缘计算，限制了资源分配调度的合理性，成为供应链体系数据共享的主要障碍。

九、智慧农业工程受限于技术应用不足、人才缺乏和系统建设滞后

第一，信息技术应用不足。尽管物联网、大数据、人工智能等技术为农业现代化提供了新动力，但实际应用中存在起步阶段的技术和标准问题，以及农业种植集约化和规模化程度不足问题，导致出现智慧农业使用成本高、资源浪费等客观问题。

第二，专业人才短缺。智慧农业工程建设需要多方面的专业人才，包括软硬件开发、农业生产技术服务、物联网和大数据运营管理，以及数据分析等方面的人才。但目前农村地区信息化接受程度低，专业人才缺乏农业实践能力，且多数人不愿到农村工作。

第三，系统建设不完善。广东省农村地区信息技术成熟度不高，信息通信基础设施建设缓慢，无法满足智慧农业工程建设的需求。智慧农业系统的精确度和技术水平有待提升，且现有服务系统分散，数据不共享，难以适应不同地区的精准服务需求。

十、智慧水利工程存在设施感知不足和信息互联互通程度低的问题

第一，水利设施全面感知不够。目前，各类水利设施的监测远未做到全面感知。以水库安全为例，多数中型及所有小型水库缺乏实时监控系统，许多小型水库甚至不具备水情监测报汛设备，监测技术落后，自动化水平有待提升。

第二，信息全面互联程度低，网络覆盖面小。县级水利机构尚未完全接入水利业务网络，网络带宽不足，基层数据难以即时上报；信息流在不同层级和部门间流动不畅，工程控制系统分散在各个管理单位，导致不同工程间的业务系统信息共享和协同工作面临挑战。

第五节　广东省融合基础设施建设的对策建议

针对以上问题，本节给出如下具体的对策建议。

一、加快智慧能源工程创新平台建设，强化统筹规划

第一，加快建设产业创新平台。为促进智慧能源工程的发展，广东省需加速新能源技术创新平台的构建，整合广东省乃至全国的科研院所、高校、企业等资源，形成基础研究网络。重点支持能源科学实验室和分中心建设，鼓励与央企和国际企业合作，创建开放的创新环境。

第二，加强智慧能源系统规划。依托《“十四五”现代能源体系规划》，推动智慧能源在智慧城镇、产业园区等场景的布局和关键技术的研究与应用，加快关键技术的研究及成果转化。

第三，强化政策扶持。一方面，加强智慧能源政策研究，利用政策引导市场和资源配置。另一方面，深化电力、油气体制改革，推动市场融合发展，制定新产业标准，创新管理模式，提升效能，激发市场活力。

二、加快构建智慧教育工程生态系统，推动智慧教育资源开放共享

第一，提升数字素养，培养数字时代合格公民与拔尖人才。制定明确的数字素养培养方案和评价标准，建立动态监测体系。优化数字素养教育体系，完善各级课程，并构建家校社协同育人机制。

第二，优质资源开放共享。丰富智慧教育平台资源，强化平台功能，提高资源的实用性和适应性。政府需统筹资源分配，优先满足落后地区的资源需求。加强资源整合，鼓励本土资源开发，实现资源共享。

第三，构建智慧教育生态系统。整合现有资源和平台，建立集成化体系，制定技术标准和数据交换协议，加强数据共享，打破信息孤岛。推动智

能技术与教育教学的深度融合，改革教学组织和评价模式，提高师生的数字素养和教师的教学能力。

三、夯实智慧交通工程基础，推动基础设施数字化升级

第一，夯实数字交通发展基础，构建一体化感知传输体系。可以通过高速公路光纤主干网和政务外网的建设，为数字交通提供稳定可靠的通信基础。同时，构建统一的“1+N”管理与服务架构，实现智能视频监控的全覆盖，打造全景信息视图，确保视频资源的实时监控和管理。

第二，推动基础设施数字化升级。整合5G、智能网联、人工智能等新技术，对高速公路、国省道、航道等基础设施进行智能化改造，构建智能交通融合基础设施体系，全面提升交通基础设施的数字化和智能化水平，增强其安全性，提高其效率。

第三，强化综合运输数字化升级，促进多方式运输高效协同。以安全和效率为核心，打破不同运输方式间的管理壁垒，统筹构建综合运输业务协同平台，实现“一站化、智慧化、可视化、便捷化”的目标，提升广东省综合运输行业的治理能力和公共服务水平，推动客货运服务的一体化发展。

四、从多个层面推进智慧环保工程进一步发展

第一，技术层面。发展多源生态环境监测技术，确保技术的实际应用价值，并与互联网、物联网等技术融合，提升信息采集和处理效率。优化系统设计，利用大数据和AI技术进行数据整合、预测和分析，辅助管理决策。

第二，应用层面。加强数据开放共享，确保智慧环保在环境管理和决策中的效果。依法监管数据交流，保护数据安全，规范数据使用行为。强化数据积累和共享，建立数据管理和激励机制。加强数据管理能力建设，相关单位建立具体的工作机制和激励机制，明确考核责任。

第三，产业层面。推动智慧环保工程建设，赋能环保产业链发展和技术升级，帮助企业扩大规模和提升竞争力。加大投入，谋划产业转型，突破政策和行业规范，引导技术、金融和人才培养，扶持环境信息服务业的发展。

五、完善智慧城市工程体制机制建设，增强智慧城市的辐射作用

第一，强化顶层设计，完善体制机制建设。加强政府规划，确保智慧城市建设有中央和地方政府的协调及多方参与，形成具有地方特色的智慧城市发展框架。

第二，促进数据流通，加速科技创新引领。在智慧城市建设中，各领先城市普遍重视并积极推动数字政府的转型与改革，利用大数据改善城市治理。通过大数据赋能城市治理，智慧政务成效显著。但各城市之间的数据流通与开放共享仍任重道远，数据孤岛及数据分割问题亟须解决。为此，需建立一体化数据中心，促进数据开放和跨区域管理，同时加快智慧技术的研究和应用。

第三，注重以人为本，构建辐射发展格局。一方面，城市的核心是人，智慧城市发展应以人民为中心，结合地方特色，全面覆盖智慧经济、生活、设施和管理，满足民众对科技和便利的需求。另一方面，大湾区核心城市空间集聚及辐射现象明显，在此情况下，应充分利用大湾区核心城市的辐射作用，促进资源梯度转移，实现区域均衡发展和社会全面进步。

六、确保智慧医疗工程数据安全，风险管控

第一，医疗数据的共享是实现数字医疗发展的关键。为了推动智慧医疗工程的发展，需要制定清晰的计划和实施路径，以实现医疗信息的一体化，包括建立行业标准，实现数据的标准化，以及建立合作和利益共享机制，确保数据共享的顺利进行。

第二，强化数据安全风险评估，确保数据安全风险可控。必须强化数据安全风险评估，全面识别和评估数据风险，提升安全防护和风险发现能力，确保风险可控。

第三，全过程风险管控，以保障数字医院建设达到预期目标。针对医疗信息化建设，需要在医疗信息化建设的各个阶段，如立项、采购、建设等阶段，采取相应的管控措施，以预防和解决建设过程中可能出现的问题。

七、建设智慧应急工程良好生态，打破数据壁垒

第一，推动社会共建应急网络。智慧应急工程建设是提升国家应急管理能力的关键，其通过动员社会各界，包括企业、媒体和公众，共同参与构建一个高效的社会治理共同体。随着AI和云计算等技术的发展，应该进一步实现政府、企业与公众之间更紧密的协作，使科技与公众智慧相结合，提高应急管理的效率和效果。

第二，需要行业生态共建共创共享。智慧应急工程的生态系统需要行业内外的共同努力，包括政府的支持、企业的积极参与和技术解决方案的创新等。通过建立全方位的合作伙伴关系，可以共同维护生态系统的健康发展，为智慧应急工程建设提供坚实的基础。

第三，打破数据壁垒，注重系统融合与智能升级。各地应急管理部门需全面启动智慧应急工程建设，加强监测预警系统的全覆盖和智能化，提高应急指挥的效率，并通过“互联网+监管”等措施，加强应急通信和信息发布，同时不断研发和应用新型智能装备，以实现更高效的应急管理。

八、强化智慧物流工程融合创新发展

第一，推进“物流+”融合创新发展。鼓励物流企业与制造业、商贸等企业深度合作，创新运营模式，拓展电商快递、冷链等物流服务，形成物流与产业互动发展的良好经营模式。同时，国家物流枢纽应与商品交易市场、工业园区等加强联动，支持广州、深圳、佛山等城市成为物流枢纽经济示范区，以培育壮大枢纽经济。

第二，创新供给模式，培育物流新业态。一是大力发展物流新模式。探索基于“互联网+”的车货匹配、运力优化等共享经济新模式，大力培育智慧物流、云物流、海外仓、跨境物流等新模式、新业态。二是推动供应链创新发展。鼓励物流企业采用个性化定制、柔性化生产等现代供应链管理方式，培育供应链创新管理的龙头示范企业。

第三，推动数据开放协同共享。为实现多部门的信息共享和一站式服

务，广东省应建立物流数据服务平台，促进多部门信息共享，并推动数据安全法规的制定与落实，为智慧物流的数据共享提供支持。

九、提升智慧农业工程信息化水平，增强人才与体制机制支持

第一，科技创新。以实现农业生产智能化、农业经营网络化、农业服务精准化、农业管理数字化为总体目标，加快智慧农业核心技术的研发，如物联网技术，并建立相应的软件平台和应用服务系统，为技术产品集成和大规模应用提供支持。同时，加强无人农场、农田信息采集与农产品质量安全溯源等前沿技术的研发。

第二，多元化人才培养体系。要大力引进外部人才资源，鼓励科研院校的专家参与智慧农业的创新实践，以促进本地智慧农业的持续发展。通过定期举办论坛和培训，提高相关人员的专业技术水平，加强农业从业者的素质培养，特别是提升农民的信息技术使用能力。

第三，政策引导。农业相关部门应制定专项规划，明确智慧农业工程的发展方向和框架，建立技术标准和理论体系。同时，加强对智慧农业企业的整合管控，促进数据共享，扩大信息服务范围，并建立考核体系，确保各项任务顺利完成。

十、加强智慧水利工程信息基础设施与核心系统建设

第一，强化信息源与信息系统基础设施建设。可以建立一个多维度的监测体系，以地面站点网络为依托，以水循环为核心，引入新型装备和方法等，高效立体地监测水安全、资源、环境、生态和管理信息。例如，利用卫星技术实时监测降水、土壤湿度、地表水体及水位等关键水文气象要素。

第二，加强智慧型业务核心系统的构建。为贯彻和支撑“强化水利工程建设与管理”的主导策略，未来一段时间应重点发展四个智慧业务系统：流域水文模拟与预测预报系统、水利工程安全分析与科学调度系统、水行政管理智能化系统、水信息服务智能化系统。

Postscript

后记

《硬核力：建设现代化基础设施》一书从国家战略高度出发，系统阐释了新时代基础设施建设的重大意义与发展路径。正如习近平总书记在中央财经委员会第十一次会议上强调的：基础设施是经济社会发展的重要支撑，要统筹发展和安全，优化基础设施布局、结构、功能和发展模式，构建现代化基础设施体系，为全面建设社会主义现代化国家打下坚实的基础。本书通过理论探讨、实践分析和专题研究，深入剖析了基础设施建设的“乘数效应”及其对产业升级、民生改善的重要作用。特别是在广东这一改革开放前沿阵地的案例研究中，我们看到了传统基建与新型基建融合发展的生动实践，为全国提供了宝贵经验。

当前，广东正以《广东省推进新型基础设施建设三年实施方案（2020—2022年）》为行动纲领，在粤港澳大湾区建设中率先探索基础设施现代化的新范式。从“一核一带一区”的区域布局到信息基础设施、创新基础设施、融合基础设施的协同发展，广东正在书写基础设施赋能高质量发展的新篇章。展望未来，随着数字经济与实体经济的深度融合，人工智能、物联网等新一代信息技术在基建领域的创新应用，以及“双碳”目标下绿色建造技术的全面推广，广东的基础设施建设将实现从规模扩张向质量效益提升的根本性转变。到2035年，广东有望建成全球领先的现代化基础设施体系，形成可复制可推广的“广东经验”，为全面建设社会主义现代化国家贡献更多创新性的“广东智慧”和系统性的“广东方案”。这一进程中，广东将特别注重发挥粤港澳大湾区协同效应，深化与港澳在跨境基建、标准对接、要素流动等方面的合作，共同打造具有全球影响力的国际一流湾区和世界级城市群。

本书由暨南大学产业经济研究院潘珊副研究员和张红副研究员设定编写

框架和统稿定稿。每章具体编写分工如下：第一章由江冉冉编写，第二章由杨宁编写，第三章由冯贺新编写，第四章由杨宁和冯贺新共同编写，第五章由唐子鸿编写，第六章由陈雅妮编写，第七章由廖婧萍编写，第八章由冯昕编写。在撰稿过程中，我们借鉴了诸多专家学者研究成果，在此表示衷心的感谢，也特别感谢那些在基础设施建设一线默默奉献的建设者，正是他们的实践探索为本书提供了丰富素材。期待本书能够抛砖引玉，激发更多关于现代化基础设施建设的思考与讨论，也希望相关专家学者及各界人士在百忙中给予批评指正，共同推动我国从“基础设施大国”迈向“基础设施强国”。